2015—2016年
中国工业和信息化发展
系列蓝皮书

2015-2016年中国产业结构调整蓝皮书

The Blue Book on the Adjustment of
Industrial Structure in China（2015-2016）

中国电子信息产业发展研究院　编著

主　编/王　鹏

副主编/李　燕

人民出版社

责任编辑：邵永忠

封面设计：佳艺时代

责任校对：吕　飞

图书在版编目（CIP）数据

2015–2016 年中国产业结构调整蓝皮书 / 王　鹏　主编；

中国电子信息产业发展研究院　编著 . — 北京：人民出版社，2016.8

ISBN 978-7-01-016529-5

Ⅰ . ① 2… Ⅱ . ①王… ②中… Ⅲ . ①产业结构调整—研究报告—

中国— 2015–2016 Ⅳ . ① F121.3

中国版本图书馆 CIP 数据核字（2016）第 174783 号

2015–2016年中国产业结构调整蓝皮书

2015–2016NIAN ZHONGGUO CHANYE JIEGOU TIAOZHENG LANPISHU

中国电子信息产业发展研究院　编著

王　鹏　主编

人 民 出 版 社 出版发行

（100706　北京市东城区隆福寺街 99 号）

北京市通州京华印刷制版厂印刷　新华书店经销

2016 年 8 月第 1 版　2016 年 8 月北京第 1 次印刷

开本：710 毫米 ×1000 毫米　1/16　印张：14.75

字数：240 千字

ISBN 978-7-01-016529-5　定价：69.00 元

邮购地址　100706　北京市东城区隆福寺街 99 号

人民东方图书销售中心　电话（010）65250042　65289539

代 序

在党中央、国务院的正确领导下，面对严峻复杂的国内外经济形势，我国制造业保持持续健康发展，实现了"十二五"的胜利收官。制造业的持续稳定发展，有力地支撑了我国综合实力和国际竞争力的显著提升，有力地支撑了人民生活水平的大幅改善提高。同时，也要看到，我国虽是制造业大国，但还不是制造强国，加快建设制造强国已成为今后一个时期我国制造业发展的核心任务。

"十三五"时期是我国制造业提质增效、由大变强的关键期。从国际看，新一轮科技革命和产业变革正在孕育兴起，制造业与互联网融合发展日益催生新业态新模式新产业，推动全球制造业发展进入一个深度调整、转型升级的新时期。从国内看，随着经济发展进入新常态，经济增速换挡、结构调整阵痛、动能转换困难相互交织，我国制造业发展也站到了爬坡过坎、由大变强新的历史起点上。必须紧紧抓住当前难得的战略机遇，深入贯彻落实新发展理念，加快推进制造业领域供给侧结构性改革，着力构建新型制造业体系，推动中国制造向中国创造转变、中国速度向中国质量转变、中国产品向中国品牌转变。

"十三五"规划纲要明确提出，要深入实施《中国制造2025》，促进制造业朝高端、智能、绿色、服务方向发展。这是指导今后五年我国制造业提质增效升级的行动纲领。我们要认真学习领会，切实抓好贯彻实施工作。

一是坚持创新驱动，把创新摆在制造业发展全局的核心位置。当前，我国制造业已由较长时期的两位数增长进入个位数增长阶段。在这个阶段，要突破自身发展瓶颈、解决深层次矛盾和问题，关键是要依靠科技创新转换发展动力。要加强关键核心技术研发，通过完善科技成果产业化的运行机制和激励机制，加快科技成果转化步伐。围绕制造业重大共性需求，加快建立以创新中心为核心载体、以公共服务平台和工程数据中心为重要支撑的制造业创新网络。深入推进制造业与互联网融合发展，打造制造企业互联网"双创"平台，推动互联网企业构建制造业"双创"服务体系，推动制造业焕发新活力。

二是坚持质量为先，把质量作为建设制造强国的关键内核。近年来，我国制造业质量水平的提高明显滞后于制造业规模的增长，既不能适应日益激烈的国际竞争的需要，也难以满足人民群众对高质量产品和服务的热切期盼。必须着力夯实质量发展基础，不断提升我国企业品牌价值和"中国制造"整体形象。以食品、药品等为重点，开展质量提升行动，加快国内质量安全标准与国际标准并轨，建立质量安全可追溯体系，倒逼企业提升产品质量。鼓励企业实施品牌战略，形成具有自主知识产权的名牌产品。着力培育一批具有国际影响力的品牌及一大批国内著名品牌。

三是坚持绿色发展，把可持续发展作为建设制造强国的重要着力点。绿色发展是破解资源、能源、环境瓶颈制约的关键所在，是实现制造业可持续发展的必由之路。建设制造强国，必须要全面推行绿色制造，走资源节约型和环境友好型发展道路。要强化企业的可持续发展理念和生态文明建设主体责任，引导企业加快绿色改造升级，积极推行低碳化、循环化和集约化生产，提高资源利用效率。通过政策、标准、法规倒逼企业加快淘汰落后产能，大幅降低能耗、物耗和水耗水平。构建绿色制造体系，开发绿色产品，建设绿色工厂，发展绿色园区，打造绿色供应链，壮大绿色企业，强化绿色监管，努力构建高效清洁、低碳循环的绿色制造体系。

四是坚持结构优化，把结构调整作为建设制造强国的突出重点。我国制造业大而不强的主要症结之一，就是结构性矛盾较为突出。要把调整优化产业结构作为推动制造业转型升级的主攻方向。聚焦制造业转型升级的关键环节，推广应用新技术、新工艺、新装备、新材料，提高传统产业发展的质量效益；加快发展3D打印、云计算、物联网、大数据等新兴产业，积极发展众包、众创、众筹等新业态新模式。支持有条件的企业"走出去"，通过多种途径培育一批具有跨国经营水平和品牌经营能力的大企业集团；完善中小微企业发展环境，促进大中小企业协调发展。综合考虑资源能源、环境容量、市场空间等因素，引导产业集聚发展，促进产业合理有序转移，调整优化产业空间布局。

五是坚持人才为本，把人才队伍作为建设制造强国的根本。新世纪以来，党和国家深入实施人才强国战略，制造业人才队伍建设取得了显著成绩。但也要看到，制造业人才结构性过剩与结构性短缺并存，高技能人才和领军人才紧缺，基础制造、高端制造技术领域人才不足等问题还很突出。必须把制造业人才发展摆在更加突出的战略位置，加大各类人才培养力度，建设制造业人才大军。以提高现代经营管理水平和企业竞争力为核心，造就一支职业素养好、市场意识强、熟悉国内外经济运行规则的经营管理人才队伍。组织实施先进制造卓越工程师培养计划和专业技术人才培养计划等，造就一支掌握先进制造技术的高素质的专业技术人才队伍。大力培育精益求精的工匠精神，造就一支技术精湛、爱岗敬业的高技能人才队伍。

"长风破浪会有时，直挂云帆济沧海"。2016年是贯彻落实"十三五"规划的关键一年，也是实施《中国制造2025》开局破题的关键一年。在错综复杂的经济形势面前，我们要坚定信念，砥砺前行，也要从国情出发，坚持分步实施、重点突破、务求实效，努力使中国制造攀上新的高峰！

工业和信息化部部长 苗圩

2016 年 6 月

前　言

　　"十二五"期间，我国经济发展的比较优势和外部市场环境发生了深刻变化，经济增速从10%左右的高速增长逐渐转向7%左右的中高速增长，经济增长面临较大的下行压力。2015年，我国国内生产总值达到67.7万亿元，增长速度下降为6.9%，为1980年以来首次跌破7%，经济转型和结构调整面临着巨大的压力。工业增长动力明显不足，工业经济形势依然严峻和复杂，工业经济运行仍然存在一系列突出的矛盾和问题，工业稳增长、调结构面临着巨大的压力和挑战。2016年是工业稳增长、调结构、增效益的关键一年，必须对面临的压力和挑战有清醒的认识。

　　首先，增长动力明显不足。2008年国际金融危机以来，全球经济持续低迷，经济形势不容乐观，消费、投资、出口三驾马车增长动力明显减弱。在出口方面，外贸出口增速迅速下滑，出口增速由21世纪初年均增长20%以上放缓至近年的个位数，2015年进出口总额245849亿元，比上年下降7.0%，其中出口141357亿元，下降1.8%，出现了负增长。在消费方面，消费形势缓中趋稳，全年社会消费品零售总额30.01万亿元，比上年增长10.7%，增速下降了1.3个百分点。在投资方面，扣除价格因素后的实际投资增长速度有所回落，全年固定资产投资（不含农户）55.16万亿元，实际增速比上年回落2.9个百分点，其中第二产业投资224090亿元，增长8.0%，增速比上年下降了5.2个百分点。

　　其次，一些行业产能过剩严重。新常态下，我国经济增长速度明显放缓，许多领域的产能过剩问题日益凸显，钢铁、煤炭、水泥、建材等传统行业产能规模已经达到历史峰值，价格持续疲软。在钢铁方面，据不完全统计，2015年我国钢铁产能居高不下，其中钢材产量11.24亿吨，粗钢产量8.04亿吨，生铁产量6.91亿吨，产能利用率只有70%左右，大大低于国际平均水平。在水泥方面，全年水泥产量为 23.48 亿吨，同比下降了 4.9%，但由于房地产市场疲软，水泥需求量下降，大量水泥产能处于过剩状态。在平板玻璃方面，根据初步统计，全年产量达到 7.39 亿重量箱，产能过剩问题依然严峻，行业整体盈利能力下降。

最后，部分企业经营困难加大。受需求不足和成本上升双重挤压，许多制造企业营业收入增长缓慢，经营利润严重下滑，部分行业出现全行业亏损，陷入困境的企业增多。2015年，全国规模以上工业企业实现主营业务收入110.33万亿元，比上年增长 0.8%，实现利润总额 6.36 万亿元，比上年下降 2.3%，实现主营活动利润5.86 万亿元，比上年下降 4.5%，利润下降速度远远超过了营业收入增长速度。2015 年，规模以上工业企业主营业务收入利润率为5.76%，同比下降了0.15个百分点，每百元主营业务收入中的成本为 85.68 元，同比增长了 0.04 元，每百元资产实现的主营业务收入为 115.9 元，同比下降了 7.4%，产成品存货周转天数为 14.2 天，同比增长了 0.9 天。

妥善应对我国工业经济运行的复杂形势和困难，需要从全面深化供给侧结构性改革入手，着力培育发展新动力，拓展发展新空间，构建产业新体系。"十三五"是贯彻落实《中国制造2025》和"互联网+"行动计划的关键时期，要在准确判断当前工业经济形势的基础上，着力解决工业运行中存在的突出矛盾和问题，从供给侧和需求侧共同发力，加快推进产业结构调整、转型升级与产能国际合作，切实提升工业发展的质量和效率。

一是进一步化解过剩产能。深刻理解经济发展新常态的内涵，顺应产业发展趋势，深入调整优化工业产业结构，加速推进化解过剩产能进程。积极推动工业绿色化、低碳化发展，降低工业单位能耗水平，提升资源利用效率。加强经济运行监测，准确判断经济形势，发挥市场的调节作用，进一步化解过剩产能。积极推动产业组织结构调整，加快推动集成电路、稀土、婴幼儿配方乳粉等重点行业的兼并重组，不断提升企业竞争力水平。

二是积极培育新兴产业。抓住当前新旧发展动能接续转换关键期的战略机遇，紧密结合未来产业发展需求，重点支持发展一批具有成长性和市场潜力的战略性新兴产业，培育经济持续健康发展的新动力。加大战略性新兴产业的研发创新投入力度，创新投入方式，以产业发展基金等方式引导社会资本等要素向战略性新兴产业聚集，推动战略性新兴产业实现快速健康发展。结合行业发展趋势和市场需求，重点培育节能环保、新一代信息技术、生物科技、高端装备制造、新能源、新材料和新能源汽车等一批具有发展潜力的战略性新兴产业。

三是提升产业创新能力。结合国家重大发展战略、经济社会发展和人民对美好生活的向往，加强科技创新、商业模式创新，切实提升国家自主创新能力，促进产业优化升级。着力抓好改革任务落实，围绕提升国家创新体系整体效能，建设一批具有重大带动作用的创新型城市和区域创新中心，支撑供给侧结构性改革，不断催生新的经济增长点。加快重点领域和关键环节的技术突破，加大燃气轮机、大推力航空发动机、数控机床、集成电路等关键技术的研发投入力度，争取实现阶段性重大突破，持续改造提升传统产业。着力加快关键核心技术突破和成果转化应用，聚焦创新成果更多惠及民生，提升科技创新成果转化率。

四是加强质量和品牌建设。顺应当前我国工业化发展阶段特征，加强工业产品质量和品牌建设，提升我国工业软实力，为建设制造强国奠定基础。进一步规范产品质量评价体系，支持企业提升产品品质和创立名牌产品，引导企业自觉履行质量责任，探索建立企业履行承诺情况的跟踪反馈机制。鼓励企业通过自我声明的形式，明示产品实物质量和达到标准的水平。鼓励有条件的地方和行业开展有特色的品牌培育活动，加强企业在创意设计、品牌传播、品牌保护、品牌文化等方面的专业能力。

五是促进智能化绿色化服务化转型。以智能制造为主攻方向，实现两化融合和倍增发展。利用信息技术改造传统产业，促进工业全产业链、全价值链信息交互和智能协作。支持云制造服务平台建设和大数据示范应用，鼓励发展基于互联网的众包设计、个性化定制、精准供应链管理、在线支持服务等新型制造模式。完善和落实节能减排相关产业政策，严格能评、环评审查，抑制高耗能、高排放行业过快增长，合理控制能源消费总量和污染物排放增量，大力发展循环经济和再制造产业。

2016年是"十三五"的开局之年，也是我国经济转型和结构优化的关键之年，积极推动产业结构调整对于我国经济转方式、调结构、增效益具有重要的战略意义。作为赛迪智库蓝皮书系列的一部分，《2015—2016年中国产业结构调整蓝皮书》详细分析了"十二五"期间我国产业结构变动的现状与特征，全面梳理了我国在优化产业组织结构、促进产业技术升级、化解产能过剩矛盾、淘汰落后产能、推动产业转移和布局优化等方面的政策措施，系统总结了 2015 年主要产业转方式、调结构、促融合的主要进展，并结合贯彻落实《中国制造 2025》和"互联网+"行动计划的工作部署，提出 2016 年加快推进产业结构调整和转型升级的思路和建议。希望本书的出版能够引起各位同行的思考与讨论，为各级主管部门制定产业政策提供参考和决策支撑。

工业和信息化部产业政策司司长　许科敏

目　录

产 业 篇

展 望 篇

综 合 篇

第一章　2015年全球产业结构调整变革的主要进展

近几年来，受国际金融危机、国际能源价格下降、地缘政治结构变化、互联网经济冲击等因素的影响，世界经济处于不断调整之中，全球产业转移和产业国际分工调整的速度有所放缓。2015年，全球经济增长的结构性调整加快，整体经济形势仍处于复苏阶段，世界各主要经济体GDP增长速度有所回升。根据英国《经济学人》杂志公布的一份数据显示，2015年全球经济总体增长速度达到2.9%，比2014年的预测值2.5%高出了0.4个百分点。随着以大数据、云计算、物联网、3D打印、新能源、新材料等为代表的新一轮科技革命的兴起，工业机器人、新能源、新材料、互联网经济等新兴技术和商业模式逐渐成为推动全球经济结构调整和产业转移的主要推动力，对传统的生产方式和发展模式产生了颠覆性影响，引发新一轮全球产业结构调整和国际分工浪潮。

一、产业竞争领域逐渐转变

产业升级和结构调整是产业发展的永恒主题，也是产业发展不断追求的目标。随着产业转型升级步伐的加快和产业发展的层次不断提升，产业竞争的领域也会随之发生变化。在产业发展初期，产业以低附加值、低技术含量的传统产业为主，产业竞争的形式较为简单，竞争方式较为粗放，竞争领域分布在产业发展的各个领域和环节。但是，随着产业结构的不断升级，低端产业和产业的低端环节逐渐淘汰，产业竞争的领域也逐渐由生产、加工、运输等低附加值环节逐步向设计、营销、品牌培育、标准制定等高附加值环节延伸。近年来，随着全球经济结构调整和产业发展水平的提升，全球产业竞争领域也开始由全方位、广领域、多环节的竞争逐渐向高技术含量、高附加值领域集中。

2015年，受新一轮科技革命和产业变革的影响，全球产业竞争的领域呈现出逐渐集中的发展趋势。在竞争环节方面，逐渐由产品竞争向研发设计标准制定等环节竞争转变。发达国家在国际竞争中专注于技术研发、产品设计环节的竞争，不生产产品的企业反而比生产产品的企业更具有竞争力，如美国苹果公司本身不生产具体产品，而是专注技术研发、产品设计、产品推广和售后服务等环节，将生产制造环节交给富士康等代工企业完成，却在手机、电脑、平板、智能手表等领域占据绝对的竞争优势，占据了智能手机行业80%的利润。在竞争手段方面，传统的国际竞争主要是依靠环保、技术等方面的标准来给竞争对手设置障碍，而当前的竞争已经由壁垒式竞争向全方位竞争转变，综合利用政治、外交、金融等各种手段参与竞争。如为了争取印度孟买至艾哈迈达巴德的高铁项目，日本政府通过外交、金融、技术等手段与中国公司进行竞争，日本国际协力机构（JICA）要为该项目提供约7938亿卢比（约合756.49亿元人民币）的软贷款[1]。在竞争优势方面，由产品竞争向综合国力和软实力的竞争转变。在低端产业领域，产业竞争优势主要包括产品质量、技术和服务，而在高端产品领域，产品的竞争优势逐渐向综合国力和国家软实力等方面延伸，包括产品的环保性、行业标准话语权、产品原料的来源途径等。由此可见，产业竞争手段已经完全超越了传统的贸易壁垒和限制性措施，属于全方面的竞争，而且程度更加激烈。在可预见的未来，随着我国民用飞机、核电技术的成熟与发展，我国大飞机、核电装备、轮船将面临着更加激烈的挑战，我国应当不断加强技术创新，提升金融服务能力，提高外事综合协调能力，不断提升我国制造的高端装备产品"走出去"的能力。

二、产业转移区域出现分化

近年来，由于各国在发展基础、创新能力、资源禀赋、安全形势等方面存在不同程度的差异，各国经济体系抵御外部环境冲击的能力有所不同，导致世界各国受新一轮科技革命和产业变革的影响也有所不同，各国在承接国际产业转移中所起的作用也有所差异，这导致各国在新一轮产业变革中产业结构调整出现了分化，这一点在2015年尤为明显。2015年，受新一轮科技革命和产业变革的影响，国际产业分工出现了较大调整，世界主要经济体的产业结构调整呈现出五个层次的特点。

---

[1]　2016年2月15日《印度快报》。

第一个层次是以中国、印度为代表的新兴经济体。近年来，随着经济规模的增长和比较优势的变化，以中国为代表的新兴市场开始主动调整产业结构，以煤炭、造纸等为代表的落后产能和以钢铁、水泥、有色金属、玻璃为代表的过剩产能逐步淘汰，电子信息、高端装备、节能环保等新兴产业比重不断提升，经济仍然保持了较高的增长速度，2015年中国经济增速达到6.9%。与此同时，南亚的印度也以其丰富而廉价的劳动力承接了电子信息、纺织服装等大量的产业转移，使其2015财年经济增速预计达到7.3%[1]，首次超过了中国。第二个层次是以美国为代表的发达国家。由于近年来"制造业回归""购买美国货"等计划的实施，智能装备、新材料等高端产业开始向美国本土回流，导致美国产业结构调整表现最好，成为支撑全球经济增长的重要力量。根据世界银行的预计，2015年美国GDP同比增长速度可能达到2.7%。第三个层次是欧元区和日本。2015年，西班牙、法国等欧洲国家先后受到恐怖主义的破坏，经济发展环境受到了很大的影响，这些导致欧洲对外贸易和国内消费都出现了一定程度的下降，许多国家的结构改革步履缓慢。第四个层次是东南亚。近年来，随着中国"人口红利"的逐渐消失，越南、泰国、印尼等东南亚国家劳动力比较优势日益凸显，大量纺织服装、电子信息、能源化工等劳动密集型制造业向具有丰富而廉价劳动力的东南亚国家转移。2015年，印尼经济增长4.79%[2]，泰国经济增长率约为4%[3]。第五个层次是俄罗斯、中东等高度依赖石油出口的国家。2015年，受石油价格大幅下降的影响，能源化工、新材料、装备制造等行业发展受到很大影响，俄罗斯、中东等国家经济发展面临较大困难。

三、结构调整动力出现变化

一直以来，产业结构调整的动力来自于技术创新，而信息技术、生物技术、新材料技术、能源技术、制造技术等高新技术的创新也逐渐成为21世纪以来各国产业升级和结构调整的重要手段。但是，近年来，随着互联网思维的普及和蔓延，尽管导致各国产业结构调整的动力——科学技术本身并未发生质的变化，但技术创新的方式和内容已经发生了深刻变化，3D打印、智能制造、电子商务等产业得到快速发展，逐渐成为推动经济增长的重要动力，从而引起了不同的结构

[1] 印度中央统计局。
[2] 印尼中央统计局。
[3] 泰国开泰银行研究中心发布的研究数据。

调整效果。

当前，全球经济的创新已经逐渐由过去单纯的技术创新向"技术+商业模式联合创新"转变，而且商业模式创新逐渐成为主导技术创新的重要力量。一是商业模式创新。近年来，随着互联网和信息技术的兴起，依托互联网的商业模式创新成果层出不穷，取得了很好的创新效果。如小米科技引入了互联网的概念，形成了以用户参与为特征的"硬件+软件+互联网服务"的商业模式，在全球取得了年出货量达到4000万台的销售业绩，迅速成为全球手机行业的巨头。二是制造模式创新。行业的发展在很大程度上依赖于技术进步的推动，但以产品体验主导的创新能够迅速集聚创新资源，实现产业的转型升级。如特斯拉在现有技术水平下，通过改变传统汽车制造模式，用IT理念和互联网思维来制造电动车，独特的造车理念、准确的市场定位、突破传统的直销模式和多样化的增值服务缔造了新能源汽车业的神话。2015年，特斯拉全球销量达到50580辆，同比猛增约60%。三是融资模式创新。一直以来，企业融资都是通过银行贷款、股权融资等，随着互联网经济的发展和互联网思维的引入，"众筹"概念逐渐兴起，通过互联网能够迅速将小额投资积聚起来，达到企业规模化融资的目标。由此可见，当前产业技术进步和结构调整的动力已经由传统的纯技术创新向商业模式创新+技术创新转变。

四、产业投资结构逐渐调整

基础设施建设投资是一国或一地区产业发展的基础，加强基础设施建设投资和产业发展投资是改变当地产业结构的重要手段。投资结构是产业结构调整的结果，也是引起产业结构调整的原因，因此可以说，今天的投资结构决定了明天的产业结构，越来越多的国家通过改变投资结构来推进产业结构调整。近年来，随着全球产业发展重点的调整和变化，世界各国在产业发展领域的投资方向和重点也出现了重大调整，在投资领域、投资方向和投资力度上呈现出以下变化趋势和特征。

从投资领域来看，逐渐由高新技术产业向高新技术产业和基础产业转变。2015年，美国与日本、澳大利亚、马来西亚等12个国家签订"跨太平洋伙伴关系协定"，通过贸易和服务自由、货币自由兑换、税制公平、国企私有化等重塑各成员国的整体竞争优势，提升产业国际竞争力。该协定中强调各成员国之间在原材料采购、贸易投资等方面享有平等的国民待遇，这就要求以美国为代表的工业发达国家应当协助其他成员国提升制造能力，加大基础产业的投资力度，确保各国的产品和原料供给能够满足美国等先进制造业发展的需求，这就使得当前高新技术产业的投资份额逐渐下降，向基础制造业转移。从投资方向来看，资源开发型投资的比重逐步下降。一直以来，世界各国都注重投资石油、天然气、铁矿石等资源型产业，但随着新能源技术的进步和制造技术的提升，各国对传统化石能源的需求逐步减少。2015年12月31日，受市场需求下降和产油国增产等双重影响，国际原油价格报收37.05美元/桶，全年跌幅达到了31.08%。同时，由于受供过于求、成本下降和美元走强等因素影响，全球铁矿石价格也出现了大幅度下降，2015年全年全球铁矿石价格下跌超过了45%。在投资主体上，由单一国家投资向组团式开发投资转变。一直以来，各国都是按照本国的经济实力和资本力量通过接受援助和借贷等方式对本国产业进行投资，确保本国经济得以安全、持续、健康发展。但是2015年以来，美国牵头与日本、澳大利亚、文莱、加拿大等国牵头开展了"跨太平洋伙伴关系协定"（Trans-Pacific Partnership Agreement，TPP）谈判，试图通过组建"经济北约"来改善其成员国的产业结构和产业竞争力。与此同时，为了更好地落实"一带一路"战略，支持亚洲国家的基础设施建设，中国政府发起成立了包括德国、意大利、法国、伊朗等国家为成员国的亚洲基础设施投资银行，重点支持各国的铁路、公路、桥梁、港口、机场和通信等基础建设。TPP的签署和亚投行的成立标志着当前的投资主体已经逐渐由各国政府向多国政府组团投资转变。

第二章　2015年我国产业结构调整的主要进展

2015 年，我国经济发展总体稳中有进，宏观经济仍运行在合理区间，虽然部分传统产业因产能过剩旧疾仍然增长乏力，但产业结构调整和转型升级步伐加快，高技术产业和新兴产业发展迅速，产业发展新动能进一步积聚，互联网在多个层面向制造业渗透融合，带动制造业向智能化绿色化服务化发展，成为重塑制造业体系的重要抓手。从存在的主要问题来看，高技术产业仍存在技术创新短板，传统原材料工业增长乏力，市场需求量、产量和效益出现明显下滑，化解产能过剩矛盾任重道远，对产业发展有重大影响的跨区域、跨所有制企业兼并重组有待破局。

一、高技术产业快速发展，成为结构调整的重要引领

2015 年，我国相继出台《中国制造 2025》、"互联网 +"等国家战略，并明确提出把节能环保、新一代信息技术、生物、高端装备制造业打造成支柱产业，把新能源及新能源汽车、新材料作为先导产业，努力实现制造业由大到强质的飞跃以及战略升级，以创新驱动引领高技术产业发展，实现了稳健增长。随着国内工业转型升级步伐的加快，高技术产业将在未来逐渐成为填补传统产业下滑"空缺"重要组成部分，成为实现稳增长的中流砥柱和重要支撑力。

高技术产业作为战略性和先导性产业，对其他产业的渗透能力较强，其主要是以开发技术前沿的工艺或技术突破为基础，对全面提升自主创新能力发挥着重要作用。2015 年我国规模以上工业企业实现利润总额 63554 亿元人民币，比上年下降 2.3%，而高技术制造业利润比上年增长 8.9%，高技术产业的 R&D 投入不断加强。由此来看，在传统行业需求不足、结构调整和经济转型升级过程中，高技术产业符合转型升级方向，行业利润保持较快增长，正在成为我国经济增长

和结构调整的重要支撑。

从整体规模来看，2015年，高技术产业增长较快，全年高技术产业增加值比上年增长10.2%，比规模以上工业快4.1个百分点，占规模以上工业比重为11.8%，比上年提高1.2个百分点。从细分行业来看，2015年，全国航空、航天器及设备制造业增长26.2%，电子及通信设备制造业增长12.7%，信息化学品制造业增长10.6%，医药制造业增长9.9%[1]，以航空、航天、高铁、通信、电子等为代表的高端制造业已经具备国内引领作用和一定的国际影响力（见图2-1—图2-3）。

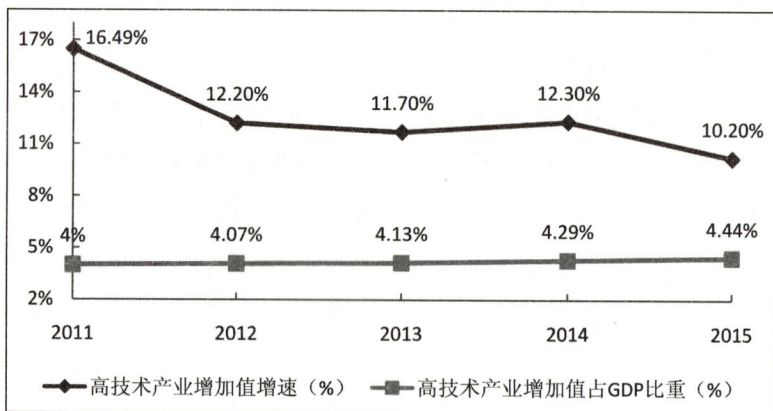

图2-1　2011—2015年我国高技术产业增加值增速及占GDP比重

资料来源：赛迪智库整理，2016年2月。

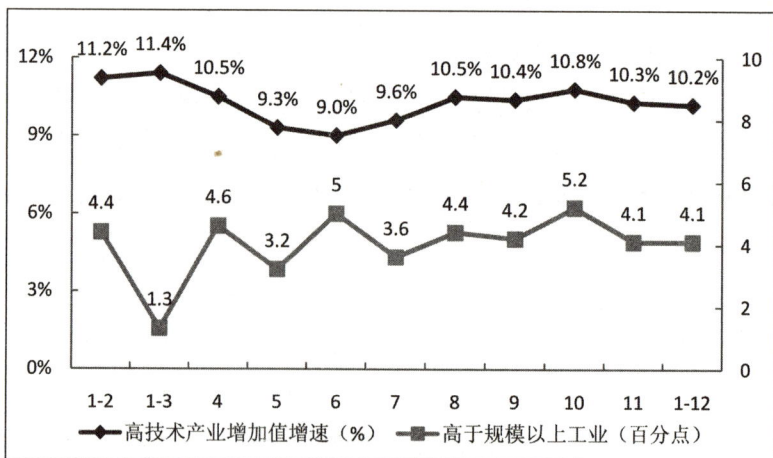

图2-2　2015年1—12月我国高技术产业增加值增速

资料来源：国家统计局，2015年。

---

[1]　国家统计局统计公报2015。

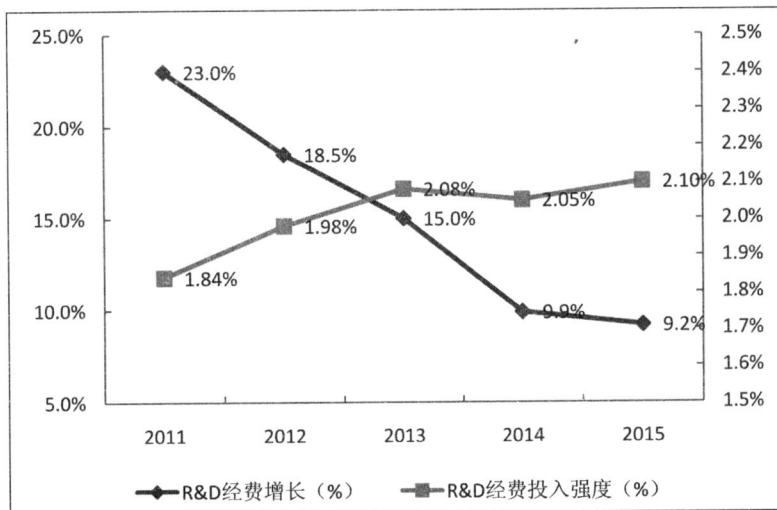

图2-3　2011—2015年我国R&D经费增速及投入强度

资料来源：国家统计局，2015 年。

从各年及各月来看，2011—2015 年高技术产业增加值增速均大于 10%，高技术产业增加值占 GDP 比重逐年提高，2015 年达到 4.44%。其中，2015 年 1—12 月高技术产业增加值增速均保持在 9% 及以上的增速，全年 1—12 月均高于规模以上工业增加值增速，说明高技术产业已经成为我国经济结构调整中的重要支撑，高技术产业增长持续加速，地位稳步提高。

二、传统原材料工业增长乏力，化解过剩产能任重而道远

从整体来看，2015 年，面临着全球经济复苏缓慢以及国内经济下行压力增大，我国原材料工业处于下行通道，生产增速趋于平缓，固定投资增长缓慢乏力，原材料产品出口增速放缓，主要原材料产品价格均出现不同程度的下跌，大部分子行业经济效益下降明显。

（一）钢铁工业

从整体来看，钢铁行业上游承载有色金属、电力和煤炭行业，下游衔接机械、房地产、家电及轻工、汽车、船舶等行业，属于典型的中游行业。目前我国钢铁行业存在产能过剩严重及去产能步伐缓慢、企业退出机制不健全、市场竞争环境较差等突出问题。因此，钢铁行业供大于需的矛盾突出，去产能为必然长期性趋

势，任重道远。

从钢铁产量规模来看，2015 年，以我国钢材和粗钢为例，我国钢材和粗钢产量分别为 112350 万吨、80383 万吨，增速分别为 0.6%、–2.3%。2011—2015年我国钢材及粗钢产量整体上虽然连年增长（其中，粗钢产量在 2015 年出现下滑趋势），但是增速已经明显下降。在我国，钢铁行业属于重资产行业，吨钢折旧大，因此不会轻易减产，增速逐年下降说明钢铁行业去产能取得一定成效（见图 2-4、图 2-5）。

从经济效益和固定投资来看，2015 年，中国钢铁工业协会统计显示，会员钢铁企业实现销售收入 2.89 万亿元，同比下降 19.05%；实现税金 632.31 亿元，同比下降 22%，亏损企业产量占会员企业钢产量的 46.91%；钢铁工业完成固定资产投资 4523.89 亿元，同比减少 726.23 亿元，下降 13.83%，其中炼铁投资同比增长 5.97%，炼钢投资同比下降 1.26%，矿山投资同比下降 19.2%，钢加工投资同比下降 16.09%[1]。

从产品价格来看，2015 年我国主要钢材品种价格指数大幅度下跌趋势，以高线 :Φ6.5、螺纹钢 :Φ12-25、角钢 :5#、中厚板 :20 等为例，价格指数降幅超过1/3，产品价格下跌导致钢铁工业企业效益的严重下滑，加上产能过剩以及成本高位运行，钢铁工业下行压力较大（见图 2-6）。

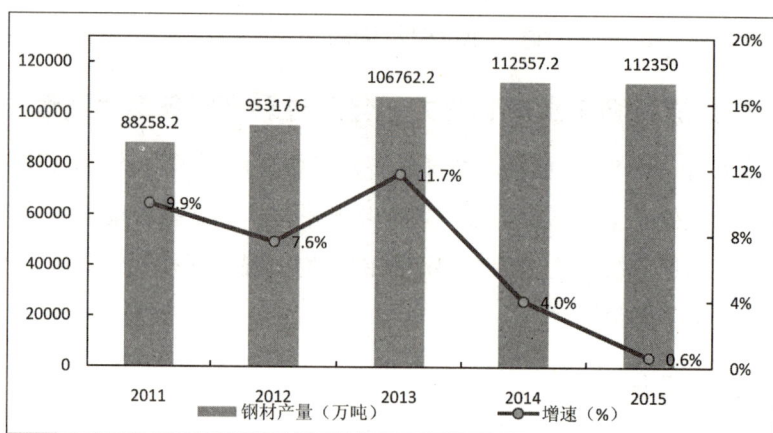

图2-4 2011—2015年我国钢材产量及增速

资料来源：国家统计局，2015 年。

---

[1] 资料来源：中国钢铁工业协会。

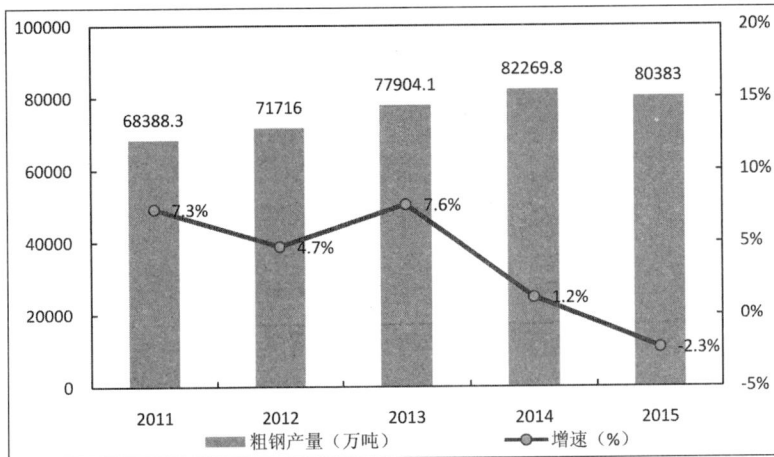

图2-5 2011—2015年我国粗钢产量及增速

资料来源：国家统计局，2015年。

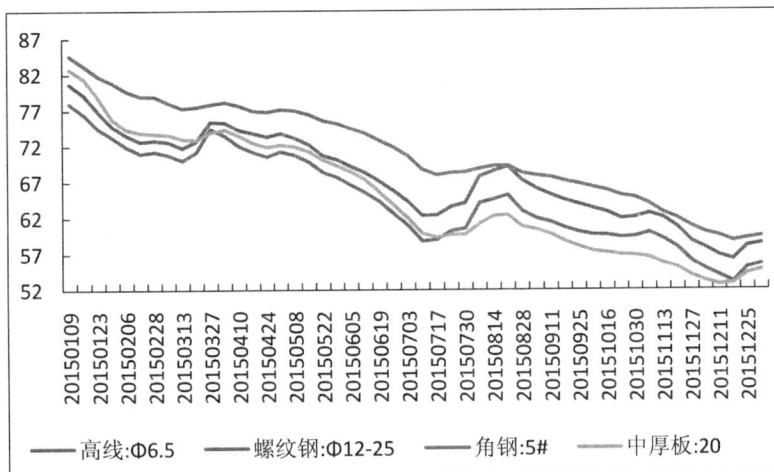

图2-6 2015年我国主要钢材品种价格指数

资料来源：赛迪智库整理，2016年2月。

（二）有色工业

从整体来看，2015年，我国有色金属工业积极应对经济下行压力加大，努力化解产能过剩，推进行业转型升级，有色金属工业基本实现了平稳增长。但全行业整体存在结构性产能过剩、供需失衡、企业成本较高、融资困难等行业困境。

从行业规模来看，2015年，全国十种有色金属产量为5090万吨，同比增长

5.8%，2011—2015年，十种有色金属产量逐年上升，增速基本属于逐年下降趋势（其中，2013年增速较2012年高3个百分点）；2015年1—11月，全行业工业增加值同比增长9.5%，增幅高于全国平均水平3.4个百分点；2015年1—6月，十种有色金属日均产量呈现逐月增长趋势，增速逐月上升，6月份达到最大值，为15.1万吨，2015年6—11月，十种有色金属日均产量呈现逐月递减趋势，增速逐月下降（见图2-7—图2-10）。

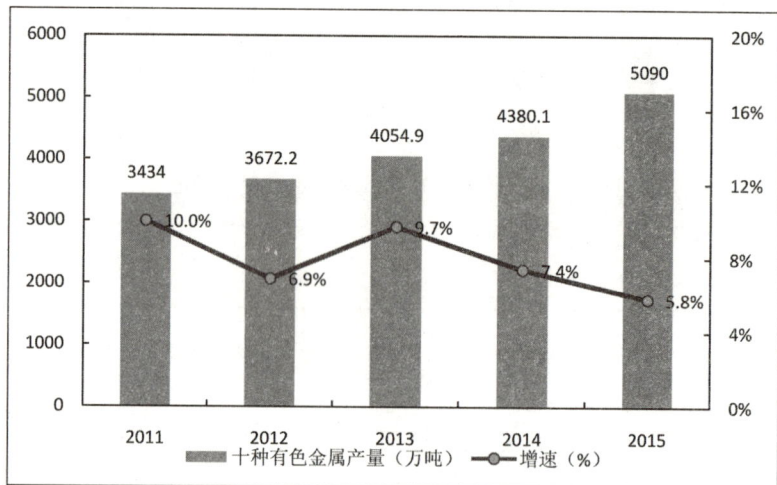

图2-7　2011—2015年我国十种有色金属产量及增速

资料来源：国家统计局，2015年。

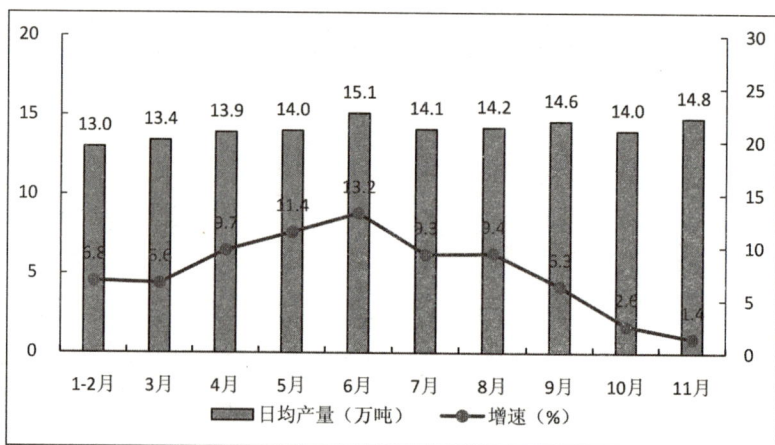

图2-8　2015年1—11月我国十种有色金属日均产量及增速

资料来源：国家统计局，2015年。

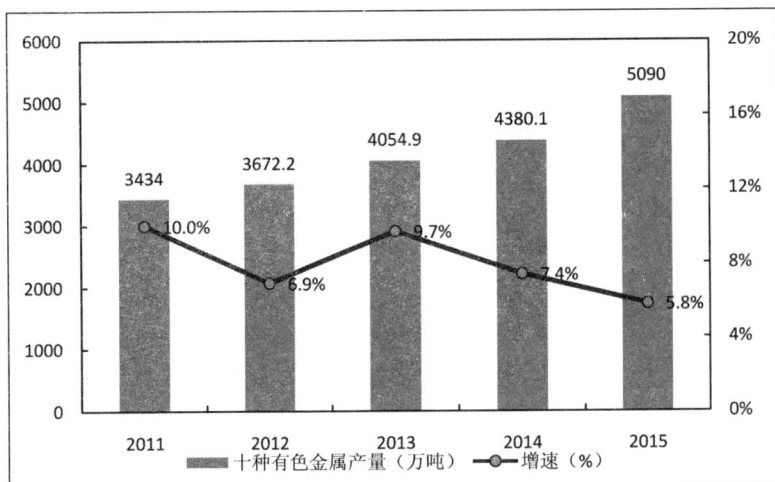

图2-9 2015年我国有色金属矿采选业固定资产投资完成额

资料来源：赛迪智库整理，2016年2月。

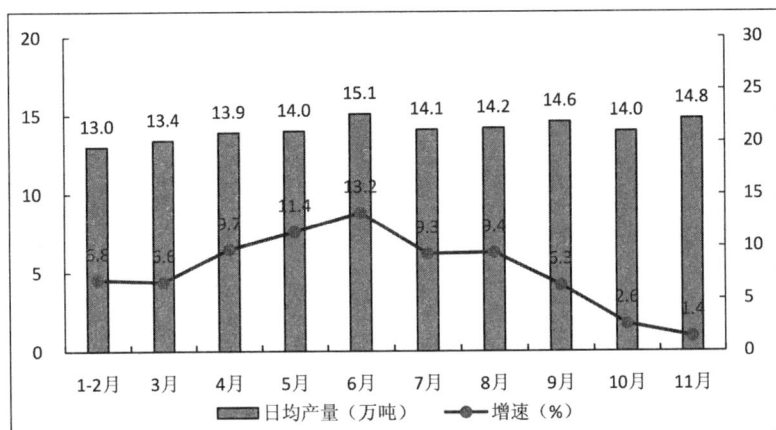

图2-10 2015年我国有色金属冶炼及加工业固定资产投资完成额

资料来源：赛迪智库整理，2016年2月。

从行业利润来看，2015年，有色金属行业盈利能力微弱，分化明显。2015年1—11月，规模以上有色金属工业企业实现利润1307亿元，同比下降9.3%，2015年金属全行业平均利润率为 -2.82%。由于严重的供需失衡及产能过剩，在产业链各环节中，矿山利润下降，同比下降26.5%；冶炼微利，同比下降43.9%；加工盈利上升，同比增长6.9%。

从固定资产投资额来看，2015 年，我国有色金属矿采选业固定资产投资完成额累计值逐月增加，累计同比呈现下降并趋于平缓趋势，3—12 月份累计同比值均为负值；我国有色金属冶炼及加工业固定资产投资完成额累计值逐月增加，累计同比呈现大幅下跌趋势，10—12 月份累计同比值均为负值，12 月份达到最低，比 11 月份累计同比下降 4%。

（三）石化工业

从整体来看，2015 年，我国石化工业基本运行特点为实现了行业经济的平稳运行，产品生产稳步增长，整体效益企稳回升，转型升级持续推进，结构调整逐步加快，能源效率继续提高，但是受国内经济增长放缓、国际油价断崖式下跌等因素影响，石油化工行业固定资产投资持续低迷，行业下行压力仍然较大。

从企业效益来看，2015 年，石化工业产量总体增长，全行业效益总体下滑，石油化工主营业务收入 12.74 万亿元，下降 6.1%，利润总额 6265.2 亿元，下降 18.3%，上缴税金 1.03 万亿元，增长 3.7%。从石油和化工行业来看，2015 年，石油行业增加值同比增长 7.2%；石油行业主营业务收入 3.9 万亿元，同比下降 20.53%，利润总额 1615.6 亿元，同比下降 50.99%，上缴税金 7107.6 亿元，同比增长 1.52%。受油价下跌及生产成本高位运行等因素影响，我国石油行业效益降幅较大，但石油行业生产增长结构有所优化。从化工行业来看，2015 年，化工行业增加值同比增长 9.3%，增速同比回落 1.1 个百分点；化工行业主营业务收入 8.84 万亿元，同比增长 1.9%，利润总额 4603.4 亿元，增长 6.3%，上缴税金 2880.3 亿元，增长 5.1%[1]。

从产量规模来看，2015 年，我国原油产量及增速稍强于 2014 年，增长乏力；2015 年 1—11 月，我国原油加工量日均产量及增速波动较大，1—5 月呈现上升趋势，5—11 月整体呈现下滑趋势（其中，8 月份产量及增速出现大幅度上涨）；2015 年 1—11 月，我国乙烯日均产量及增速没有明显规律，波动较大，日均产量均稳定在 5 万吨左右，说明石化行业部分子行业整体平稳运行（见图 2-11—图 2-13）。

---

[1]　资料来源：工业和信息化部。

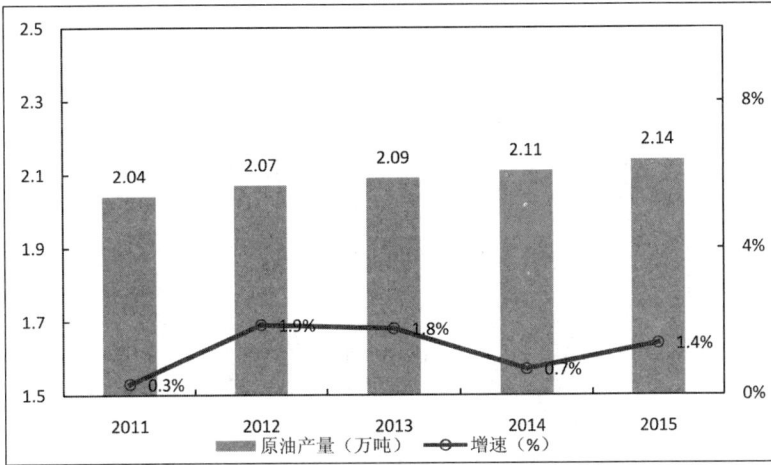

图2—11 2011—2015年我国原油产量及增速

资料来源：国家统计局统计，2015年。

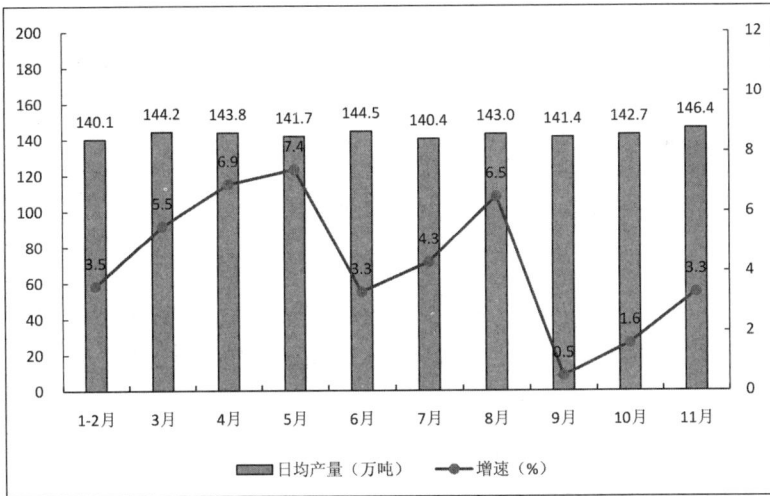

图2-12 2015年1—11月我国原油加工量日均产量及增速

资料来源：国家统计局统计，2015年。

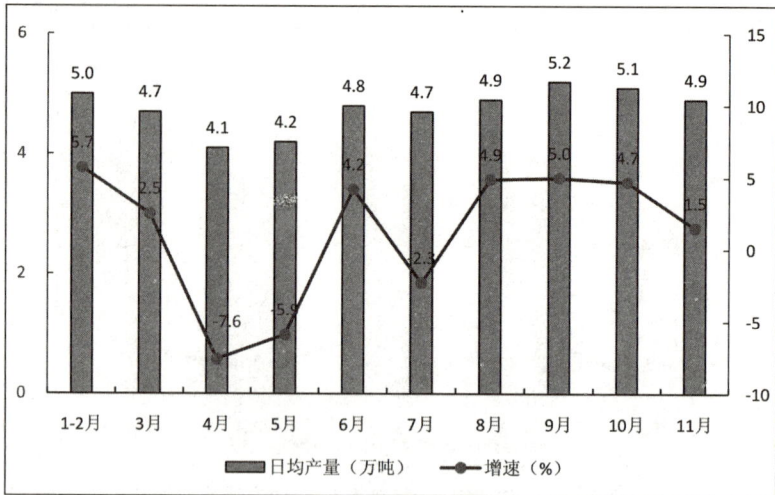

图2-13 2015年1—11月我国乙烯日均产量及增速

资料来源：国家统计局统计，2015年。

（四）建材工业

从整体来看，2015年，建材工业处于自身结构调整、转型升级的重要时期。建材工业既承担着为国民经济建设、人居条件改善提供建筑及工业材料的重任，也面临着产能严重过剩、市场需求不旺、行业下行压力加大等严峻形势，整体表现为行业下行但相对平稳。2015年建材行业主要运行特点为产品产量有升有降、主营收入增速大幅下降、经济效益明显下滑、产品价格为近五年最低、投资增速下降，但由于去产能初显成效、技术进步加快和新兴产业发展提速等原因的驱动，建材工业在一定程度上呈现出结构优化、出口结构向好的趋势。

从产量规模来看，2015年，以水泥和平板玻璃为例，水泥、平板玻璃产量分别为23.5亿吨、7.4亿重量箱，水泥及平板玻璃均呈现出负增长，同比分别下降4.9%、8.6%。2011—2015年我国水泥产量增长缓慢，2015年水泥产量出现首次负增长，水泥产量增速整体呈现下降趋势；2011—2015年我国平板玻璃产量在一定范围内波动，整体呈现下降趋势，增速整体呈现下降趋势。

从主营业务收入及经济效益来看，2015年，规模以上建材企业主营业务收入7.3万亿元，同比增长3.3%，增速同比降低6.8个百分点，2012—2015年规模以上建材企业主营业务收入逐年增加，但增速基本呈现逐渐下降的趋势。其中，水泥制造业8897亿元，同比降低9.4%，平板玻璃产业596亿元，同比降低14.3%。规模以上建材企业实现利润4492亿元，同比降低6.9%，其中，水泥行业利润 330 亿元, 同比下降 58%, 平板玻璃行业利润 12 亿元, 同比下降 12.4%（见图 2-14—图 2-17）。

以水泥和平板玻璃子行业为例, 2015 年主要数据如表 2-1 所示, 可以看出水泥及平板玻璃行业产品产量、产品出厂价格、主营业务收入及经济效益都呈现下降的趋势。其中 2015 年 1—10 月份我国重点水泥企业销量增速同比 2014 年均为负值, 2015 年 3—10 月份我国重点平板玻璃企业销量增速同比 2014 年均为负值, 说明我国对水泥及平板玻璃需求乏力, 供大于求矛盾比较明显, 部分建材子行业产能过剩。

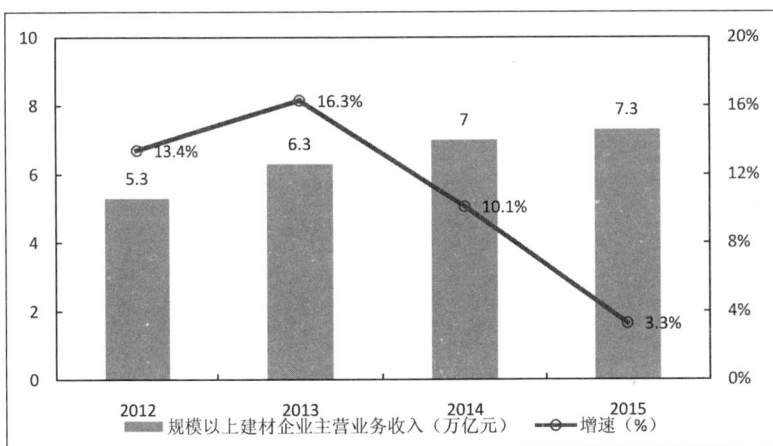

图2-14　2012—2015年我国规模以上建材企业主营业务收入及增速

资料来源：工业和信息化部, 2016 年 2 月。

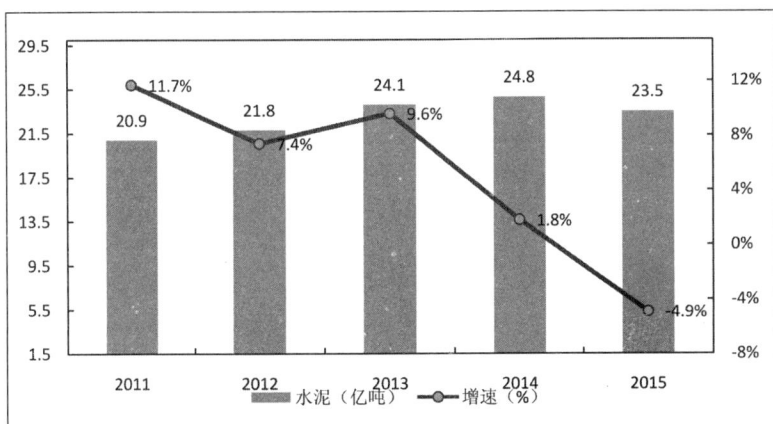

图2-15　2011—2015年我国水泥产量及增速

资料来源：工业和信息化部, 2016 年 2 月。

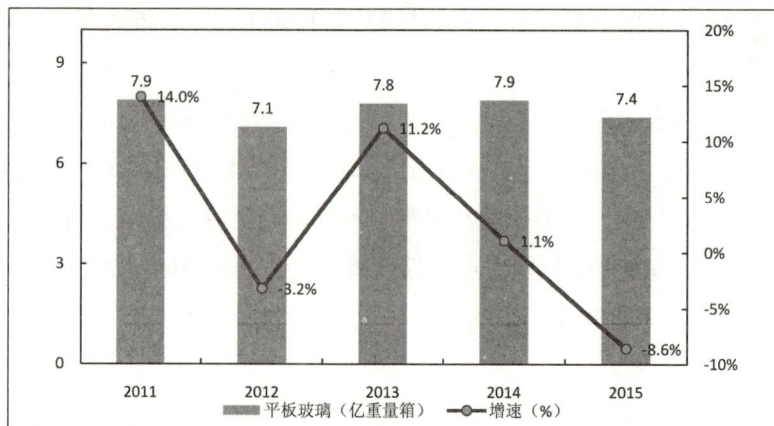

图2-16 2011—2015年我国平板玻璃产量及增速

资料来源：工业和信息化部，2016年2月。

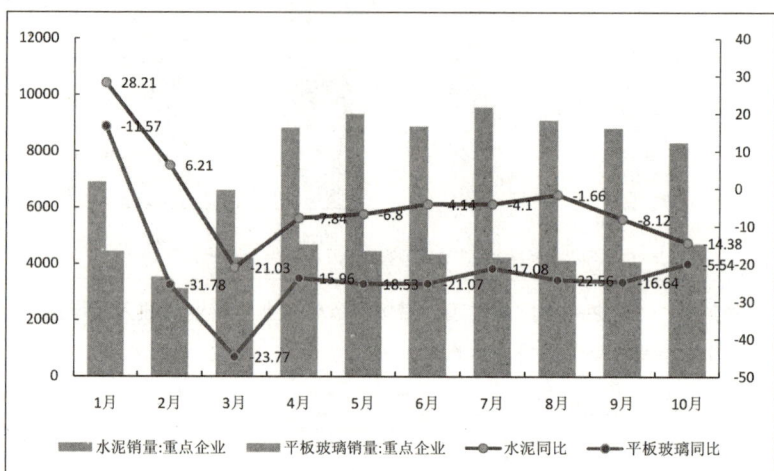

图2-17 2015年1—10月份我国重点水泥及平板玻璃企业销量及增速

资料来源：赛迪智库整理，2016年2月。

表2-1 2015年建材工业经济运行情况

主要指标	产品产量		主营业务		经济效益		产品价格	
细分行业	水泥	平板玻璃	水泥	平板玻璃	水泥	平板玻璃	水泥	平板玻璃
指标数值	23.5亿吨	7.4亿重量箱	8897亿元	596亿元	330亿元	12亿元	每吨270元	每重量箱63元
比2014年	下降4.9%	下降8.6%	降低9.4%	降低14.3%	下降58%	下降12.4%	低29元	低0.3元

资料来源：赛迪智库整理，2016年2月。

三、生产性服务业持续较快发展，生产型制造加快向服务型制造转变

从国际来看，全球制造业的最新发展趋势是由生产型制造向服务型制造转型，尤其是跨国集团呈现出明显的制造业投入服务化和产出服务化的趋势；从国内来看，汽车、IT、机械等领域服务型制造发展呈现积极态势，集聚工业设计、科技服务、检验检测、电子商务、现代物流、金融服务等综合性服务的生产性服务业功能区不断出现，制造与服务融合发展的政策环境正逐步完善，制造业与服务业的渗透融合不断加速，我国正在逐步加快由生产型制造向服务型制造转变。

大力发展服务型制造不仅是推动产业结构调整和显著提升附加值的有力措施，也是大力发展生产性服务业的重要途径。2015年，我国制造企业加快从生产型制造向服务型制造延伸。主要表现在三个方面，一是在实际工业设计中，产品的价值进行了拓展，有形产品和无形服务比重发生了变化；二是制造业投入要素发生变化，知识、技术等服务要素投入占比增加较快；三是企业与客户角色发生了变化，企业主动提供产品，客户被动接受产品逐渐转变为企业根据客户需求提供定制或服务。

从产业规模来看，2011—2015年，我国第三产业增加值比重逐年上升，第二产业增加值比重逐年下降，2013年起第三产业增加值的比重超过第二产业增加值的比重，到2015年，我国第二及第三产业增加值比重分别为40.5%、50.5%，第三产业增加值比重高出第二产业增加值比重10个百分点，增加值比重大于50%。现代服务业特别是生产性服务业的快速增长，从另一侧面反映了制造业正在加速向高端升级（见图2-18）。

从投资和营业收入来看，2015年，第三产业投资311939亿元，增长10.6%。其中，2015年上半年，生产性服务业营业收入同比增长6.8%。另外，从生产性服务业相关行业看，租赁和商务服务业营业收入同比增长8.4%，对规模以上服务企业营业收入增长的贡献率为23.7%，拉动营业收入增长1.8个百分点[1]。

---

[1] 据国家统计局统计公报2015及Wind数据整理。

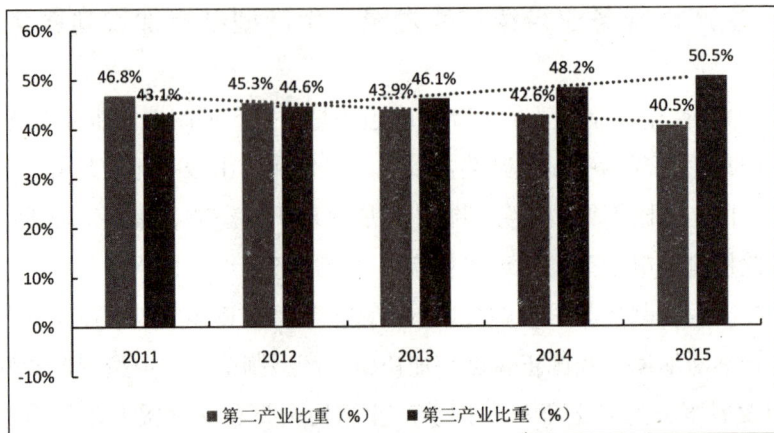

图2-18　2011—2015年我国第二、三产业增加值比重

资料来源：国家统计局，2015年。

四、产业技术水平持续提升，"互联网+"重塑新型制造体系

2015年1—11月我国技术改造投资8.5万亿元，同比增长14.7%，高于2014年0.9个百分点。2014年技术改造投资增速呈现出逐月下降的趋势，2015年1—11月技术改造投资增速呈现整体逐月上升趋势，增速快于全部工业投资6.6个百分点（见图2-19）。

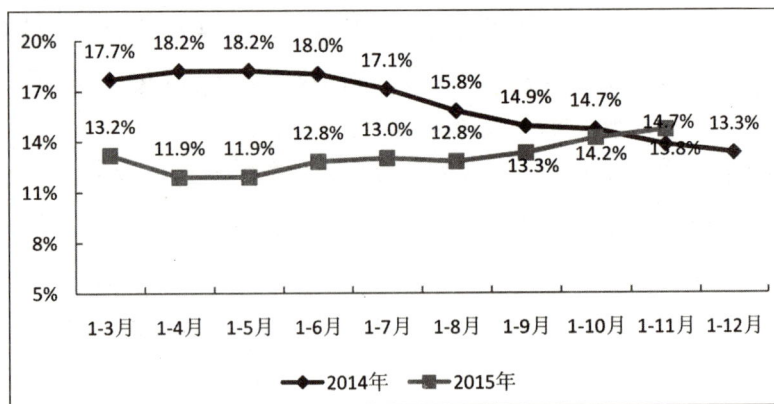

图2-19　2014—2015年我国各月技术改造投资增速

资料来源：工业和信息化部，2016年2月。

值得关注的是，对制造业来说，"互联网+"实现了与传统制造业与高技术产业的融合，通过创新要素，很好地实现了"1+1＞2"的效果。互联网不断加速对制造业的全面渗透，产生了全方位影响，引发了智能化、柔性化、定制化等生产方式的深刻变革，对制造业体系进行了大规模的重塑，极大地提高了工业设备、生产过程、产品和用户数据的感知、传输、交互和智能分析的能力，也为制造企业实现产品全生命周期的实时动态控制与管理提供了技术支撑，极大地提升了制造效率和服务能力。

2015年，国务院发布《关于积极推进"互联网＋"行动的指导意见》，提出推动互联网由消费领域向生产领域拓展，提升产业发展水平和创新能力，以"互联网＋"创业创新、"互联网＋"协同制造等为重大行动抓手，大力推动制造业与互联网的全方位融合。大力发展智能制造、大规模个性化定制，提升网络化协同制造，加速制造业由生产型制造向服务型制造转型；工业和信息化部出台"互联网＋"三年行动计划，提出以加快新一代信息通信技术和工业深度融合为主线，以实施"互联网＋"制造业和"互联网＋"小微企业两项任务为重点，发挥好高速宽带网络基础设施和信息技术产业两个支撑作用，推进互联网和制造业融合深度发展，全面支撑制造强国和网络强国建设。随着行动计划的持续落实，必将形成一套完整的两化融合管理体系标准，显著提高我国制造业数字化、网络化、智能化水平，这对进一步完善制造业供给体系，提高供给的质量和效率，提高全要素生产率也将起到重要的推动作用。

五、企业兼并重组保持活跃，为产业结构调整提供重要动力

2015年，我国企业兼并重组数量明显增加，上市公司兼并重组交易单数和涉及交易金额保持高度活跃，交易2669单，涉及交易金额为2.2万亿元，平均单兼并重组涉及的交易金额为8.24亿元。随着国企改革和供给侧结构性改革的全面推进落实，将不断推动包括央企、国企在内的大范围内的企业重组和资源整合，通过兼并重组，进一步调整优化产能过剩行业资源配置，提高核心企业竞争力，有利于推动产业优化升级。

虽然从上市公司兼并重组交易单数来看，2015年全年上市公司兼并重组数量为2669单，低于2014年的2920单，同比下降8.6%，但是从上市公司兼并重组涉及的交易金额来看，2013—2015年上市公司兼并重组涉及交易金额呈现逐年上升趋势，2015年上市公司兼并重组涉及交易额为2.2万亿元，远超2014年

全年的兼并重组交易金额，同比增长52%。2015年上市公司兼并重组交易单数出现下滑，但是涉及交易金额出现大幅度上升，说明2015年上市公司兼并重组的企业多为大企业、资金实力雄厚企业，资源整合力度进一步加大（见图2-20）。

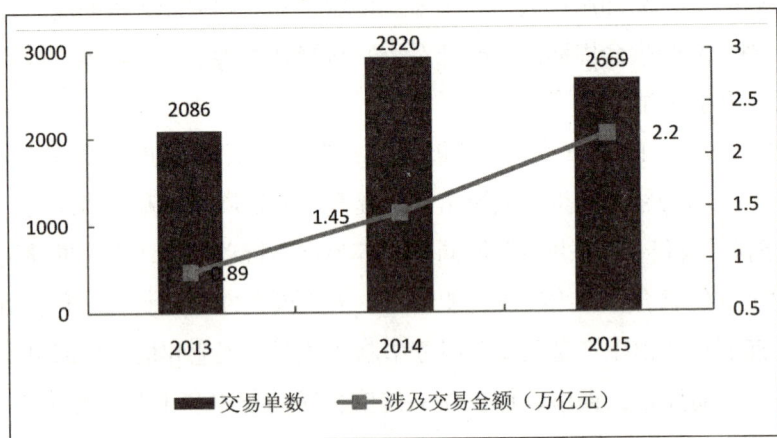

图2-20 2013—2015年我国上市公司兼并重组交易情况

资料来源：赛迪智库，2016年2月。

其中，以2015年前3季度为例，据证监会统计，2015年1—3季度，上市公司共发生企业兼并重组交易1910单，涉及交易金额1.46万亿元，已经超过2014年全年的交易金额。细分来看，制造业上市公司发生并购重组交易1234单，涉及交易金额8609亿元。江苏、北京、广东企业兼并重组最为活跃，分别发生企业兼并重组交易221、192和184单。民营企业兼并重组更具活力，1527家民营企业共发生兼并重组交易1235单，平均每家公司发生0.81单，高于全部上市公司平均的0.68单[1]。

六、国内外区域产业合作步伐加快，拓展产业发展新空间

2015年，我国提出并积极推进京津冀协同发展、长江经济带、"一带一路"三大区域发展战略。京津冀协同发展与长江经济带主要促进国内区域城市内的联动发展，深化和加强区域内城市间的发展差异性和经济互补性；"一带一路"在国家深化改革开放大背景下加强海外发展空间拓展，深化对外开放、加强对外合作、推动产业实现更大发展。三大区域战略叠加极大促进了我国国内外区域产业

---

[1] 工信部数据。

合作，加快了产业发展速度，拓展了产业发展新空间，为我国产业结构调整和产业升级注入了新活力。

"一带一路"大大拓展海外合作空间。我国部分行业存在严重的产能过剩，产能过剩直接影响到产业竞争力，但产能过剩并不意味着产能"落后"。"一带一路"贯通中亚、东南亚、南亚、西亚乃至欧洲部分区域，东牵亚太经济圈，西系欧洲经济圈，战略版图覆盖了已实施的中国—东盟、中国—巴基斯坦、中国—新加坡、中国—新西兰、亚太贸易协定、海峡两岸经济合作框架协议等多个自贸区，我国通过"一带一路"战略努力实现国际产能合作和优势产能"走出去"，不仅可以带动我国产业转型升级，为稳增长提供新动能，也为"一带一路"沿线国家发展提供了难得机遇。截至 2015 年底，我国与"一带一路"相关国家贸易额约占进出口总额的四分之一，投资建设了 50 多个境外经贸合作区，承包工程项目突破 3000 个，我国企业共对"一带一路"相关的 49 个国家进行了直接投资，投资额同比增长 18.2%，为我国企业减轻境外税收负担 2.7 亿元[1]。2015 年，通过实施"一带一路"战略，我国大大增加了"一带一路"沿线国家贸易额、工程项目投资，为化解产能过剩和扩大对外贸易、投资带来了新机遇，已经成为我国乃至世界经济的新引擎。

京津冀协同发展深化区域经济合作。随着《"十三五"时期京津冀国民经济和社会发展规划》的印发，我国将提速京津冀经济一体化进程。京津冀协同发展目的在于强化区域发展和跨省份间的协同联动作用，促进产业转移和区域产业合作，推动经济保持中高速增长。将京津冀三地作为一个整体进行协同发展，既可以疏解非首都核心功能、解决北京"大城市病"，又可以缓解北京、天津两个城市的压力，以此来带动河北经济发展，最终实现京津冀协区域经济协同发展和全国创新驱动经济增长新引擎。

长江经济带区域开放开发战略。2014 年 9 月，国家出台《关于依托黄金水道推动长江经济带发展的指导意见》；2016 年 3 月，国家发改委印发《长江经济带创新驱动产业转型升级方案》。随着国家及地方政策规划的相继出台，长江经济带已经上升为国家战略，成为我国新一轮改革开放转型实施的区域开放开发战略。其中，2015 年，长江经济带覆盖的 11 个省市中，从 GDP 增速来看，除了上海市和四川，其余 9 个省市 GDP 增速均超过 8%，明显高于其他省市；从 GDP

---

[1]　根据Wind数据整理。

总量来看，排在前十的地区中有 5 个长江经济带覆盖区，分别是江苏、浙江、四川、湖北、湖南；从产业结构来看，电子信息、装备制造、有色金属、纺织服装等产业规模占全国比重均超过 50%；从创新基础来看，长江经济带集中了全国 1/3 的高等院校和科研机构，拥有全国一半左右的两院院士和科技人员，各类国家级创新平台超过 500 家；从各省市政策出台来看，2015 年，上海市发展改革委提出在"十三五"期间立足长三角和长江流域，主动服务国家区域协调发展战略，全面落实上海推进长江经济带发展的实施意见；2014 年 12 月，重庆市出台《贯彻落实国家"一带一路"战略和建设长江经济带的实施意见》，提出"三大目标、五个原则、六项任务"；2015 年，湖南省印发《2015 年湖南省推动长江经济带发展工作要点》，提出加快综合立体交通走廊建设、促进产业集群发展等发展措施；2015 年，安徽省出台《关于贯彻国家依托黄金水道推动长江经济带发展战略的实施意见》，着力打造畅通高效的黄金水道和快捷大运量综合立体交通走廊；江西省出台《2015 年江西省参与长江经济带发展工作要点》，明确三个定位，强化四个对接，构建五大格局；湖北省设立 2000 亿元的长江经济带产业基金，推进当地战略性新兴产业发展和传统产业转型升级。总体来看，2015 年长江经济带在基础设施、产业对接、区域合作等方面取得初步进展，作为贯通我国东中西开发的主轴带，长江经济带的开发将为我国区域经济发展拓展新的空间。

专题篇

第三章　优化产业组织结构

企业兼并重组可以促进企业优化资源配置、增强竞争力，促进产业结构的调整优化、提高发展质量效益。随着经济的发展、企业规模日益增大和市场竞争的不断加剧，产业组织结构在产业经济与市场经济中的重要性日益提升，产业结构的调整和升级需要依托产业组织结构的优化。

第一节　2015年促进企业兼并重组政策解析

2014年，为引导企业兼并重组，优化产业组织结构，促进企业做大做强，国务院及工业和信息化部、商务部、财政部、人力资源和社会保障部等部门纷纷出台了一系列相关的政策和文件。2015年以来，为进一步优化企业兼并重组的政策环境，国家又陆续出台了税收、完善资本市场、外汇管理等方面的政策。

一、推进企业兼并重组的政策情况

（一）国家层面的政策

近年来，我国政府一直重视对企业兼并重组的引导和支持。2014年3月，国务院发布了《国务院关于进一步优化企业兼并重组市场环境的意见》（国发〔2014〕14号）。为完善企业兼并重组的配套政策，有关部门相继发布了企业兼并重组相关的税收政策、行政审批政策、职工安置政策、促进资本市场发挥作用的政策等，企业兼并重组政策体系进一步完善，环境不断优化。2015年以来，新颁布的企业兼并重组政策相对较少，主要涉及税收、外汇等方面。

　　税收方面，2015年2月，财政部、国家税务总局发布了《关于企业改制重组有关土地增值税政策的通知》（财税〔2015〕5号），拓展了企业改制重组土地增值税税收优惠的适用范围；2015年3月，财政部、国家税务总局发布了《关于个人非货币性资产投资有关个人所得税政策的通知》（财税〔2015〕41号），进一步鼓励和引导民间个人投资，将上海自由贸易试验区试点的个人非货币性资产投资分期缴税政策推广至全国，调动个人投资的积极性。

　　外汇管理方面，2015年3月，国家外汇管理局发布了《关于进一步简化和改进直接投资外汇管理政策的通知》（汇发〔2015〕13号），旨在进一步深化资本项目外汇管理改革，促进和便利企业跨境投资资金运作，规范直接投资外汇管理业务，提升管理效率。

　　金融方面，2015年3月，银监会发布了《商业银行并购贷款风险管理指引》（银监发〔2015〕5号），以完善兼并重组贷款的风险防控体系，提高对企业兼并重组的金融服务水平。

　　完善资本市场方面，2015年8月，证监会、财政部、国资委、银监会联合发布《关于鼓励上市公司兼并重组、现金分红及回购股份的通知》（证监发〔2015〕61号），在并购重组监管中进一步深化改革，扩大并购重组取消行政审批的范围，简化审批程序，提高资本市场的效率，支持上市公司的并购重组。2015年4月，为进一步发挥资本市场促进企业重组的作用，加大并购重组融资力度，提升资本市场服务实体经济的能力，证监会对《〈上市公司重大资产重组管理办法〉第14条、44条的适用意见——证券期货法律适用意见第12号》进行了修订（见表3-1）。

表3-1　2015年国家层面兼并重组主要政策

序号	发布时间	发布单位	政策名称
1	2015年2月	财政部、国家税务总局	《关于企业改制重组有关土地增值税政策的通知》（财税〔2015〕5号）
2	2015年2月	国家外汇管理局	《国家外汇管理局关于进一步简化和改进直接投资外汇管理政策的通知》（汇发〔2015〕13号）
3	2015年3月	银监会	《商业银行并购贷款风险管理指引》（银监发〔2015〕5号）
4	2015年3月	财政部、国家税务总局	《关于个人非货币性资产投资有关个人所得税政策的通知》（财税〔2015〕41号）
5	2015年4月	证监会	《〈上市公司重大资产重组管理办法〉第十四条、第四十四条的适用意见——证券期货法律适用意见第12号》（证监会公告〔2015〕10号）

（续表）

序号	发布时间	发布单位	政策名称
6	2015年8月	证监会、财政部、国资委、银监会	《关于鼓励上市公司兼并重组、现金分红及回购股份的通知》（证监发〔2015〕61号）
7	2015年8月	中共中央、国务院	《中共中央国务院关于深化国有企业改革的指导意见》（中发〔2015〕22号）

资料来源：赛迪智库整理，2016年。

国有企业重组方面，中共中央、国务院发布《关于深化国有企业改革的指导意见》，指出引入非国有资本参与国有企业改革，鼓励非国有资本投资主体通过出资入股、收购股权、认购可转债、股权置换等多种方式，参与国有企业改制重组或国有控股上市公司增资扩股以及企业经营管理。鼓励国有资本以多种方式入股非国有企业。充分发挥国有资本投资、运营公司的资本运作平台作用，通过市场化方式，以公共服务、高新技术、生态环保、战略性产业为重点领域，对发展潜力大、成长性强的非国有企业进行股权投资。鼓励国有企业通过投资入股、联合投资、重组等多种方式，与非国有企业进行股权融合、战略合作、资源整合。

（二）地方层面的政策

国发14号文件发布之后，各地方政府积极响应与落实。2014年，甘肃、河北、湖南、广西、青海、四川、重庆、河南等10余个省（区、市）发布了落实国发14号文件的实施方案或意见，支持本地区企业兼并重组。2015年以来，陆续又有许多地方政府发布了支持兼并重组的相关政策。2015年2月，安徽省人民政府办公厅发布了《安徽省人民政府办公厅关于进一步优化企业兼并重组市场环境的实施意见》（皖政办〔2015〕6号），之后，安徽省经信委发布了《安徽省经济和信息化委员会关于做好优化企业兼并重组市场环境工作的通知》（皖经信产业函〔2015〕434号）；2015年3月，北京市发布《北京市人民政府关于进一步优化企业兼并重组市场环境的实施意见》（京政发〔2015〕10号）；2015年5月，河北省发布《关于进一步做好援企稳岗工作的通知》（冀人社发〔2015〕21号）、《关于做好失业保险支持企业稳定岗位工作的通知》（冀人社发〔2015〕57号）（见表3-2）。

表 3-2 2015 年地方层面企业兼并重组主要政策

序号	发布时间	政策名称
1	2015年2月	《安徽省人民政府办公厅关于进一步优化企业兼并重组市场环境的实施意见》（皖政办〔2015〕6号）
2	2015年3月	《北京市人民政府关于进一步优化企业兼并重组市场环境的实施意见》（京政发〔2015〕10号）
3	2015年4月	《安徽省经济和信息化委员会关于做好优化企业兼并重组市场环境工作的通知》（皖经信产业函〔2015〕434号）
4	2015年4月	《广东省人民政府办公厅关于进一步优化企业兼并重组市场环境的实施意见》（粤府办〔2015〕30号）
5	2015年4月	《关于印发2015年企业技术改造专项资金申报指南的通知》（闽经信投资〔2015〕205号）
6	2015年5月	《关于进一步做好援企稳岗工作的通知》（冀人社发〔2015〕21号）
7	2015年4月	《江苏省关于失业保险支持企业稳定岗位有关问题的实施意见》（苏人社发〔2015〕15号）
8	2015年7月	《新乡市人民政府关于引导和促进我市企业兼并重组工作的实施意见》（新政文〔2015〕77号）
9	2015年10月	《马鞍山市人民政府办公室关于鼓励和引导企业兼并重组的意见》（马政办〔2015〕55号）
10	2015年11月	《关于做好失业保险支持企业稳定岗位工作的通知》（冀人社发〔2015〕57号）
11	2015年12月	《福建省人民政府关于进一步推动企业兼并重组若干措施的通知》（闽政〔2015〕60号）
12	2015年11月	《北京市海淀区人民政府关于建设中关村并购资本中心的实施意见》（海行规发〔2015〕7号）
13	2015年1月	《关于并购重组反馈意见信息披露相关事项的通知》（上证发〔2015〕4号）

资料来源：赛迪智库整理，2016 年。

安徽省发布了《安徽省人民政府办公厅关于进一步优化企业兼并重组市场环境的实施意见》(皖政办〔2015〕6号),主要目标是完善体制机制,优化市场环境,实施汽车、钢铁、水泥、装备制造、石化、有色金属等产业强强联合、跨地区兼并重组、境外并购和投资合作,产业集中度进一步提高。到 2020 年,培育壮大 10 个左右营业收入超千亿元、100 个左右超百亿元,具有核心竞争力的大型企业集团。重点领域为冶金、汽车、能源、化工、水泥等行业。提出了九个方面的主要任务，包括取消下放审批事项、简化审批程序、实施公共资源统一规范交易、消除跨地区兼并重组障碍、放宽民营资本市场准入、深化国有企业改革等。其中，在放宽民营资本市场准入方面，探索建立企业投资准入负面清单制度，支持民营资本参与交通、水利、电力、石油、天然气、电信等行业和领域兼并重组，切实做到平等准入、放手发展。市场准入标准和优惠扶持政策对所有经济主体一视同仁，不对民营资本设置附加条件。

北京发布了《北京市人民政府关于进一步优化企业兼并重组市场环境的实施意见》(京政发〔2015〕10号)，提出，要加快审批制度改革，持续优化金融服务，全面落实各项财税政策，继续完善土地利用和职工安置办法，注重实施产业政策引导，健全完善企业兼并重组的制度机制，努力提高公共服务能力。

广东发布《广东省人民政府办公厅关于进一步优化企业兼并重组市场环境的实施意见》(粤府办〔2015〕30号)，加快推进审批制度改革，加快清理相关行政审批事项，优化审批程序。改善金融服务，优化信贷融资服务、发挥资本市场作用；加大财税支持力度，加大财政资金投入、落实税收优惠政策；完善土地管理和职工安置政策，加大用地支持力度，做好职工安置工作；加强产业政策引导，严格执行产业政策、推进重点行业兼并重组、引导企业开展跨国并购；加强服务和管理，完善社会化服务体系，优化政务服务、规范企业兼并重组行为；完善企业兼并重组的体制机制，完善市场监管机制、消除跨地区兼并重组障碍、放宽民营资本准入、深化国有企业改革。

河北省发布《关于进一步做好援企稳岗工作的通知》(冀人社发〔2015〕21号)，规定享受稳定岗位补贴的企业，其中之一就是实施兼并重组企业。即在日常经营活动之外发生法律结构或经济结构重大改变的交易，并使企业经营管理控制权发生转移，包括实施兼并、收购、合并、分立、债务重组等经济行为的企业。实施条件，稳岗补贴标准，对于上年度采取有效措施稳定就业岗位且无裁员的企业，可按照该企业及其职工上年度实际缴纳失业保险费总额的50%给予稳岗补贴《关于做好失业保险支持企业稳定岗位工作的通知》(冀人社发〔2015〕57号)，确定了实施条件、稳岗补贴标准、稳岗补贴申请及审核程序。

江苏省发布的《江苏省关于失业保险支持企业稳定岗位有关问题的实施意见》(苏人社发〔2015〕15号)，对符合政策范围和基本条件的企业，在实施兼并重组期间,按该企业及其职工上年度实际缴纳失业保险费总额的50%给予稳岗补贴。

福建省发布的《福建省人民政府关于进一步推动企业兼并重组若干措施的通知》(闽政〔2015〕60号),提出了要加强产业政策引导,落实税费优惠政策,改善金融服务,落实土地政策,鼓励龙头企业参与兼并重组,妥善安置职工,加强服务和管理等政策措施。福建省发布的《关于印发2015年企业技术改造专项资金申报指南的通知》(闽经信投资〔2015〕205号),对2015年期间完成的重大企业兼并重组项目已发生的评估、审计、法律顾问等前期费用及并购贷款利息予以补助,单个项目最高不超过300万元;对并购境外或省外科技型企业,分别按照并购金额的10%和5%给予补助,单项最高不超过1000万元。

北京市海淀区发布了《关于建设中关村并购资本中心的实施意见》(海行规发〔2015〕7号),目标是围绕国家科技金融创新中心建设,进一步发挥中关村核心区在全国的示范引领作用,计划在3年左右的时间内,按照"一二三"运作模式,即打造一个中心(全国并购资本中心)、开拓二块市场(境外、国内)、提供三种服务(项目、政策、人才),建造核心区"三个千"并购资本体系工程;其主要内容包括空间载体、政策体系、服务平台三部分,从拓展空间载体、完善政策体系、搭建综合服务平台3个方面打造并购发展链生态环境,吸引境内外知名并购机构聚集。同时,全国首个并购空间载体"中关村并购资本中心"正式揭牌。

2015年1月,上海证券交易所于发布了《关于并购重组反馈意见信息披露相关事项的通知》(上证发〔2015〕4号),其中规定,自2014年12月29日起被中国证监会受理的并购重组申请,上市公司及其他信息披露义务人收到证监会并购重组反馈意见后,应当于次一交易日披露反馈意见的内容。

二、重点政策解析

2015年,对企业兼并重组的政策支持主要表现为减轻企业兼并重组税收负担、缓解企业并购融资难、简化行政审批等几个方面。

(一)减轻企业兼并重组税收负担

税收成本是企业并购成本的重要组成部分,降低企业兼并重组的税收成本,有利于促进企业兼并重组。国家层面主要是针对土地增值税进行了调整,地方层面主要是对国家税收政策的落实。

对于土地增值税,《关于企业改制重组有关土地增值税政策的通知》(财税

〔2015〕5号）提出：非公司制企业整体改建为有限责任公司或者股份有限公司，有限责任公司（股份有限公司）整体改建为股份有限公司（有限责任公司）。对改建前的企业将国有土地、房屋权属转移、变更到改建后的企业；按照法律规定或者合同约定，两个或两个以上企业合并为一个企业，且原企业投资主体存续的，对原企业将国有土地、房屋权属转移、变更到合并后的企业。按照法律规定或者合同约定，企业分设为两个或两个以上与原企业投资主体相同的企业，对原企业将国有土地、房屋权属转移、变更到分立后的企业。单位、个人在改制重组时以国有土地、房屋进行投资，对其将国有土地、房屋权属转移、变更到被投资的企业。这些情况下可暂不征收土地增值税。此次出台的企业改制重组土地增值税政策，主要是对原有企业改制重组土地增值税优惠政策的规范与整合。具体而言，一是延续了企业以房地产作价投资、企业兼并相关土地增值税优惠政策；二是规范了企业兼并相关土地增值税政策表述，将兼并纳入合并；三是增加了享受土地增值税优惠的企业改制重组形式，将企业公司制改造、企业分立两种形式纳入优惠范围。此外，为便于征管操作，减少争议，《通知》还进一步明确了企业改制重组后再转让房地产时，如何计算土地增值税扣除项目等相关事项。

各地方政府积极落实国家税收政策，如：广东提出，对企业兼并重组涉及的资产评估增值、债务重组收益、土地房屋权属转移等，按照国家有关规定给予税收优惠。落实国家关于企业重组业务企业所得税处理的政策规定，以及企业兼并重组涉及的增值税、营业税的减免政策。新乡提出，企业在资产重组过程中，通过合并、分立、出售、置换等方式，将全部或部分实物资产以及与其相关联的债权、债务和劳动力一并转让给其他单位和个人的，不属于营业税征收范围，对其中涉及的不动产、土地使用权转让不征收营业税。各级财政、税务部门要加大政策支持力度，按照国家特殊性税务处理政策的适用范围，落实兼并重组涉及的非货币性资产投资交易企业所得税、土地增值税、营业税、特殊性税务处理等税收政策。对企业兼并重组涉及的资产评估增值、债务重组收益、土地房屋权属转移等，按国家有关规定给予税收优惠。

（二）为企业兼并重组提供资金支持

为更好地发挥并购贷款对企业兼并重组的支持作用，银监会发布了修订后的《商业银行并购贷款风险管理指引》（银监发〔2015〕5号）。此次发布的政策将并购贷款期限从5年延长至7年，将并购贷款占并购交易价款的比例从50%提高到 60%；将担保的强制性规定修改为原则性规定，同时删除了担保条件应高于其他种类贷款的要求，允许商业银行在防范并购贷款风险的前提下，根据并购项目风险状况、并购方企业的信用状况合理确定担保条件。这些条款的修订可以更好地满足企业融资需求。而且，由于一些项目涉及基础设施建设、矿产资源整合，投资回报所需期限较长，并购贷款期限的延长更加符合并购交易实际情况。

各地方政府纷纷设立专项资金支持企业兼并重组。如：《2015 年福建省企业兼并重组专项资金申报指南》，对 2015 年完成的重点企业兼并重组项目已发生的评估、审计、法律顾问等前期费用及并购贷款利息予以补助，对并购境外、省外科技型企业单个项目财政补助资金最高达 1000 万元。佛山市南海区每年至少拿出 1 亿元，鼓励龙头民营企业实施兼并重组和组建企业总部；中山市出台了《促进企业兼并重组专项资金管理暂行办法》，每年统筹安排 1000 万元，按照并购方对目标企业的实际现金购买价格、承担债务金额或者目标企业净资产作价入股金额，最高可给予 5% 的补贴，单个项目不超过 500 万元。并购基金的支持力度不断加大。如：河北省成立了河北沿海产业投资基金管理有限公司，推动其通过设立股权投资基金的形式参与兼并重组，不断实现产业扩张整合。安徽设立产业并购基金，并由专门的投资机构管理。

（三）外汇登记等行政审批程序进一步简化

为进一步深化资本项目外汇管理改革，便于企业跨境投资资金运作，规范直接投资外汇管理业务，进一步提升管理效率，国家外汇管理局发布的《国家外汇管理局关于进一步简化和改进直接投资外汇管理政策的通知》（汇发〔2015〕13 号）提出，取消境内直接投资项下外汇登记核准和境外直接投资项下外汇登记核准两项行政审批事项。取消境内直接投资项下外国投资者非货币出资确认登记和外国投资者收购中方股权出资确认登记。将外国投资者货币出资确认登记调整为境内直接投资货币出资入账登记。取消境外再投资外汇备案。取消直接投资外汇年检，改为实行存量权益登记。

地方政府进一步简化审批程序。如：马鞍山提出，简化企业兼并重组过程中涉及的行政审批程序。优化企业兼并重组相关审批流程，推行并联式审批，避免互为前置条件，为企业兼并重组提供快捷通道和优质服务。企业兼并重组涉及土地转让、改变用途的，国土资源、城乡规划和住房城乡建设等部门要依法依规加快办理相关用地和规划手续。企业兼并重组涉及的生产许可、工商登记、资产权属证明等变更手续，从简限时办理。

第二节　2015年企业兼并重组的基本情况

在全球并购不断升温的背景下，随着我国企业兼并重组政策环境的不断完善，我国企业兼并重组也保持着活跃的态势，无论是数量还是金额均呈上涨态势，海外并购保持着增长态势，涌现出一大批典型的案例。

一、主要进展情况

（一）我国企业兼并重组继续保持活跃态势

总量呈增长趋势。2015年，全球并购继续升温。汤森路透的数据显示，2015年全球并购的总金额（截至11月24日）已达到4.2万亿美元，在时隔8年之后再次刷新历史纪录。在这样的背景下，我国企业兼并重组跃上了一个新的台阶。2015年，我国企业兼并重组数量明显增加，上市公司兼并重组交易单数和涉及交易金额保持高度活跃，交易数量2669起，涉及交易金额为2.2万亿元，平均单兼并重组涉及的交易金额为8.2亿元。

传统企业积极拥抱"互联网+"。以云计算、大数据、物联网为代表的新一代信息技术不断取得新突破并加快与现代制造业融合。2015年，我国明确提出实施"互联网+"行动计划，推动移动互联网、云计算、大数据、物联网等与现代制造业结合。钢铁、汽车等传统行业积极与互联网融合，促进产业转型升级。以汽车行业为例，互联网企业与汽车企业积极融合，如阿里巴巴、百度、腾讯、乐视等互联网企业已开始筹划与大型汽车制造企业合作，开发互联网智能汽车。2015年3月，上汽与阿里巴巴共同宣布，将合资设立10亿元的"互联网汽车基金"，并组建合资公司，专注互联网汽车的技术研发；腾讯与富士康、和谐汽车签订战略合作框架协议，联手打造互联网智能电动车；百度联合广汽开发互联网汽车。互联网企业与汽车制造企业跨界并购整合的趋势出现。

（二）海外并购保持高速增长

2015年，我国企业的海外并购项目总共有593个，累计交易金额401亿美元（包括境外融资），其中直接投资338亿美元，占84.3%，几乎涉及国民经济的所有行业。[1] 其中，中国化工橡胶有限公司以 46 亿欧元收购意大利倍耐力集团公司 65% 股份，成为 2015 年度中国企业最大的海外并购项目。从并购金额上看，地方企业并购金额所占比重为 75.6%。

我国海外并购的主要特点表现为涉及行业广泛、并购金额大。如：中国化工橡胶有限公司并购意大利倍耐力集团公司、紫光股份有限公司入股美国西部数据股份有限公司、三峡国际能源投资集团有限公司并购巴西巴拉那河能源股份有限公司等，这些项目投资额都超过 10 亿美元。[2] 此外，我国海外并购领域除机械制造、能源、化工等行业之外，更加注重对科技与金融行业的投资。

国际产能合作载体建设迅速。为进一步推进国际产能合作，我国积极推进合作园区建设，截至 2015 年 12 月底，此类合作园区共 75 个，其中加工制造类的园区占一半以上。为给企业创造良好的并购环境，我国已经和 132 个国家签订了双边投资保护协定，基本上和所有的国家建立了经贸混委会和联委会的工作机制；同时和 90 多个国家签署了避免双重征税的协议。

（三）典型案例分析

2015 年，我国较为典型的并购案例如下。

中国化工以 80 多亿美元收购倍耐力。2015 年 3 月，中国化工集团通过全资子公司中国化工橡胶公司与意大利倍耐力达成并购协议，中化集团持有 65% 的股权。倍耐力成立于 1872 年，是全球第五大轮胎公司，是多家高端汽车品牌的配套商。该收购是迄今为止中企在意大利最大的一笔投资，也是近三年来中国制造业最大的海外收购。

阿里巴巴集团在 2015 年频频收购，不断拓展发展领域，表现较为活跃。2015 年 2 月，阿里巴巴集团以 5.9 亿美元（约为 36 亿元人民币）入股魅族科技。这是阿里巴巴自上市以来最大的一笔投资，也是魅族第一次引入战略投资者。6 月，阿里巴巴集团宣布与上海文广集团进行合作，投入 12 亿元参股第一财经，双方将充分发挥在各自领域的资源优势，共同将第一财经传媒有限公司，打造成具有全球影响力的新型数字化财经媒体。11 月，阿里巴巴宣布以大约 45 亿美元现金收购优酷土豆，交易预计于 2016 年第 1 季度完成。

紫光集团以 38 亿美元入股西部数据。2015 年 9 月，紫光集团的上市公司

---

[1] 商务部数据。
[2] 商务部数据。

紫光股份宣布以 92.5 美元收购西部数据的普通股,总额约为 38 亿美元,紫光将拥有西部数据普通股的数量为 15%,成为西部数据公司第一大股东,并将拥有 1 个董事会席位。随后,西部数据又以约 190 亿美元的价格收购存储芯片制造商 SanDisk。西部数据是仅次于希捷公司的全球第二大硬盘生产商。

海航极软收购瑞士空港。2015 年 7 月,我国海航集团宣布以 28 亿美元收购欧洲机场地面服务商瑞士空港服务有限公司。瑞士空港是世界最大的行李处理公司,在 48 个国家拥有业务,业务范围广,有客运、货运、安检、机务维修等,该并购已得到欧盟委员会的批准。

长电科技收购星科金朋。2015 年 1 月,长电科技以 7.8 亿美元对星科金朋进行要约收购。星科金朋是新加坡上市公司,规模大约为长电科技的两倍。从收购主体来看,长电科技与国家集成电路产业投资基金股份有限公司、芯电半导体(上海)有限公司联合成立了三层投资主体。该收购项目涉及新加坡、韩国、中国台湾、美国等国家和地区,涉及利益主体多,涉及不同地区的关于外资并购的相关规定,所以,该收购的交易架构的设计非常复杂,标的被进行了分拆和重组。

二、取得的成效

(一)产业集中度有所提高

从婴幼儿配方乳粉业来看,为提高奶粉的安全性和品牌质量,2014 年 6 月,工业和信息化部牵头发布《推动婴幼儿配方乳粉企业兼并重组工作方案》(国办发〔2014〕28 号),提出"到 2015 年底,争取形成 10 家左右年销售收入超过 20 亿元的大型婴幼儿配方乳粉企业集团,前 10 家国产品牌企业的行业集中度达到 65%"。2015 年,该行业的并购数量至少为 20 起,最大的并购金额达到 150 亿元 [1]。可见,婴幼儿配方乳粉业的兼并重组取得了一定的成效。再如稀土行业,内蒙古境内的北方稀土集团完成了对内蒙古自治区 6 家企业的整合,提高了稀土行业的产业集中度。

(二)部分地区职工得到妥善安置

部分地区对职工安置政策进行落实,对相关职工进行了妥善安置。如:河北省升级完善了"河北省失业动态监测信息管理系统",以产业结构调整企业为重

---

[1] http://baobao.sohu.com/20160119/n435038078.shtml.

点,新增监测企业 2100 家,全省监测企业总数达到 2864 家,监测岗位 160 多万个,为全省就业失业形势研判提供了重要依据。截至 2015 年 10 月底,全省产业结构调整涉及职工 51.8 万人,已明确在企业内部转岗留用 24.9 万人,参加转岗培训 5.8 万人。福建省实施积极就业政策,落实职业培训、创业培训、促进自主创业、帮扶就业困难人员就业等优惠政策。

(三)国有企业重组取得初步进展

并购是国企改革的重要手段之一。深化国有企业改革是经济体制改革的重点任务。2015 年 9 月,我国发布《关于深化国有企业改革的指导意见》,提出要促进国有企业的整合重组;"一带一路"战略促进了我国高铁的"走出去",并带领我国装备制造"走出去",国有经济布局结构逐步优化。经过重组,企业数量由年初的 112 户变成年底的 106 户,出现了较为大型重组,如:南车、北车完成合并,更名为中国中车;经国务院批准,中国电力投资集团公司与国家核电技术公司联合重组,成国家电力投资公司。从地方来看,如江西省全面完成了凤凰光学、昌河汽车、直升机公司、中江地产和江钨等 5 大集团的战略重组。

(四)大企业竞争力有所提升

我国大型企业竞争力不断增强。美国《财富》杂志公布的 2015 年度《财富》全球 500 强排名,我国上榜企业数量继续保持增长,达到 106 家,比上年度增加 6 家,上榜企业数量位居世界第二;在榜单中,中石化的排名上升至第二位,陕西煤业化工集团、中国光大集团、中国航天科技集团公司、中国保利集团、海航集团等 5 家中国内地公司首次上榜;台湾和香港地区分别有 3 家和 1 家新上榜企业。从 2000—2015 年我国每年上榜《财富》500 强的企业数量来看,呈现出逐渐上升的趋势,可见中国企业在全球中的地位不断提升(见表 3-3)。

表 3-3 2000—2015 年《财富》500 强上榜中国企业数量

序号	年份	中国企业上榜数
1	2015	106
2	2014	100
3	2013	95
4	2012	79
5	2011	69

序号	年份	中国企业上榜数
6	2010	54
7	2009	43
8	2008	35
9	2007	30
10	2006	23
11	2005	18
12	2004	18
13	2003	12
14	2002	11
15	2001	10
16	2000	13

资料来源：根据《财富》世界 500 强数据整理。

第三节　面临的问题与挑战

虽然我国企业兼并重组步伐不断加快，取得了一定的成效，产业集中度有所提高，产业结构调整取得成效。但我国经济发展进入新常态，经济下行压力依然很大，企业在兼并重组过程中仍面临着许多问题。

一、政策落实有待进一步加强

我国近来频频发布利好政策，但许多政策的落实仍需加强。一是企业对相关政策不熟悉。由于宣传不到位等原因，许多企业对现行政策缺乏了解。二是国家和地方政府国有股权转让存在困难。在企业兼并重组过程当中，由于国有股权是政府持有，层次多，相互推诿，权责不清晰。三是各地政府转变难。各地政府对企业兼并重组心态不一，既想要企业有好的发展方向，又怕在税源等方面出现流失，可能会影响到对企业兼并后土地、税金、银行贷款等方面的政策扶持，影响到企业兼并重组的进展和成败。

二、上市公司并购重组交易定价机制有待完善

并购重组交易中，交易定价是核心的问题，也是决定交易能否成功的关键因素。目前，上市公司在交易定价方面，评估定价几乎成为被收购资产定价的唯一依据，很难体现市场特征。同时，上市公司发行股份定价也被限定在一定范围内，缺乏弹性规定，市场及短期因素对个股价格的影响较大，难以真实反映周期内上市公司的资产价格。考虑到企业兼并重组交易具有市场化、多样化、复杂化的特点，建议完善现有交易定价机制，给予定价交易更多的灵活性。

三、企业兼并重组市场力量不足

当前我国经济下行压力较大，结构性矛盾日益突出，许多企业经营困难，沦为"僵尸企业"，处于停产半停产状态。处置"僵尸企业"的基本原则是以重组为主，破产为辅。但是企业重组涉及较重的债务负担和人员安置成本，而且许多企业的价值存在较大的不确定性，因此很多企业处于观望状态，尽管政府在积极推动，但是真正影响企业决策的市场力量不足，市场机制作用发挥不充分，市场不能自动出清。

四、海外并购风险未能合理规避

海外并购涉及各方面的专业知识，而我国企业对海外并购的很多业务和流程不熟悉，没有充分认识和评估潜在的风险，更没有意识到海外并购是一种比国内并购更加复杂的投资行为，对风险规避不合理使得并购风险加大。此外，许多企业的海外并购存在盲目性，思路不清晰，存在"抄底"的心态，未进行长远布局，或者战略本身就是错误的，为企业带来较大风险。

第四章　促进产业技术升级

产业技术升级是实现创新驱动发展战略的前提条件，没有先进的产业技术做支撑，形成良性的技术更替循环，创新驱动将成为无源之水。因此，推动产业技术不断升级是贯彻中央实施创新驱动发展战略的重要手段，是推动我国产业结构优化升级、提升国际竞争力的重要途径。

第一节　2015 年产业技术升级促进政策解析

一、推进产业技术升级的政策情况

2015 年，围绕贯彻落实《中国制造 2025》和"互联网＋"行动计划，我国产业技术升级政策重点集中在促进技术创新、健全知识产权和标准体系、大气污染防治、促进企业技术改造等领域。围绕这些重点，从解决阻碍产业技术升级具体问题和营造良好政策环境的角度出发，进一步制定出台了税收、金融、人才等一系列配套政策，为产业技术升级提供了强有力的支撑（见表 4-1）。

表 4-1　2015 年中央政府部门推动产业技术升级的主要政策

序号	发布时间	发布部门	文件名称
1	1月4日	国务院办公厅	《关于转发知识产权局等单位深入实施国家知识产权战略行动计划（2014—2020年）的通知》（国办发〔2014〕64号）
2	1月4日	工业和信息化部、中国进出口银行	《关于加大重大技术装备融资支持力度的若干意见》（工信部联装〔2014〕590号）

（续表）

序号	发布时间	发布部门	文件名称
3	1月8日	国家发展改革委、财政部、工业和信息化部、国管局、国家能源局、国家质检总局、国家标准委	《关于印发能效"领跑者"制度实施方案的通知》（发改环资〔2014〕3001号）
4	1月14日	国务院办公厅	《关于推行环境污染第三方治理的意见》（国办发〔2014〕69号）
5	1月28日	国家发展改革委、科技部、工业和信息化部、财政部、环境保护部、商务部	《关于印发〈重要资源循环利用工程（技术推广及装备产业化）实施方案〉的通知》（发改环资〔2014〕3052号）
6	3月1日	国家发展改革委、工业和信息化部	《关于申报2015年产业振兴和技术改造中央投资专项项目的通知》
7	3月2日	保监会	《关于开展首台（套）重大技术装备保险试点工作的指导意见》（保监发〔2015〕15号）
8	3月2日	工业和信息化部	《首台（套）重大技术装备推广应用指导目录（2015年版）》（工信部装〔2015〕63号）
9	3月3日	财政部、工业和信息化部、保监会	《关于开展首台（套）重大技术装备保险补偿机制试点工作的通知》（财建〔2015〕19号）
10	3月4日	工业和信息化部	《关于印发〈2015年工业绿色发展专项行动实施方案〉的通知》（工信部节〔2015〕61号）
11	3月26日	国务院	《关于印发深化标准化工作改革方案的通知》（国发〔2015〕13号）
12	3月25日	国家发展改革委	《东北城区老工业区搬迁改造专项实施办法》（发改振兴〔2015〕493号）
13	4月4日	国务院办公厅	《关于加强节能标准化工作的意见》（国办发〔2015〕16号）
14	6月9日	财政部、国家税务总局	《关于推广中关村国家自主创新示范区税收试点政策有关问题的通知》（财税〔2015〕62号）
15	6月10日	国家能源局、工业和信息化部、国家认监委	《关于促进先进光伏技术产品应用和产业升级的意见》（国能新能〔2015〕194号）
16	7月13日	国家发展改革委	《关于实施增强制造业核心竞争力重大工程包的通知》（发改产业〔2015〕1602号）
17	8月11日	工业和信息化部	《贯彻落实〈深入实施国家知识产权战略行动计划（2014—2020年）〉实施方案》
18	9月10日	国务院办公厅	《关于印发贯彻实施〈深化标准化工作改革方案〉行动计划（2015—2016年）》（国办发〔2015〕67号）
19	9月18日	国家发展改革委、教育部、人力资源社会保障部、国家开发银行	《老工业基地产业转型技术技能人才双元培育改革试点方案》（发改振兴〔2015〕2103号）

（续表）

序号	发布时间	发布部门	文件名称
20	11月17日	工业和信息化部	《关于印发〈产业关键共性技术发展指南（2015年）〉的通知》
21	12月1日	财政部、国家发展改革委、工业和信息化部、海关总署、国家税务总局、国家能源局	《关于调整重大技术装备进口税收政策有关目录及规定的通知》（财关税〔2015〕51号）
22	12月30日	国务院办公厅	《关于印发国家标准化体系建设发展规划（2016—2020年）的通知》（国办发〔2015〕89号）

资料来源：赛迪智库整理。

二、重点政策分析

2015年，我国主要从推动产业重大技术升级、强化技术改造、推广重大技术装备应用、加强知识产权和标准化体系建设四方面推动产业技术升级。

（一）推动产业重大技术升级

1月，工业和信息化部和中国进出口银行发布《关于加大重大技术装备融资支持力度的若干意见》（工信部联装〔2014〕590号），明确以推进自主创新、产业化、装备出口和企业"走出去"为重点支持方向，搭建支持重大技术装备发展的政银合作平台，发挥金融杠杆作用，提高重大技术装备自主化水平和国际竞争力，为装备制造强国建设打下坚实基础。国家发展改革委编制了《增强制造业核心竞争力三年行动计划（2015—2017年）》以及轨道交通装备等6个重点领域关键技术产业化实施方案，并于7月发布《关于实施增强制造业核心竞争力重大工程包的通知》（发改产业〔2015〕1602号），明确引导社会投资，在轨道交通装备、高端船舶和海洋工程装备、工业机器人、新能源（电动）汽车、现代农业机械、高端医疗器械和药品等重点领域组织突破一批重大关键技术实现产业化，使这些领域的核心竞争力得到显著增强，带动基础材料、基础工艺、基础零部件水平提高和制造业整体素质提升。6月，财政部、国家税务总局发布《关于推广中关村国家自主创新示范区税收试点政策有关问题的通知》（财税〔2015〕62号），明确将中关村国家自主创新示范区有关税收试点政策推广至国家自主创新示范区、合芜蚌自主创新综合试验区和绵阳科技城实施，促进自主创新。11月，工业和信息化部发布《关于印发〈产业关键共性技术发展指南（2015年）〉的通知》，对产业关键共性技术发展指南进行修订，确定优先发展的产业关键共性技术 205 项，其中，节能环保与资源综合利用 48 项、原材料工业 42 项、装备制造业 49 项、消费品工业 27 项、电子信息与通信业 39 项，引导高校、科研机构和企业开展产业关键共性技术研发，促进产业结构优化升级、增强自主创新能力和核心竞争力。

（二）强化技术改造

一是继续支持重大技术改造项目。3 月，国家发展改革委、工业和信息化部联合发布《关于申报 2015 年产业振兴和技术改造中央投资专项项目的通知》，颁布《2015 年产业振兴和技术改造专项工作方案》和《2015 年产业振兴和技术改造专项重点方向》，明确产业振兴和技术改造专项资金用于促进产业战略性、基础性、全局性工业企业技术进步和技术改造项目，主要用于关键技术的产业化或工程化、购置仪器设备、改善工艺设备和测试条件、国产重大技术装备及关键零部件示范应用，以及必要的配套基础设施等，并组织地方围绕重大技术装备保障工程、高端材料和新材料保障工程、食品药品安全保障工程、节能减排和绿色发展工程等领域项目进行申报。二是推进工业节能减排。1 月，国家发展改革委、财政部、工业和信息化部等 7 部委联合发布《关于印发能效"领跑者"制度实施方案的通知》（发改环资〔2014〕3001 号），在终端用能产品、高耗能行业和公共机构三类领域实施能效"能效领跑者"制度；通过树立标杆、政策激励、提高标准，形成推动能效水平不断提升的长效机制，促进节能减排。方案明确将定期发布能源利用效率最高的终端用能产品目录，单位产品能耗最低的高耗能产品生产企业名单，能源利用效率最高的公共机构名单，以及能效指标，树立能效标杆，对能效领跑者给予政策支持。同月，国务院办公厅发布《关于推行环境污染第三方治理的意见》（国办发〔2014〕69 号），以环境公用设施、工业园区等领域为重点，以市场化、专业化、产业化为导向，营造有利的市场和政策环境，改进政府管理和服务，探索建立统一规范、竞争有序、监管有力的第三方治理市场，吸引和扩大社会资本投入，推动建立排污者付费、第三方治理的治污新机制，不断提升污染治理水平。3 月，工业和信息化部发布《关于印发〈2015 年工业绿色发展专项行动实施方案〉的通知》（工信部节〔2015〕61 号），部署 2015 年工业绿色发展专项行动，推进重点行业清洁生产和结构优化，减少大气污染物排放，组织实施数字能效推进计划，推动京津冀地区工业资源综合利用协同发展。三是促进东北老工业振兴发展。3 月，国家发展改革委发布《东北城区老工业区搬迁改造专项实施办法》（发改振兴〔2015〕493号），安排中央预算内投资专项支持东北城区老工业区搬迁改造项目建设。9月，国家发展改革委、教育部、人力资源和社会保障部、国家开发银行联合发布《老工业基地产业转型技术技能人才双元培育改革试点方案》（发改振兴〔2015〕2103号），推广建立产教融合、校企合作的双元办学模式，为老工业基地振兴培养更多高素质劳动者和技能型人才，推动东北地区等老工业基地加快产业转型升级。

（三）推广重大技术装备应用

一是调整重大技术装备和产品进口税收优惠政策。12月，财政部、国家发展改革委、工业和信息化部、海关总署、国家税务总局、国家能源局联合发布《关于调整重大技术装备进口税收政策有关目录及规定的通知》（财关税〔2015〕51号），根据国内装备制造业及其配套产业的发展情况，调整重大技术装备和产品进口关税，颁布《国家支持发展的重大技术装备和产品目录（2015年修订）》《重大技术装备和产品进口关键零部件、原材料商品目录（2015年修订）》《进口不予免税的重大技术装备和产品目录（2015年修订）》，并于2016年1月1日实施。二是开展首台（套）重大技术装备保险补偿机制，支持重大技术装备创新应用。3月，财政部、工业和信息化部和保监会先后发布《关于开展首台（套）重大技术装备保险补偿机制试点工作的通知》（财建〔2015〕19号）《关于开展首台（套）重大技术装备保险试点工作的指导意见》（保监发〔2015〕15号）、《首台（套）重大技术装备推广应用指导目录（2015年版）》（工信部装〔2015〕63号），开展首台（套）重大技术装备保险补偿机制试点工作，在用户订购和使用首台（套）重大技术装备的风险控制和分担上做出制度性安排，加快我国重大技术装备发展，促进装备制造业高端转型。

（四）加强知识产权和标准化体系建设

一是加强知识产权建设。1月，国务院办公厅发布《关于转发知识产权局等单位深入实施国家知识产权战略行动计划（2014—2020年）的通知》（国办发〔2014〕64号），部署国家知识产权战略行动计划，提出按照激励创造、有效运用、依法保护、科学管理的方针，着力加强知识产权运用和保护，积极营造良好的知识产权法治环境、市场环境、文化环境，谋划建设知识产权强国的发展路径，努力建设知识产权强国，为建设创新型国家和全面建成小康社会提供有力支撑。8月，工业和信息化部发布《贯彻落实〈深入实施国家知识产权战略行动计划（2014—2020 年）〉实施方案》，提出围绕《中国制造 2025》和"互联网 +"的重点领域与关键环节，加强知识产权创造与储备，加快知识产权实施与转化，提升产业知识产权运用能力；到 2020 年，工业、通信业和信息化领域知识产权创造、运用、保护、管理和服务能力明显增强，行业知识产权保护环境继续优化，知识产权促进和保障制造强国建设的作用充分显现。二是进一步完善标准化体系。3 月，国务院颁布《关于印发深化标准化工作改革方案的通知》（国发〔2015〕13 号），提出通过改革，把政府单一供给的现行标准体系，转变为由政府主导制定的标准和市场自主制定的标准共同构成的新型标准体系。政府主导制定的标准由 6 类整合精简为 4 类，分别是强制性国家标准和推荐性国家标准、推荐性行业标准、推荐性地方标准；市场自主制定的标准分为团体标准和企业标准。政府主导制定的标准侧重于保基本，市场自主制定的标准侧重于提高竞争力。同时建立完善与新型标准体系配套的标准化管理体制。9 月，国务院发布《贯彻实施〈深化标准化工作改革方案〉行动计划（2015—2016 年）》（国办发〔2015〕67 号），明确开展强制性标准清理评估、推荐性标准复审和修订、优化推荐性标准制修订程序等14 条措施，协同有序推进标准化工作改革，确保第一阶段（2015—2016 年）各项任务落到实处。12 月，国务院办公厅发布《关于印发国家标准化体系建设发展规划（2016—2020 年）的通知》（国办发〔2015〕89 号），推动实施标准化战略，建立完善标准化体制机制，优化标准体系，强化标准实施与监督，夯实标准化技术基础，增强标准化服务能力，提升标准国际化水平，加快标准化在经济社会各领域的普及应用和深度融合，充分发挥"标准化 +"效应，为我国经济社会创新发展、协调发展、绿色发展、开放发展、共享发展提供技术支撑。到 2020 年，基本建成支撑国家治理体系和治理能力现代化的具有中国特色的标准化体系，"中国标准"国际影响力和贡献力大幅提升，我国迈入世界标准强国行列。

第二节　2015 年产业技术升级的基本情况

2014 年，我国科技投入和技术创新延续了近年来稳步增长的态势，专利申请量持续上升，芯片、传感器等领域取得技术突破，绿色节能环保等新材料、新产品、新技术得到推广应用，落后生产技术、设备逐步退出，带动了行业整体技术水平的提升。

一、总体情况

随着支持企业创新和促进产业技术改造升级的一系列政策的颁布落实，企业技术创新能力进一步提升，技术装备水平稳步提高，研发投入和创新成果继续保持增长态势。2015 年，全年研究与试验发展（R&D）经费支出 14220 亿元，比上年增长 9.2%，与国内生产总值之比为 2.10%。截至年底，累计建设国家工程研究中心 132 个，国家工程实验室 158 个，国家认定企业技术中心 1187 家。全年受理境内外专利申请 279.9 万件，授予专利权 171.8 万件。自主创新能力和水平正在逐步提升，截至年底，有效专利 547.8 万件，其中境内有效发明专利 87.2 万件，每万人口发明专利拥有量 6.3 件。[1] 部分关键、共性技术，如芯片、传感器、电池、数控技术等取得突破，绿色节能生产设备、智能化生产设备得到推广应用，推动了产业技术的更新换代。

二、取得的进展

（一）制造业技术创新体系不断完善

2015 年，国家制造业创新中心建设工程顺利启动，国家制造业创新中心建设方案草案编制完成；认定 75 家国家技术创新示范企业和 25 家部重点实验室，以企业为主体、政产学研用结合的制造业创新体系不断完善。同时，标准化体系建设不断加快，工业和信息化领域 903 项行业标准修订完成，其中机械行业标准 648 项、汽车行业标准 13 项、航空行业标准 24 项、船舶行业标准 20 项、轻工行业标准 48 项、化工行业标准 9 项、冶金行业标准 19 项、建材行业标准 3 项、有色金属行业标准 2 项、稀土行业标准 5 项、电子行业标准 60 项、通信行业标准 51 项。

（二）企业技术改造投资力度进一步加大

2015 年 1—11 月，全国技术改造投资 8.5 万亿元，同比增长 14.7%，增速快于全部工业投资 6.6 个百分点。"十二五"期间，全国累计完成技术改造投资 37.5 万亿元，企业技术改造使一大批新技术、新工艺和新装备得到应用，新一代信息技术、高端装备制造、新材料、新能源汽车等产业快速成长。2015 年高技

---

[1] 2015年国民经济和社会发展统计公报。

术产业增加值增长 10.2%，比工业整体增速快 4.1 个百分点。

（三）重点领域技术创新取得突破性成果

工业强基专项行动取得积极进展，共支持 118 个示范项目，一批关键共性技术和产品实现示范应用。国家科技重大专项取得重要进展，28 纳米芯片制程工艺进入量产，C919 大型客机首架机总装下线，ARJ21-700 新型涡扇支线飞机交付商用，航空发动机及燃气轮机重大专项启动实施。长征六号、长征十一号新型运载火箭成功首飞，地球静止轨道分辨率最高的遥感卫星高分四号成功发射。4 颗新一代北斗导航卫星发射成功，北斗卫星导航系统全球组网稳步推进。重大技术装备首台（套）政策落地实施，认定 242 家企业享受重大技术装备进口税收优惠政策，免税累计近 2000 亿元。国防科技创新成果丰硕，高分二号卫星投入使用，长征五号新型运载火箭完成研制攻关。

（四）社会创新资源向战略重点领域加速聚集

2015 年 9 月，国家制造强国建设战略咨询委员会发布《〈中国制造 2025〉重点领域技术路线图（2015 版）》，明确了未来重点领域技术方向、目标和重点，有利于引导广大企业和科研机构确定本单位的发展方向和重点，引导金融机构支持从事研发、生产和使用路线图中所列产品和技术的企业，并为各级政府部门支持重点领域的发展提供咨询和参考，从而在一定程度上引导全社会创新资源向国家战略重点领域有效聚集。

第三节　面临的问题与挑战

一、产业技术创新能力仍然不强

我国大中型工业企业研发投入占主营业务收入比重不到 1%，与主要发达国家 2.5% 以上的水平相去甚远。我国核心技术对外依存度较高，产业发展必需的高端装备、关键设备和关键元器件严重依赖进口。据统计，目前我国对外技术依存度高达 50%，而美国、日本仅为 5%；我国 95% 的高档数控系统、85% 的集成电路依赖进口，高端传感器、工业应用软件基本被国外垄断，芯片已经超过原油成为我国第一大进口商品。

二、科技成果产业化程度较低

我国创新资源重复分散，创新载体分散重复建设，资金、设备等创新资源配置的重复浪费现象严重，创新过程中的"孤岛现象"十分普遍，产学研用协同创新能力仍然不足。我国很多技术创新成果往往停留在实验室、学术论文中，科技成果转化率还不到 10%，远远落后于发达国家 40%—50% 的水平。

三、知识产权和标准运用能力有待提高

我国国内发明专利人均拥有量偏低，海外有效发明专利数量亟待提高。2015年，我国每万人口发明专利拥有量仅为 6.3 项，远低于美国（32.9 项）和日本（98.3项）2011 年的水平。工业领域标准化运用水平有待提高，参与制定国际标准的能力较为有限，能够引领产业发展的关键领域国际标准中我国拥有自主知识产权和话语权的寥寥无几。

第五章　化解产能严重过剩矛盾

2015 年，我国在错综复杂的国际形势和国内需求增速放缓的不利局面下，主动适应经济发展新常态，经济总体上保持了中高速增长，而结构性产能过剩仍然是保持我国经济健康平稳发展必须面对和克服的主要问题。受经济下行压力增大、市场需求不足影响，我国钢铁、水泥、电解铝、平板玻璃、船舶等行业产能过剩问题依然严峻，其他行业也出现了不同程度的产能过剩问题，为此，2015年中央经济工作会议将"去产能"作为 2016 年的重点任务，明确提出要"积极稳妥化解产能过剩"。

第一节　2015 年化解产能严重过剩矛盾政策解析

2015 年是国务院部署化解本轮严重产能过剩矛盾的第三年。总体来看，在相关政策措施推动及各地积极配合下，化解产能过剩矛盾工作有序开展，取得了一定成效。在继续落实《国务院关于化解产能严重过剩矛盾的指导意见》（国发〔2013〕41 号）等政策措施基础上，国务院、工业和化信息化部、人力资源和社会保障部等相关部门根据 2015 年化解过剩工作进展情况，出台了一系列配套政策，对化解产能过剩矛盾政策体系进行了补充和完善。

一、化解产能过剩矛盾政策情况

2015 年，化解产能过剩矛盾一方面是利用目前正在开展的淘汰落后产能工作渠道，实现部分过剩产能的退出。另一方面是在国企改革、大气污染防治、推进国际产能合作、市场准入、规范行业发展等重要政策文件中，提出化解产能过剩矛盾的相关政策措施。

（一）落实 2015 年和"十二五"时期需淘汰的产能目标

2015 年 2 月，工业和信息化部印发了《关于进一步做好淘汰落后和过剩产能检查验收工作的通知》（工信部产业函〔2015〕97 号），对淘汰落后和过剩产能提出分类处理原则，提出对过剩产能主体设备（生产线），可不完全作废毁处理，同时提出各地要按照《关于失业保险支持企业稳定岗位有关问题的通知》（人社部发〔2014〕76 号）要求做好职工安置工作。3—4 月，工业和信息化部发布《关于下达 2015 年重点行业淘汰落后和过剩产能目标任务的通知》（工信部产业〔2015〕129 号），向各省、自治区、直辖市人民政府及新疆生产建设兵团下达了2015 年钢铁、水泥等重点行业化解过剩产能目标任务。12 月，工业和信息化部办公厅下发了《关于做好淘汰落后和过剩产能相关工作的通知》（工信厅产业函〔2015〕900 号），要求各地确保完成 2015 年淘汰产能的目标，全面总结"十二五"工作，并对做好"十三五"工作提出意见和建议。

（二）完善落实部分产能严重过剩行业产能置换制度

2014 年，工业和信息化部发布了《关于做好部分产能严重过剩行业产能置换工作的通知》和《关于部分产能严重过剩行业在建项目产能置换有关事项的通知》，建立了部分产能严重过剩行业产能置换制度。2015 年 1 月，工业和信息化部发布了《水泥行业规范条件（2015 年本）》（工业和信息化部公告 2015 年第 5 号），提出"建设水泥熟料项目，必须坚持等量或减量置换，遏制水泥熟料产能增长"。3 月，工业和信息化部办公厅印发了《关于水泥行业产能置换有关问题的意见》（工信厅产业函〔2015〕163 号），提出"水泥粉磨站新（改、扩）建和在建项目，可不制定产能等量或减量置换方案"。4 月，工业和信息化部以《关于印发部分产能严重过剩行业产能置换实施办法的通知》（工信部产业函〔2015〕127 号）的形式发布了《部分产能严重过剩行业产能置换实施办法》，对产能置换相关事项作出了进一步规范。5 月，工业和信息化部发布了《钢铁行业规范条件（2015 年修订）》（工业和信息化部公告 2015 年第 35 号），要求"新建、改造钢铁企业必须按照要求制定产能置换方案，实施等量或减量置换，在京津冀、长三角、珠三角等环境敏感区域，实施减量置换"。此外，工业和信息化部发布了2015 年第 21 和 24 号公告，分别公告了广东省在建水泥项目产能置换方案和陕西、福建、湖北、广西四省（区）在建水泥、平板玻璃项目产能置换方案。

（三）《中国制造2025》、国际产能合作等政策文件对化解产能过剩矛盾提出要求

2015年5月，国务院以通知的形式发布了《中国制造2025》，提出要"按照消化一批、转移一批、整合一批、淘汰一批的原则，分业分类施策，有效化解产能过剩矛盾"，并提出要"加强对产能严重过剩行业的动态监测分析，建立完善预警机制，引导企业主动退出过剩行业"。同月，印发了《关于推进国际产能和装备制造合作的指导意见》（国发〔2015〕30号），通过推进包括钢铁、有色、建材、船舶等产能严重过剩行业在内的重点行业对外产能合作来化解产能过剩矛盾。8月，中共中央、国务院印发了《关于深化国有企业改革的指导意见》（中发〔2015〕22号），提出要"清理退出一批、重组整合一批、创新发展一批国有企业，建立健全优胜劣汰市场化退出机制，切实保障退出企业依法实现关闭或破产，加快处置低效无效资产"，这一政策要求有助于推动过剩产能的退出（见表5-1）。

表5-1　2015年以来中央层面发布的化解产能过剩相关政策文件

序号	发布时间	发布部门	政策名称
1	2015年1月	工业和信息化部	《水泥行业规范条件（2015年本）》（工业和信息化部公告2015年第5号）
2	2015年2月	工业和信息化部	《关于进一步做好淘汰落后和过剩产能检查验收工作的通知》（工信部产业函〔2015〕97号）
3	2015年3月	工业和信息化部	《工业和信息化部办公厅关于水泥行业产能置换有关问题的意见》（工信厅产业函〔2015〕163号）
4	2015年3月	工业和信息化部	《广东省在建水泥项目产能置换方案》（工业和信息化部公告2015年第21号）
5	2015年3月	工业和信息化部	《陕西、福建、湖北、广西四省（区）在建水泥、平板玻璃项目产能置换方案》（工业和信息化部公告2015年第24号）
6	2015年4月	工业和信息化部	《关于下达2015年重点行业淘汰落后和过剩产能目标任务的通知》（工信部产业〔2015〕129号）
7	2015年4月	工业和信息化部	《关于印发部分产能严重过剩行业产能置换实施办法的通知》（工信部产业函〔2015〕127号）
8	2015年5月	国务院	《关于印发〈中国制造2025〉的通知》（国发〔2015〕28号）

（续表）

序号	发布时间	发布部门	政策名称
9	2015年5月	国务院	《关于推进国际产能和装备制造合作的指导意见》（国发〔2015〕30号）
10	2015年5月	工业和信息化部	《关于〈钢铁行业规范条件（2015年修订）〉和《钢铁行业规范企业管理办法〉的公告》（工业和信息化部 公告2015年第35号）
11	2015年7月	工业和信息化部	《关于下达2014年工业行业淘汰落后产能和过剩产能目标任务的通知》（工信部产业〔2014〕148号）
12	2015年8月	中共中央、国务院	《关于深化国有企业改革的指导意见》（中发〔2015〕22号）
13	2015年10月	国务院	《关于实行市场准入负面清单制度的意见》（国发〔2015〕55号）
14	2015年12月	工业和信息化部	《关于做好淘汰落后和过剩产能相关工作的通知》（工信厅产业函〔2015〕900号）

资料来源：赛迪智库整理。

二、重点政策分析

2014年，工业和信息化部发布了《关于做好部分产能严重过剩行业产能置换工作的通知》，颁布了《部分产能严重过剩行业产能置换实施办法》，各地在依据该办法开展工作过程中，遇到了一些问题，并向工业和信息化部进行了反馈。为统筹解决相关问题，2015年4月，工业和信息化部以《关于印发部分产能严重过剩行业产能置换实施办法的通知》（工信部产业函〔2015〕127号）的形式发布了调整后的《部分产能严重过剩行业产能置换实施办法》（以下简称《实施办法》），重点对产能置换的部分工作方式进行了调整，并将信息报送等工作纳入《实施办法》。

调整的主要内容包括：一是将2014年版《实施办法》"第十条　产能置换方案主要包括淘汰项目和建设项目基本情况,须明确以下内容"中涉及"新（改、扩）建项目"的统一调整为"建设项目"。二是将2014年版《实施办法》中"各省级工业和信息化主管部门将钢铁和电解铝行业的产能置换方案及核实确认意见,报省级人民政府向社会公示,同时报工业和信息化部,由工业和信息化部组织专家对产能置换方案进行复核并对确认的产能置换方案向社会公告"调整为直接报省级人民政府确认后向社会公告。此项调整的主要目的是进一步落实中央简政放权的要求，将钢铁和电解铝行业产能置换相关事项的处置权下放给地方。三是提出"水泥粉磨站建设项目，可不制定产能等量或减量置换方案，依据本地区水泥工业结构调整方案优化布局"，此项调整主要是吸收了《工业和信息化部办公厅关于水泥行业产能置换有关问题的意见》的相关内容。四是 2015 年版《实施办法》的第二章"置换产能确定"增加了"经省级工业主管部门审批已实施 JT 窑技术改造，并经省级行业协会等组织鉴定的 JT 窑，可用于水泥熟料新（改、扩）建项目产能置换"和"未经国家核准的在建项目产能置换指标，须为 2011 年及以后列入公告的企业淘汰产能。2011 年以来列入工业和信息化部公告的淘汰产能数量，依照工业和信息化部公告核定；未列入工业和信息化部公告但列入省级人民政府完成任务公告的淘汰产能数量，依照省级人民政府完成任务公告核定"等内容。调整的主要目的是统筹解决工作实践中产能确认标准的问题。

第二节　2015 年化解产能过剩的基本情况

2015 年，在严控新增产能等政策措施约束下，新增产能减少，产能扩张速度明显放缓，钢铁、水泥、平板玻璃、电解铝等产能严重过剩行业淘汰产能目标的超额完成，倒逼过剩产能退出的市场机制初步形成，化解产能过剩工作取得阶段性进展。

一、产能严重过剩行业固定资产投资增速大幅下降，产能扩张速度明显放缓

2015 年，黑色金属冶炼和压延加工业、有色金属冶炼和压延加工业固定资产投资额分别为 4257 亿元和 5579 亿元，同比增长分别为 –11% 和 –4%[1]，增速比上年同期分别下降 6.3 和 10.3 个百分点，降幅明显。非金属矿物制品业固定资产投资额 16748 亿元，同比增长 6.1%[2]，增速较上年同期下降 8.2 个百分点，与上年同期增速和前年增速基本持平相比，2015 年增速下滑明显。并且，如图 5–1 所示，进入 2015 年，黑色金属冶炼和压延加工业固定资产投资增速基本在 –5% 以下，

---

[1]　国家统计局：《2015 年全国固定资产投资（不含农户）增长10%》。
[2]　国家统计局：《2015 年全国固定资产投资（不含农户）增长10%》。

下半年降至 –10% 以下，非金属矿物制品业 2015 年月累计增速基本呈现下降趋势，有色金属冶炼和压延加工业自 6 月以来呈直线下降趋势，说明 2015 年 6 月以后，相关产业固定资产投资力度逐渐下降，产能扩张速度减慢。

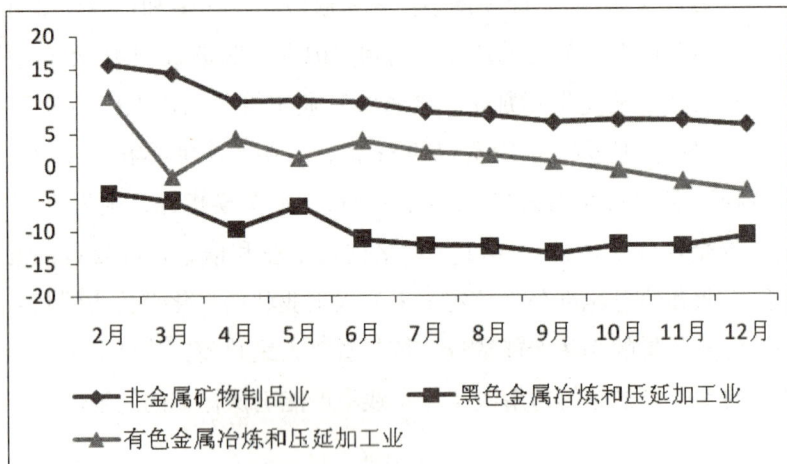

图5-1　2015年产能严重过剩行业固定资产投资额累计同比增速

资料来源：国家统计局网站。

二、淘汰落后产能对化解产能过剩矛盾作用明显

淘汰落后产能是化解产能过剩矛盾的主要手段，自 2008 年工业和信息化部组建以来，淘汰落后产能就是工业和信息化部一项重点工作。8 年来出台一系列淘汰落后产能相关政策文件，建立了一套比较完善的淘汰落后产能工作机制，每年年初下达当年淘汰落后产能的目标任务，分解落实到市县，年底考核。根据工业和信息化部及能源局公告，基本上每年下达的淘汰落后产能目标任务均能超额完成。而落后产能的成功淘汰在化解产能过剩矛盾方面发挥了重要作用。2010 年 4 月 9 日，中新网曾在报道中转述工业和信息化部答记者问的观点，钢铁、水泥行业的落后产能占到全行业产能的 20% 左右[1]。而经过 2010—2015 年 6 年的淘汰落后产能，按照现行标准，产能严重过剩的钢铁、水泥等行业落后产能已基本淘汰，在不考虑新增产能情况下，相当于带动缩减了近 20% 的产能，对化解产能过剩矛盾作用显著。工业和信息化部及能源局公告数据显示，2010—2014 年，

---

[1]　http://www.miit.gov.cn/newweb/n1146285/n1146352/n3054355/n3057292/n3057307/c3575684/ content.html.

共淘汰炼铁产能 11811 万吨,炼钢 8966 万吨,电解铝 206.7 万吨,水泥 74708 万吨,平板玻璃 17300.5 万重量箱,加之 2015 年预计淘汰的产能,6 年将淘汰炼铁产能超过 1.2 亿吨,炼钢产能近 1 亿吨,水泥近 8 亿吨,平板玻璃 1.8 亿重量箱以上。

第三节　面临的问题与挑战

受国内经济下行压力增大、投资增速放缓、市场需求下降等影响,钢铁、水泥、电解铝、平板玻璃等重点行业产能过剩问题依然严重,且 2016 年我国经济发展将面临更为严峻的挑战,经济增速将进一步放缓,加之传统淘汰落后产能等化解产能过剩矛盾手段的作用已十分有限,推进化解过剩产能工作将更加困难。

一、淘汰落后产能在化解产能过剩矛盾方面将难以发挥更大作用

淘汰落后产能工作早在工业和信息化部成立之初就已经开始,"十二五"时期淘汰产能的工作力度不断加大,随着"十二五"时期淘汰落后产能的目标任务超额完成,按照《部分工业行业淘汰落后生产工艺装备和产品指导目录(2010 年本)》和《产业调整指导目录》等政策文件规定的标准,地方掌握的钢铁、电解铝、水泥、平板玻璃等产能严重过剩行业的落后产能已基本淘汰,剩余个别落后产能对化解产能过剩矛盾的作用已经十分有限。有专家表示,按照现行标准,钢铁、电解铝等行业落后产能占全部产能的比重大多不到 1%,占比已经很低,而目前这些行业的产能利用率一般不到 75%,水泥等行业甚至不到 70%,即便彻底淘汰这些落后产能,在化解产能过剩矛盾方面发挥的作用也是微乎其微。广东、上海、河北等地已经采取了高于国家标准的淘汰落后标准,再提高标准困难很大,也不符合行业实际情况。此外,中央明确提出未来政府要简政放权,要求政府部门减少对微观事务的管理,避免利用行政手段直接干预企业,地方现行淘汰落后产能的手段中,行政手段用得比较多,经济、法律手段用得较少,这种淘汰落后产能的方式也难以为继。

二、市场需求下降导致产能过剩问题可能进一步加剧

需求是影响化解产能过剩矛盾效果的重要因素,市场需求增加,产能过剩矛盾将自然化解。但是,由于近年来钢铁、水泥等行业国内市场趋于饱和,国

际国内市场需求均呈现出下降趋势，导致钢铁、水泥等传统产业产能出现绝对性过剩。根据2015年消费走势，2016年，单位经济增长的消费强度或将进一步下降，需求不足将导致产能过剩问题进一步加剧。国家统计局数据显示，2015年，我国出口总值22766亿美元，同比增长 -2.8%，增速比上年同期下降8.5个百分点。2015年粗钢、水泥、平板玻璃等产品产量均出现负增长，凸显市场需求不足。粗钢产量8.04亿吨，同比增长 -2.3%，水泥产量23.78亿吨，同比增长 -4.9%，平板玻璃产量7.39亿重量箱，同比增长 -8.6%[1]。水泥、钢、玻璃等产品需求量较高的建筑业2015年投资增速大幅下降，特别是房地产开发投资增速持续下降成为相关产品市场需求下降的重要因素。2015年，我国建筑业固定资产投资4895亿元，同比增长10.2%[2]，增速比上年同期下降17.8个百分点。房地产开发投资95979亿元,同比名义增长1.0%,增速比1—11月份回落0.3个百分点，比上年同期放缓11个百分点，其中，住宅投资64594亿元，增长0.4%[3]，增速回落0.9个百分点。2015年，中央经济会议提出，明年重点任务之一是房地产去库存，这预示着2016年房地产开发投资增速不会明显回升，这将给水泥、平板玻璃、钢铁等产品2016年市场需求的提升带来负面影响，这将导致市场需求进一步下降，进而加剧产能过剩矛盾。

三、企业生产经营困难，难以通过转型升级等方式缩减过剩产能

企业通过战略转型、兼并重组等方式自觉缩减产能是化解过剩产能最有效且最节省行政成本的方式，但是受经济下滑、需求下降、产能严重过剩等影响，特别是钢铁、水泥、平板玻璃、电解铝等传统行业低端产品供给过剩、恶性竞争严重，产品价格大幅下降，企业亏损严重，保证自身生存已经困难，加之银行抽贷限贷，企业难以筹备足够的资金进行战略转型或兼并重组。如钢铁协会反映，2015年10月末，钢协钢材价格指数为59.44点，比年初下跌22.47点，跌幅超过上年全年跌幅。根据国家统计局数据，2015年，黑色金属冶炼和压延加工业和有色金属冶炼和压延加工业实现利润分别为525.5亿元和1348.8亿元，同比分别下降68%和11%，亏损企业分别为2308个和1643个，同比增长分别为24%和19.7%。在这种困难情况下,仍有生产线在建,新增产能释放将进一步冲击市场，

---

[1] 国家统计局：《2015年12月份规模以上工业增加值增长5.9%》。
[2] 国家统计局：《2015年全国固定资产投资（不含农户）增长10%》。
[3] 国家统计局：《2015年份全国房地产开发投资和销售情况》。

加剧产能过剩，导致产品价格难以提升，企业生存将更加困难，如据建材协会反映，目前全国仍有约 5000 万吨的熟料产能在建，2015 年全国预计新增水泥熟料设计产能超过 4000 万吨，预计 2015 年水泥产能利用率在 65% 左右，部分省份甚至低于 50%。

第六章 淘汰落后产能

2015 年，淘汰落后产能工作在现行政策体系和工作推进机制下有序推进，并取得了显著成绩，"十二五"初期制定的淘汰落后产能目标任务超额完成，按照现行标准，部分发达地区反映本地已无落后产能，为地方转变经济发展方式、优化产业结构腾出了空间，也进一步促进了我国工业经济的可持续发展。

第一节 2015 年淘汰落后产能政策解析

2015 年是"十二五"淘汰落后产能工作收官之年，工作重点主要是完成2015 年兼"十二五"淘汰落后产能的目标任务，做好总结，提出"十三五"淘汰落后产能的目标任务。截至目前，淘汰落后产能的政策体系比较完善，因此，2015 年淘汰落后产能的政策文件主要是对落实目标任务和做好验收工作提出了具体要求，其他文件，如大气污染防治、负面清单、《中国制造 2025》等也对今后淘汰落后产能工作提出了要求。

一、落实2015年淘汰落后产能目标任务

2015 年 2 月，工业和信息化部印发了《关于进一步做好淘汰落后和过剩产能检查验收工作的通知》（工信部产业函〔2015〕97 号），提出"对落后产能主体设备（生产线）须作废毁处理，严禁异地转移"，并要按照《淘汰落后产能工作考核实施方案》（工信部联产业〔2011〕46 号）有关要求，及时组织进行现场检查验收，以保证淘汰的主体设备（生产线）不能再恢复生产。3—4 月，工业和信息化部发布《关于下达 2015 年重点行业淘汰落后和过剩产能目标任务的通

知》（工信部产业〔2015〕129号），向各省、自治区、直辖市人民政府及新疆生产建设兵团下达了2015年钢铁、水泥等重点行业淘汰落后产能的目标任务。4月，国家能源局印发了《关于下达2015年电力行业淘汰落后产能目标任务的通知》（国能电力〔2015〕119号），对电力行业淘汰落后产能相关工作进行了部署。12月，工业和信息化部办公厅下发了《关于做好淘汰落后和过剩产能相关工作的通知》（工信厅产业函〔2015〕900号），要求各地确保完成2015年淘汰落后产能的目标任务，对公告内企业的相关设备（生产线）淘汰情况做好检查验收工作，并要梳理总结"十二五"时期各行业任务完成情况，测算节能、减排、节地效果，对做好"十三五"工作提出意见和建议。

二、各地积极部署落实2015年淘汰落后产能工作

工业和信息化部、国家能源局下达2015年重点行业淘汰落后产能目标任务后，各地区结合本地实际，积极部署落实相关工作，将目标任务分解到市，要求制定淘汰落后产能工作方案，确保目标任务落实到位。如：福建省人民政府2015年5月印发了《关于下达2015年淘汰落后和过剩产能目标任务的通知》（闽政〔2015〕20号），提出"2015年福建省淘汰落后和过剩产能目标任务为：水泥155.6万吨（其中：熟料135.6万吨）、造纸9.43万吨、制革170.7万标张、铅蓄电池极板316万千伏安时、铅蓄电池组装42万千伏安时"；山西省淘汰落后产能工作领导组印发了《关于下达2015年度重点行业淘汰落后和过剩产能目标任务的通知》（晋淘汰字〔2015〕3号）；山东省经信委印发了《关于下达2015年全省重点行业淘汰落后和过剩产能计划的通知》（鲁经信产〔2015〕218号）等。市级相关部门进一步细化目标任务，将任务分解到区、县。如：南京市经信委印发了《关于下达2015年全市化解过剩产能和淘汰落后产能目标任务的通知》（宁淘办〔2015〕1号），提出了铸造、印染、纺织、光伏玻璃、碳酸钙等淘汰落后产能项目；成都市淘汰落后产能工作协调小组办公室印发了《关于分解下达2015年淘汰落后和化解过剩产能目标任务的通知》（成淘汰落后办〔2015〕4号），将淘汰落后产能任务分解到区、县、地级市，并要求相关部门及时将目标任务责任落实到相关街道、乡镇，落实到具体企业。

三、《中国制造2025》等政策文件对淘汰落后产能工作提出相关要求

由于淘汰落后产能工作对转变经济发展方式、促进产业结构优化升级有重要

作用，对改革相关工作也会产生一定影响，因此，《中国制造2025》、国企改革等政策文件对淘汰落后产能工作也提出了要求。2015年5月，国务院发布了《中国制造2025》，提出要"切实发挥市场机制作用，综合运用法律、经济、技术及必要的行政手段，加快淘汰落后产能"。工业和信息化部、水利部和全国节约用水办公室发布了《高耗水工艺、技术和装备淘汰目录（第一批）》（工业和信息化部 水利部 全国节约用水办公室公告2015年第31号），要求工业企业加快淘汰高耗水工艺、技术和装备，并要求水行政主管部门"对采用《淘汰目录》中高耗水工艺、技术和装备的新、改、扩建项目不予批准水资源论证和取水许可申请；对未按期淘汰的高耗水工艺、技术和装备的企业单位，不予批准取水许可延续和变更申请"。工业和信息化部新修订的《钢铁行业规范条件》要求现有钢铁企业"不得装备属于《部分工业行业淘汰落后生产工艺装备和产品指导目录（2010年本）》（工产业〔2010〕122号）等目录中需淘汰的落后工艺装备"。2015年新《中华人民共和国大气污染防治法》第二十七条提出，国家要对严重污染大气环境的工艺、设备和产品实行淘汰制度，并要求"国务院经济综合主管部门会同国务院有关部门确定严重污染大气环境的工艺、设备和产品淘汰期限，并纳入国家综合性产业政策目录"（见表6-1）。

表6-1　2015年2月以来中央层面及部分地方发布的淘汰落后产能相关政策文件

序号	发布时间	发布部门	政策名称
1	2015年2月	工业和信息化部	《关于进一步做好淘汰落后和过剩产能检查验收工作的通知》（工信部产业函〔2015〕97号）
2	2015年4月	工业和信息化部	《关于下达2015年重点行业淘汰落后和过剩产能目标任务的通知》（工信部产业〔2015〕129号）
3	2015年4月	国家能源局	《关于下达2015年电力行业淘汰落后产能目标任务的通知》（国能电力〔2015〕119号）
4	2015年4月	山西省淘汰落后产能工作领导组	《关于下达2015年度重点行业淘汰落后和过剩产能目标任务的通知》（晋淘汰字〔2015〕3号）
5	2015年5月	工业和信息化部、水利部、全国节约用水办公室	《高耗水工艺、技术和装备淘汰目录（第一批）》（工业和信息化部 水利部 全国节约用水办公室公告2015年第31号）
6	2015年5月	国务院	《关于印发〈中国制造2025〉的通知》（国发〔2015〕28号）

（续表）

序号	发布时间	发布部门	政策名称
7	2015年5月	福建省人民政府	《关于下达2015年淘汰落后和过剩产能目标任务的通知》（闽政〔2015〕20号）
8	2015年5月	工业和信息化部	《关于〈钢铁行业规范条件（2015年修订）〉和〈钢铁行业规范企业管理办法〉的公告》（中华人民共和国工业和信息化部公告2015年第35号）
9	2015年5月	山东省经信委	《关于下达2015年全省重点行业淘汰落后和过剩产能计划的通知》（鲁经信产〔2015〕218号）
10	2015年6月	南京市经济和信息化委员会	《关于下达2015年全市化解过剩产能和淘汰落后产能目标任务的通知》（宁淘办〔2015〕1号）
11	2015年6月	成都市淘汰落后产能工作协调小组办公室	《关于分解下达2015年淘汰落后和化解过剩产能目标任务的通知》（成淘汰落后办〔2015〕4号）
12	2015年7月	人力资源社会保障部失业保险司	《关于进一步做好失业保险支持企业稳定岗位工作有关问题的通知》（人社失业司便函〔2015〕10号）
13	2015年8月	中共中央、国务院	《关于深化国有企业改革的指导意见》（中发〔2015〕22号）
14	2015年8月		《中华人民共和国大气污染防治法》（中华人民共和国主席令第三十一号）
15	2015年10月	国务院	《关于实行市场准入负面清单制度的意见》（国发〔2015〕55号）
16	2015年12月	工业和信息化部	《关于做好淘汰落后和过剩产能相关工作的通知》（工信厅产业函〔2015〕900号）

资料来源：赛迪智库整理。

第二节　2015年淘汰落后产能的基本情况

一、"十二五"淘汰落后产能工作任务圆满完成

根据工业和信息化部与国家能源局公告，2011—2014年共淘汰炼铁产能7711万吨，炼钢7780万吨，电解铝168.9万吨，水泥6.07亿吨，平板玻璃15457万重量箱，电力2365.2万千瓦，煤炭4.68亿吨，铁合金1010.7万吨，电石595.9万吨，造纸3266.1万吨，制革3211万标张，印染104.35亿米，化纤

128.95万吨等。根据工信部、能源局公告2015年第69号，2015年全年淘汰炼铁700万吨、炼钢900万吨、电解铝35万吨、水泥3500万吨、平板玻璃1000万重量箱以上。据此计算，加之2010年淘汰的落后产能，2010—2014年5年来产能严重过剩的钢铁、水泥、平板玻璃、电解铝等行业淘汰炼铁11811万吨，炼钢8966万吨，电解铝206.7万吨，水泥7.47亿吨，平板玻璃1.73亿重量箱。2010—2014年这五年累计淘汰电力产能4055.2万千瓦，焦炭11285万吨，铁合金1256.3万吨，造纸3805.3万吨，制革4787万标张，印染146.25亿米，化纤197.25万吨，煤炭近7亿吨，在各部门全力配合及各地政府积极组织、大力落实下，截至2015年底，"十二五"初期制定的淘汰落后产能目标任务圆满完成。

二、部分重点行业落后产能基本提前淘汰完毕

根据《关于进一步加强淘汰落后产能工作的通知》（国发〔2010〕7号）和《部分工业行业淘汰落后生产工业装备和产品指导目录（2010年本）》（工产业〔2010〕第122号公告），"十二五"期间应淘汰包括锌冶炼、酒精、味精、柠檬酸在内20个重点行业的落后产能。2011—2013年3年来，累计淘汰锌冶炼85.7万吨，酒精156.2万吨，味精51.7万吨，柠檬酸17.55万吨，按照国家相关标准，截至2013年底，上述四个重点行业落后产能已基本提前淘汰完毕。因此，2014年，工业和信息化部将年度淘汰落后产能的重点任务进行了调整，将锌冶炼、酒精、味精、柠檬酸调整出重点行业。2014年，焦炭、化纤、铅冶炼等重点行业淘汰的落后产能明显减少。2014年基本上是"十二五"时期国家淘汰落后工作力度最大的一年，很多行业实际淘汰的产能均达到"十二五"时期的最高值，如煤炭2014年淘汰落后产能2.3亿吨，电石194万吨，炼钢3113万吨，而化纤行业仅淘汰落后产能11万吨，仅为2013年淘汰量的五分之一，铅冶炼仅淘汰36万吨，不足2013年淘汰量的一半，淘汰量的减少说明，按照现行标准，这些行业的落后产能也近淘汰完毕。此外，由于铅蓄电池污染和质量问题及稀土问题，2012年，工业和信息化部将铅蓄电池（极板及组装）纳入淘汰落后产能重点行业，2012—2014年淘汰落后产能2971万千伏安时，2014年，将稀土纳入淘汰落后产能重点行业，2014年淘汰稀土落后产能11.4万吨。

第三节　面临的问题与挑战

一、经济下行压力加大增加淘汰落后产能工作难度

2015 年，我国国内生产总值 67.67 万亿元，按可比价计算，同比增长 6.9%[1]，自 1990 年以来，增速首次"破七"。2016 年，GDP 增速将进一步放缓，预计将达到 6.5%。经济下行压力进一步增加使地方"稳增长"面临更为严峻的挑战，进而影响淘汰落后产能工作的深入开展。第一，从短期经济效益看，淘汰落后产能将影响部分地区"稳增长"。对于部分欠发达地区来讲，按照现行淘汰落后标准应淘汰的落后产能是其经济发展的重要支柱，如果淘汰，无疑在短期内对当地经济增长将产生负面影响，也会在一定程度上影响当地就业稳定，因此部分欠发达地区政府淘汰落后产能的工作劲头不高。第二，对于部分发达地区，按照现行淘汰落后标准，已提前将落后产能淘汰完毕，这些地区目前采取的是高于国家标准的淘汰落后产能标准，面临严峻的经济形势，为稳增长，这些地区很难进一步提高淘汰落后产能标准，淘汰落后产能的空间已十分有限。第三，经济下行压力加大，企业经营效益下滑，流动资金减少，加之企业欠债和银行抽贷限贷问题严重，导致企业很难有充足的流动资金解决淘汰落后产能后的职工安置、债务等问题，很多企业必须依靠政府补贴维持，自主淘汰落后产能存在较大困难。

二、传统淘汰落后模式不可持续

目前，淘汰落后产能工作推进方式主要是，地方上报淘汰落后产能计划，年初工业和信息化部下达本年度淘汰落后产能计划和任务，各省（区、市）层层分解到市、县，由市、县具体落实到企业（生产线），工业和信息化部将定期组织检查和核查，确保淘汰的落后产能不能复产。中央通过淘汰落后专项资金给予支持，同时要求各地财政将拿出配套资金支持此项工作。为了彻底淘汰列入目标任务的落后产能，很多地区都会采取一定的行政手段，而上述模式将随着 2016 年中央工作重心和思路的转变而不可持续。首先，在 2015 年的中央经济工作会议上，中央提出将以"去产能"为主线，积极稳妥化解过剩产能，国务院召开的常

---

[1]　国家统计局：《2015年国民经济运行稳中有进、稳中有好》。

务会议中则提出要设立工业结构调整专项资金支持产业重组"去产能"。相应地，淘汰落后产能将作为"去产能"工作的一个组成部分，不再单独提出。第二，"去产能"成为2016年的重点工作，而推动特困企业重组或退出是"去产能"的主要工作思路，淘汰落后产能将成为常态性的工作，由地方根据实际情况自己设定淘汰计划，在中央层面此项工作将逐渐淡化。相应地，地方也会将2016年的工作重心转移到"去产能"上，淘汰落后的工作力度将减小。第三，中央近年来一直在大力推进简政放权，发挥市场在资源配置中的决定性作用，减少政府对企业的直接干预，因此地方以往采取的一些行政淘汰落后产能的手段已不符合中央精神，在工作实践中也往往会受到企业阻碍，影响工作效果，这种通过行政手段淘汰落后产能的方式不可持续，未来经济手段和法律手段将是淘汰落后的主要方式。

第七章　产业转移和优化布局

随着我国经济结构调整和产业转型升级的步伐加快,产业转移呈现出新特征,产业合作和转移模式也在逐步创新。2015 年,《政府工作报告》首次把"一带一路"、长江经济带和京津冀协同发展明确为"三个支撑带",将这三个区域发展规划作为支撑发展、加速改革的抓手。全国区域合作系统认真贯彻落实中央决策部署,积极投身"一带一路"建设、京津冀协同发展、长江经济带发展等重大国家战略,推动泛珠三角、环渤海、长三角、长江中游等重点地区合作和一体化进程,推动建立重大合作平台,积极探索区域合作新模式、新路径。地方区域合作系统和有关区域合作组织也主动适应形势发展变化,拓展合作领域,完善合作机制,全国区域合作呈现出蓬勃发展势头。

第一节　2015 年产业转移和优化布局政策解析

2015 年,针对"一带一路"建设、京津冀协同发展、长江经济带发展等重大国家战略密集出台,逐渐形成了顶层统领、配套落实政策完善的政策体系。国家各级政府政策的制定和完善,有力地推动了国家产业转移和区域协同发展。

一、推进产业转移和优化布局的政策情况

(一)"一带一路"建设相关政策

一是顶层设计顺利完成。2015 年 3 月,国家发展改革委、外交部、商务部联合发布《推动共建丝绸之路经济带和 21 世纪海上丝绸之路的愿景与行动》,这

是推动国内对外开放的重大战略举措，将加强东中西互动合作，全面提升开放型经济水平。国务院各部门纷纷制定实施方案，编制了科技合作等一批专项规划。同时，广东、福建、广西、陕西、江苏等重点省份和城市纷纷对接"一带一路"，出台了地方版的相关规划和政策。相关政策见表7-1。

二是各部门纷纷开展相关落实工作。各部门普遍建立推进"一带一路"建设工作领导机制，制定配套措施。2015年，工业和信息化部围绕实施"一带一路"研究制定相关发展规划和产业指导目录，适时启动产业转移合作示范园区建设。海关"三互"大通关改革覆盖全国。专项服务于"一带一路"建设的10项税收政策、动植物检验检疫措施出台。丝路基金全面启动运行，开发银行、进出口银行在沿线业务进一步扩大，金融支撑保障作用不断增强[1]。

表7-1 2015年各级政府部门推动"一带一路"建设的主要政策

发布时间	发布部门	政策名称
2015年3月	国家发展改革委	《推动共建丝绸之路经济带和21世纪海上丝绸之路的愿景与行动》（经国务院授权发布）
2015年6月	交通运输部	《落实"一带一路"战略规划实施方案》
2015年6月	商务部	《全国流通节点城市布局规划》（2015—2020年）
2015年10月	国家发展改革委	《标准联通"一带一路"行动计划》（2015—2017年）
2014年12月	重庆市	《贯彻落实国家"一带一路"战略和建设长江经济带的实施意见》
2015年2月	福建省	《福建省融入丝绸之路经济带和21世纪海上丝绸之路发展战略实施意见》
2015年5月	甘肃省	《"丝绸之路经济带"甘肃段建设总体方案》
2015年5月	江苏省	《〈贯彻落实"一带一路"建设战略规划〉的实施方案》
2015年6月	江西省	《参与丝绸之路经济带与21世纪海上丝绸之路建设实施方案》
2015年11月	福建省	《福建省21世纪海上丝绸之路核心区建设方案》
2015年12月	宁夏自治区	《宁夏参与丝绸之路经济带和21世纪海上丝绸之路建设规划》

资料来源：赛迪智库整理。

---

[1] 《"一带一路"建设由蓝图变为现实》，《中国经济导报》2016年第6期。

（二）京津冀协同发展相关政策

一是出台了京津冀协同发展的纲领性文件。2014年，习近平在京津冀协同发展专题会中提出着力加强顶层设计，自觉打破自家"一亩三分地"的思维定式，加快推进产业对接协作，调整优化城市布局和空间结构，扩大环境容量生态空间，构建现代化交通网络系统，加快推进市场一体化进程等要求。2015年4月召开的中共中央政治局会议上，审议通过了《京津冀协同发展规划纲要》。纲要指出，推动京津冀协同发展是一个重大国家战略，核心是有序疏解北京非首都功能，要在京津冀交通一体化、生态环境保护、产业升级转移等重点领域率先取得突破；明确北京、天津和河北的定位，构建"一核、双城、三轴、四区、多节点"总体空间战略布局。

二是配套出台了一系列相关政策。2015年1月，商务部发布了《京津冀商贸物流发展专项规划》；6月，财政部发布《京津冀协同发展产业转移对接企业税收收入分享办法》；7月，工业和信息化部制定了《京津冀产业转移指导目录》，还发布了《京津冀及周边地区工业资源综合利用产业协同发展行动计划（2015—2017年）》；10月，国家发改委发布《环渤海地区合作发展纲要》；12月，交通运输部发布《京津冀协同发展交通一体化规划》，见表7-2。

三是开展了一系列的对接活动。11月19—21日，工业和信息化部、北京市政府、天津市政府、河北省政府共同举办了2015京津冀产业转移系列对接活动。本次活动突出"协同、创新、绿色"发展主题，以国家产业规划和政策为导向，旨在引导产业合理有序转移，加快推进京津冀产业分工合作、优化布局、创新升级、协同发展。开展针对高端装备、新一代信息技术、生物医药、新材料、轻纺食品、节能环保等多个行业的项目对接活动，合作模式包括政府与政府、政府与企业、政府与科研机构、园区与企业等多种形式。

2016年2月，《"十三五"时期京津冀国民经济和社会发展规划》（以下简称《规划》）印发实施，这是全国第一个跨省市的区域"十三五"规划，把京津冀作为一个区域整体统筹规划，在城市群发展、产业转型升级、交通设施建设、社会民生改善等方面一体化布局，努力形成京津冀目标同向、措施一体、优势互补、互利共赢的发展新格局。

表7-2 2015年各级政府部门推动京津冀协同发展的主要政策

发布时间	发布部门	政策名称
2015年4月	中共中央、国务院	《京津冀协同发展规划纲要》
2015年1月	商务部	《京津冀商贸物流发展专项规划》
2015年6月	财政部	《京津冀协同发展产业转移对接企业税收收入分享办法》
2015年7月	工业和信息化部	《京津冀产业转移指导目录》
2015年7月	工业和信息化部	《京津冀及周边地区工业资源综合利用产业协同发展行动计划（2015—2017年）》
2015年9月	北京 河北	《北京（曹妃甸）现代产业发展试验区产业发展规划》
2015年10月	国家发展改革委	《环渤海地区合作发展纲要》
2015年10月	中国铁路总公司	《京津冀城际铁路网规划》
2015年12月	交通运输部	《京津冀协同发展交通一体化规划》

资料来源：赛迪智库整理。

（三）长江经济带发展相关政策

2014年9月，国务院发布《关于依托黄金水道推动长江经济带发展的指导意见》，并出台《长江经济带综合立体交通走廊规划（2014—2020年）》，统筹长江经济带交通基础设施建设，加强各种运输方式有机衔接，完善综合交通运输体系。同年12月，启动了长江经济带区域通关一体化改革。为配套《指导意见》的落实工作，制定了《重点任务分工方案（2014—2015年）》，将2014—2015年主要任务分解落实到各有关部门，明确了每项任务的时间进度和预期成果，包括长江黄金水道、综合立体交通走廊、产业创新、新型城镇化、对外开放、绿色生态走廊、体制机制创新等方面16项重点任务。

随着长江经济带发展顶层设计的形成，相关规划政策也不断完善。2015年，国家发展改革委先后牵头制定并出台了《长江中游城市群发展规划》和《关于建设长江经济带国家级转型升级示范开发区的实施意见》，编制完成了《长江经济带发展水利专项规划》《长江经济带创新驱动产业转型升级方案》《长三角世界级造船基地和海工装备基地建设方案》等规划政策。2016年2月15日，国家发展改革委发文指出，2016年推动长江经济带发展，抓紧编制出台长江三角洲城市群发展规划、成渝城市群发展规划、长江岸线开发利用和保护总体规划、长江经济带生态环境保护规划等专项规划，形成各项规划相互衔接、有机统一的规划体系，更好发挥规划引领作用，着力打造"一道两廊三群"，即大力构建绿色生态廊道、建设综合立体交通走廊和现代产业走廊、发展沿江三大城市群（见表7-3）。

长江经济带发展作为国家的重大区域性发展战略，在2015年的《政府工作报告》中，提出"推进长江经济带建设，有序开工黄金水道治理、沿江码头口岸等重大项目，构筑综合立体大通道，建设产业转移示范区，引导产业由东向西梯度转移"。目前，沿线各省市已开始研究布局，抓住用好长江经济带发展新机遇。

表7-3　2015年中央政府部门推动长江经济带建设的主要政策

发布时间	发布部门	政策名称
2014年9月	国务院	《关于依托黄金水道推动长江经济带发展的指导意见》
2014年9月	国务院	《长江经济带综合立体交通走廊规划（2014—2020年）》
2015年4月	国家发展改革委	《长江中游城市群发展规划（发改地区〔2015〕738号）》
2015年6月	国家发展改革委	《关于建设长江经济带国家级转型升级示范开发区的实施意见》
2015年	国家发展改革委	《长江经济带发展水利专项规划》
2015年	国家发展改革委	《长江经济带创新驱动产业转型升级方案》
2015年	国家发展改革委	《长三角世界级造船基地和海工装备基地建设方案》

资料来源：赛迪智库整理。

二、重点政策分析

（一）国家发展改革委发文力促环渤海地区合作发展

环渤海地区位于我国华北、东北、西北三大区域结合部，包括北京市、天津市、河北省、辽宁省、山东省和山西省、内蒙古自治区等四省两市一区，面积186万平方公里。环渤海地区幅员广阔、连接海陆，区位条件优越、自然资源丰富、产业基础雄厚，其综合优势和发展潜力本不亚于长三角和珠三角地区，在对外开放和现代化建设全局中具有重要战略地位。但是，一直以来，环渤海地区一直未能形成协同合作的发展态势，各省之间的产业发展基本独立，存在隐性的行业壁垒，特别是北京市由于特殊的政治、经济和文化地位，对周边地区具有很强的"虹吸效应"，导致河北、山西、辽宁等周边省的人才、资金等资源都向北京集中，从而影响了这些地区的发展。为促进环渤海地区合作发展，2015年9月，国务院批复同意了国家发展改革委起草的《环渤海地区合作发展纲要》（以下简称《纲要》），并以通知形式正式印发。

1.《纲要》的发布有助于破除环渤海地区七省份合作发展的障碍

目前，七省份合作发展面临基础设施、生态环境等方面的障碍，比如交通方面，北京和河北之间存在很多断头路，北京到燕郊、香河等城镇的轻轨虽然早有计划但一直未能实施，北京到沈阳的高铁一直未能贯通等。生态环境方面，北京市近年来出现了严重的雾霾天气，严重威胁人的身体健康。北京在治理雾霾方面付出了巨大努力，如汽车限号、污染产业迁出等，但是河北、内蒙古等地污染企业问题不解决，北京很难根治雾霾，北京希望通过让周边地区污染企业关停的方式来治理雾霾，又会因为影响周边地区经济增长而受到阻碍。《纲要》抓住这些影响七省份合作发展的关键问题，提出通过加快跨区域重大基础设施建设、加强生态环境保护联防联治的方式，破除相关障碍。如完善铁路、公路、水运、航空立体交通网络，通过加强干线铁路、城际铁路、干线公路、机场与城市轨道、市郊铁路、地面公交等设施有机衔接，建设开放式、立体化综合客运枢纽；共同推进重点地区生态综合治理，鼓励地区间探索建立横向生态补偿制度，共同治理大气污染，合力整治环境，促进资源节约等。

2.《纲要》的发布有助于促进环渤海地区产业的协同发展

环渤海七省份产业总体上讲各有特色，但是相互之间配套协同协作不足，未能形成协同发展格局，导致各省的特色产业优势未能充分发挥。比如北京在金融、科研、信息产业、文化产业等领域具有优势，但是这种优势未能对促进周边地区产业的发展形成良性支撑，河北、山西、内蒙古等地企业很难获得北京相关产业支持。同时，由于一些隐性行业壁垒存在，人才、资金、产品等要素在七省份之间自由流通存在一定困难。为此，《纲要》提出要一方面加强产业发展协同协作，如通过建立统一的农业信息交流平台等方式加强农业合作，优化环渤海地区工业布局，加强金融、商贸流通等方面合作，共建科技创新体系等。另一方面，建立统一完善的市场经济体系，消除市场壁垒，深化资源要素市场化改革，促进要素资源自由流通，为全面推进环渤海地区合作发展奠定坚实的制度基础。

3.《纲要》的发布有助于促进七省份城乡协调发展

环渤海七省份城乡经济发展水平、公共基础设施建设等差距较大，典型如北京拥有过多的优质医疗、教育、养老等方面的资源，因而周边地区各层次的人才尽可能向北京集中，不仅造成北京"人满为患"，山西、河北、内蒙古等地发展严重"缺人"。为此，《纲要》提出要加强公共服务资源共享和制度对接，进一步推进户籍制度改革，并通过加强教育合作，合理配置义务教育资源，优化学校布局，扩大优质教育资源覆盖范围，推进建设远程教育培训平台，鼓励北京、天津等地优质医疗资源采取对口支援、定点帮扶和远程会诊等方式支援其他五省区，支持跨地区共建养老基地，建立职业技能培训、转移就业协作机制等方式实现优质教育、医疗、养老等资源的交流和共享。

（二）国家发展改革委发布《长江中游城市群发展规划》

2015年4月13日，国家发展改革委发布《长江中游城市群发展规划》（发改地区〔2015〕738号），以下简称《规划》，对《国务院关于依托黄金水道推动长江经济带发展的指导意见》（国发〔2014〕39号）进行落实，明确了江西、湖北、湖南等省份依托黄金水道推动长江经济带发展的主要任务，对于加快中部地区全面崛起、探索新型城镇化道路、促进区域一体化发展具有重大意义。

1. 进一步强化中心城市的带动引领

《规划》明确强化武汉、长沙、南昌的中心城市地位，合理控制人口规模和城镇建设用地面积，进一步增强要素集聚、科技创新和服务功能，提升现代化、国际化水平，完善合作工作推进制度和利益协调机制，引领带动武汉城市圈、环长株潭城市群、环鄱阳湖城市群协调互动发展。对武汉城市圈的定位是"全国重要的综合交通运输枢纽、先进制造业和高技术产业基地、中部地区现代服务业中心"；对环长株潭城市群的定位是"全国'两型'社会建设示范区和现代化生态型城市群"；对环鄱阳湖城市群的定位是"大湖流域生态人居环境建设示范区和低碳经济创新发展示范区"，形成多中心发展格局，避免产业趋同，促成了交通、旅游、产业以及多项民生项目的合作，逐步拉近"空间距离"的同时，也给三市乃至三省居民带来多项优惠。

2. 对新型城镇化道路进行了有益探索

《规划》提出打破行政区划限制，支持长江中游城市群与安徽省若干基础条件好、联系比较紧密的省际毗邻城市合作发展。支持老工业基地城市加快调整改造，促进资源型城市可持续发展，继续扶持资源枯竭城市转型。由于长江中游工业基础好，人文及自然生态资源丰富，又是国家重要产粮区，在新型城镇化背景下，长江中游城市群建设作为破解中国区域发展不平衡的切入点，具有示范意义。

3. 加强跨区域生态文明建设

长江中游城市群内，国家批复的流域生态文明示范区分别是鄱阳湖生态经济区、洞庭湖生态经济区，两大湖实现流域经济协调发展，是共建生态文明的抓手和载体。同时，湖北是国家低碳省试点，江西是国家生态文明先行示范区，武汉、南昌、景德镇是国家低碳城市试点和国家可持续发展实验区。虽然各省市都是生态文明范例，但跨区域的协调联动机制尚未建立。《规划》明确建立健全跨区域生态文明建设联动机制，严格按照主体功能定位推进生态一体化建设，加强生态环境综合治理，推动城市群绿色发展，形成人与自然和谐发展格局。

第二节　2015 年产业转移和优化布局的基本情况

一、"一带一路"建设进展情况

2015 年是"一带一路"开局之年，经过一年努力建设，"丝绸之路经济带"建设在欧亚地区取得进展。

一是重大建设项目加快推进。一批有影响的道路、跨境物流运输、能源基础设施、境外经贸合作园区建设等互联互通和产能合作项目相继竣工，成为"丝绸之路经济带"开局之年的重要早期收获。如吉尔吉斯斯坦伊塞克湖环湖公路连接线修复和达特卡—克明输变电项目、塔吉克斯坦艾尼—彭基肯特高速公路项目竣工等。我国已同 10 个国家签署国际产能合作协议，中哈产能合作协议总投资超过 230 亿美元。中老铁路正式动工，中泰铁路举行项目启动仪式，瓜达尔港等重大项目正协调推进。全力打造"六廊六路多国多港"主骨架，推动中蒙俄、中国—中南半岛、新亚欧大陆桥、中国—中亚—西亚、中巴和孟中印缅经济走廊建设。中巴经济走廊在习近平主席访巴期间签约项目达 300 亿美元。中—印尼"21世纪海上丝绸之路"建设成效显著，雅万高铁作为标志性项目正式开工。

二是自贸区建设和贸易便利化取得突破。我国已同 10 个国家签署国际产能合作协议，中哈产能合作协议总投资超过 230 亿美元。商务部与格鲁吉亚完成自贸区协定谈判可行性研究，正式启动自由贸易协定谈判；推动上合组织建立了贸易便利化工作机制，启动了贸易便利化的制度安排进程。商务部已与欧亚地区8国签署共建"丝绸之路经济带"部门间合作文件，与欧亚经济委员会签署《启动中国与欧亚经济联盟经贸合作伙伴协定谈判的联合声明》；区域全面经济伙伴关系协定（RCEP）、中国—东盟自贸区升级谈判进展顺利。[1]

二、京津冀产业对接进展情况

一是北京快速迁移低端和污染产业。京津冀协同发展战略实施后，疏解和建设城市副中心成为北京市最重要的两大任务，2015年以来，北京疏解产业和人口的速度明显加快。率先在全国制定了新增产业的禁止和限制目录，全市禁限比例达55%，城六区禁限比例达79%；综合运用经济、行政、法律等手段，出台全国力度最大的差别水价和全国最严的差别电价政策，推动疏解。北京西直河石材市场原来是华北地区最大的石材市场，半年内完成腾退，减少流动人口4万人；上千个污染企业关停；北京百荣世贸商城完成20万平方米批发、仓储功能的疏解，涉及商户近千户。北京建筑大学、工商大学、城市学院、天坛医院等向外疏解工作都取得阶段性成果。

二是京津冀交通一体化进展迅速。2015年2月8日，国家发展改革委、交通运输部印发《京津冀协同发展交通一体化规划》，明确到2020年，京津冀交通一体化，将基本实现由"单中心放射状"通道格局向"四纵四横一环"网络化格局转变。在2015年间，三地政府与铁总共同出资成立的京津冀城际铁路投资公司运行良好，编制了城际铁路网规划，一批重大基础设施加快实施。打通省际"断头路"500公里，河北农村和省内的"断头路""瓶颈路"打通了500多公里，京津城际延伸至滨海新区中心商务区，津保铁路年底已通车试运行；打通了京昆、京台等多条高速公路及一批省内干线、保津、张唐铁路年内通车，北京新机场开工建设。[2]

三是京津冀产业对接取得成果。在11月举办的2015京津冀产业转移系列对接活动上，共促成约150个项目，总投资达4500多亿元。产业方面，北京与河北共建曹妃甸协同发展示范区，20多家北京企业到曹妃甸落户发展；北京现代第四工厂落户河北沧州并于4月实现开工建设；北京推动22家生物制药企业

[1] 商务部：《2015年"丝绸之路经济带"取得多项重要成果》，2016年1月7日。
[2] 《京津冀协同发展起步之年成效显著》，《中国改革报》2015年12月15日。

集中签约落户沧州渤海新区生物医药产业园；推动中关村示范区、亦庄开发区与津冀合作共建大数据走廊、保定中关村创新中心等科技园区，加快打造跨京津冀科技创新园区链，努力建设京津冀全面创新改革试验区。1—10月，北京、河北在天津投资资金到位额超过1520亿元，占天津全市利用内资的43%，从北京转移到天津的华泰汽车总部等一批项目已建成。天津企业到河北省投资项目648个，到位资金约300亿元。国资委和河北省举办了"央企进河北"活动，87家央企参与对接洽谈，签署协议69项；工业和信息化部举办的产业转型对接活动，1000多家企业参会，签约项目150个。[1]

总体看，三省市自觉加快打破自家"一亩三分地"思维定式，正朝着协同发展的目标迈进。

三、长江经济带建设进展情况

2015年是落实长江经济带发展的开局之年，推动长江经济带发展领导小组、国务院有关部门和沿江省市都开展了大量工作，在整治航道、利用水资源、控制和治理沿江污染、推动通关和检验检疫一体化等方面取得积极成效，一批重大工程建设顺利推进，建成7个国家自主创新示范区。

一是长江经济带东部地区区域创新成效显著。上海自主创新能力不断提升，涌现出一批自主创新成果，中国自由贸易试验区的金融聚集效应得到凸显；江苏充分发挥科技资源优势排头兵的作用，大大提升了区域自主创新能力的支撑作用；浙江基于块状经济的集群创新特点，充分发挥民营企业自主创新主力军的特点，形成了以市场为导向的自主创新环境。

二是长江经济带中部地区形成了区域产业持续创新的动力机制。安徽通过建设合芜蚌自主创新综合配套改革试验区，形成了依靠自主创新引领区域经济发展的新路径；江西抓住国家沿长江开发开放和建设京九经济带的契机，实施南北双向推动战略，形成了全球有特色的新型材料等工业；湖北则依托国家光电子通信产业的研发基础和产业优势，大大提升了光通信产业的科技创新能力，特色产业持续快速发展；湖南积极推进长株潭"两型"试验区改革建设，发挥高端制造和服务经济的引领功能，通过做大做强装备制造业，使投资拉动型、资源消耗型、传统工业主导型格局有了大的改变。

---

[1] 《北京·曹妃甸产业协同发展专题对接会在石举行》，《唐山劳动日报》2015年11月23日。

三是长江经济带西部地区独特的资源优势得到了有效发挥。四川省通过实施制造业信息化示范工程和星火富民科技工程，形成了成德绵高新技术产业带的创新资源优势和特色农业的高技术资源优势；重庆借助非常丰富的国家军工资源，充分发挥军工企业产业溢出、技术溢出和人才溢出的效应，逐步成为全国最具影响力的军转民技术交易平台；云南依托区位优势，通过贯彻国家"一带一路"战略，加快了滇中产业新区的建设；贵州作为长江经济带实现协同创新发展的重要省份，通过产业结构调整，已打造成全国重要的能源基地、资源深加工基地、特色轻工业基地、以航空航天为重点的装备制造基地和西南重要陆路交通枢纽。

四是黄金水道建设加快推进。长江南京以下 12.5 米深水航道一期工程已建成投入使用，二期工程于 2015 年 6 月开工建设，荆江河段航道整治主体工程基本完工，京杭运河整治工程全面加快。三峡水运新通道前期研究、宜昌至安庆航道整治模型试验取得重要成果，正在开展工程预可行性研究。加快推进长江船型标准化，研究制定实施方案，建造了一批标准示范型船舶。同时，船舶港务费等 7 项行政事业性收费项目被取消，航运企业负担有所减轻。

五是税务信息共享平台正式启动。2015 年 6 月，长江经济带上中游六省市签署了《长江经济带上中游六省市关于建立长江经济带信息共享和征管协作机制的意见》。2016 年 1 月，长江经济带税务信息共享平台在泛长三角区正式启用。信息共享平台启用后，沿江各省（市）纳税服务资源得到整合，税收协作得以多层次、宽领域、跨区域、多形式开展。长江经济带税务信息共享平台作为区域税收征管协同的重要载体，税务机关将纳税人相关信息上传至信息共享平台，实现信息共享，为纳税人办理跨区域涉税事项提供了很大方便。[1]

第三节　面临的问题与挑战

在京津冀一体化、长江经济带建设等诸多国家战略深入推进的大背景下，我国区域产业转移的步伐也在逐步加快。但随着经济下行压力加大，劳动力成本持续上升，不少东部地区加大力度留住企业、吸引人才，导致中西部地区人才吸引力逐渐下降，劳动力市场收窄，抑制了部分产业向中西部转移的动力。另外，中

---

[1]　《税务总局出台服务长江经济带发展系列举措》，《中国税务报》2016年1月29日。

西部地区与产业配套的基础设施尚待进一步完善,公共服务能力有待进一步提升。在推动产业转移的政策执行方面,多采取建园区、搭平台等方式,区域特色优势及差异化发展战略不明晰,减缓了地区间产业转移的步伐。

一、区域竞争压力较大

从产业竞争来看,长江经济带产业发展自成体系,缺乏合理有效的分工协作,各地区产业结构趋同情况日渐严重。[1] 一方面,长江经济带内主导产业呈现出趋同化发展态势,缺乏经济互补性,往往几个城市都将同一个产业或同几个产业列为重点发展产业,在承接相关产业梯度转移、产业同质化、产业资源争夺等方面存在着较强的竞争关系。以汽车工业为例,长江经济带内的十堰、上海、武汉、重庆、南京、芜湖、南昌、成都等地,几乎都把汽车工业作为重点发展的产业。另一方面,产业发展特色不明显。"小而全,大而全"的产业和基础设施服务体系,使长江经济带上下游之间产业分工联系的网络体系也远未建立起来。

二、区域协同发展的联动机制还有待加强

从沿江开发看,安徽、湖北、湖南、江西等地都相继提出了一系列沿江开发战略。由于缺乏系统化的、有效的协调合作机制,这些省市的开发战略基本上以省级行政区划为范围,存在一定程度的同质化竞争,严重影响了长江经济带整体市场竞争力的提高。从发展动力看,土地、政策、劳动力等要素驱动长江经济带发展的模式受到极大挑战。现阶段,需要顺应全球新一轮科技革命和产业变革趋势,推进信息化和工业化深度融合,推动沿江产业由要素驱动向创新驱动转变;大力发展战略性新兴产业,加快改造提升传统产业,大幅提高服务业比重;上中下游要素合理流动、产业分工协作,培育形成具有国际水平的产业集群。

---

[1] 曹方、何颖:《长江经济带协同发展三大瓶颈》,《瞭望》2015年第14期。

第八章 发展服务型制造

第一节 2015年服务型制造发展的政策解析

服务型制造，是工业化进程中制造业转型发展的一种新型产业形态。发展服务型制造的过程，就是要以满足市场需求为中心，以产业链利益相关方的价值增值为目标，通过对生产组织形式、运营管理方式和商业发展模式的优化升级和协同创新，不断提升服务在制造投入和产出中的比重，推动制造业由生产型向生产服务型转变，实现产业价值链的延展和提升，实现新的价值创造，打造竞争新优势。

一、政策基本情况

在新一轮科技革命和产业变革、国际竞争日趋激烈，以及我国结构调整、发展动力转换的形势下，发展服务型制造，成为制造业创新发展的战略性选择，并成为推动制造业转型升级的必然路径。近年来，服务型制造越来越受到各级政府部门的关注和高度重视，通过制定文件、搭建平台、奖励资金等形式，多措并举，加强引导，推动我国服务型制造加快发展。

（一）国家层面出台的相关政策

国家高度重视服务型制造的发展，陆续出台了一系列措施扩大社会认知，为服务型制造发展营造良好的政策环境，推动服务型制造加快发展。从国家层面，"十二五"时期，国务院印发的《工业转型升级规划（2011—2015年）》中就明确提出，要大力发展制造业服务化，要不断提升服务型制造对工业转型升级的服务与支撑能力。2014年8月6日，国务院印发了《关于加快发展生产性服务业促进产业结构调整升级的指导意见》（国发〔2014〕26号），对于促进服务型制造的发展也作了强调，指出"引导企业进一步打破'大而全''小而全'的格局，分离和外包非核心业务，向价值链高端延伸，促进我国产业逐步由生产制造型向生产服务型转变"[1]。2015年作为"十二五"收官之年，国家发布了关于工业和通信业发展的两个重要文件，再次提出了发展服务型制造的要求。2015年5月8日，国务院印发了《中国制造2025》，这是我国实施制造强国战略第一个十年的行动纲领。《中国制造2025》对于服务型制造的发展提出了明确要求，要加快制造与服务的协同发展，推动商业模式创新和业态创新，促进生产型制造向服务型制造转变。2015年7月4日，顺应世界互联网发展趋势，加快互联网的创新成果与经济社会各领域深度融合，国务院印发了《关于积极推进"互联网+"行动的指导意见》，紧密结合当前形势，要求发展大规模个性化定制，提升网络化协同制造水平，通过物联网、大数据、云计算等新一代信息网络技术，延伸和拓展产品价值空间，实现从制造向"制造+服务"的转型升级。

（二）地方促进服务型制造发展的相关政策

随着《中国制造2025》等促进制造业由大变强纲领性文件的推出，各地纷纷出台配套政策措施加以贯彻落实。随着制造业发展向中高端的不断深入，服务型制造已成为我国众多地区加快工业转型升级的有力抓手，各地分别通过直接或间接文件发布的形式推动本地区服务型制造的快速发展。

2015年7月31日，江苏省经信委印发了《关于印发推进服务型制造发展工作意见的通知》(苏经信运行〔2015〕497号)，明确了发展服务型制造的总体思路，指出将顺应现代制造业发展趋势，按照市场化、专业化、社会化发展方向，以服务型制造示范企业与重点项目的培育和推广为抓手，以强化公共服务平台为支撑，加强行业分类指导，推动全省制造企业从主要提供产品向提供产品和服务转变。[2]通过重点发展总集成总承包、个性化定制、在线支持服务、全生命周期管理、专业化社会化服务、融资租赁服务等六大领域全方位发展该省服务型制造。力争通过三年的努力，全省规模以上工业企业初步形成与服务化相适应的生产组织模式与制造服务体系，通过打造多种形式的公共服务平台，全省形成50个服务型制造集聚基地、300个服务型制造示范企业和一批带动性强的重点项目。

四川省在服务型制造示范企业培育方面做了大量工作。2015年10月12日，

---

[1] http://www.gov.cn/zhengce/content/2014-08/06/content_8955.htm.
[2] http://www.jseic.gov.cn/xwzx/gwgg/gwfb/201507/W020150731572978232935.pdf.

为实现加快制造与服务的协同发展，推动商业模式创新和业态创新，促进生产型制造向服务型制造转变，四川省经信委发布了《关于组织开展四川省服务型制造示范企业申报的通知》，将重点申报方向锁定在总集成总承包、售后维修服务、设备租赁、个性化定制等四个方面。在激励机制方面，该通知指出，经评审认定的四川省服务型制造示范企业及其制造业服务化项目，将纳入省级财政产业资金项目库，择优扶持。[1]

广东省通过贯彻落实《中国制造 2025》有关工作，将发展服务型制造引向深入。2015 年 9 月 12 日，广东省人民政府印发了《关于贯彻落实〈中国制造 2025〉的实施意见》，在《意见》中，积极发展服务型制造和生产性服务业是一项重要任务。《意见》提出推动制造业服务化，鼓励制造企业发展集成服务，支持有条件的企业由提供设备向提供系统集成总承包服务、由提供产品向提供整体解决方案转变。到 2017 年，培育 30 个省级生产性服务业功能区、10 家国家级工业设计中心，社会物流总费用占 GDP 比重下降到 14.5% 左右，电子商务交易额突破 5.6 万亿元；到 2020 年，社会物流总费用占 GDP 比重下降到 14% 左右，电子商务交易额超过 8 万亿元，制造业服务化新业态新模式不断涌现，生产性服务业增加值占服务业比重达到国内领先水平；到 2025 年，社会物流总费用占 GDP 比重达到国际先进水平，供应链专业化应用水平达到世界领先行列，规模以上企业基本实现电子商务应用。[2]

东莞市以服务型制造示范工程加快推动服务型制造发展。2015 年 4 月 14 日，东莞市政府印发了《关于实施创新驱动发展战略 开展智能制造和服务型制造示范工程 加快推动工业转型升级的意见》（东府〔2015〕30 号）。《意见》强调，本市推进工业转型升级攻坚要结合"东莞制造 2025"战略目标要求，以实施 3C 产业智能制造示范工程和服务型制造示范工程为抓手，加快推动制造业高端化、智能化和绿色低碳循环发展，打造东莞制造升级版。[3]《意见》中明确了东莞市推进服务型制造示范工程实施方案，提出用 3 年时间，以具备产业共性的示范性项目为"点"构成全"线"发展服务型制造的产业，以在某一区域聚集的产业为"线"带动全"面"发展服务型制造的示范镇，通过推动制造业服务化和服务业制造化，推进"互联网＋东莞制造"，以点构线、以线带面，实施"6 个 3"服务型制造示

[1] http://www.guang-an.gov.cn/logs/Articles/39142181/2015/10/28/20151028103723-194802.pdf.
[2] http://zwgk.gd.gov.cn/006939748/201509/t20150924_621279.html.
[3] http://zwgk.gd.gov.cn/007330010/201504/t20150418_576828.html.

范工程。

二、重点政策分析

（一）《中国制造2025》全力推动服务型制造发展

2015年5月8日，国务院印发了《中国制造2025》（国发〔2015〕28号，以下简称28号文），这是新时期我国实施制造强国战略第一个十年的行动纲领。28号文准确把握国际国内复杂形势，适时提出"三步走"的分阶段性战略目标，对于实现我国制造业由大变强具有重要意义。

28号文部署了提高国家制造业创新能力、推进信息化与工业化深度融合、强化工业基础能力、加强质量品牌建设、全面推行绿色制造、大力推动重点领域突破发展、深入推进制造业结构调整、积极发展服务型制造和生产性服务业、提高制造业国际化发展水平等九大战略任务。服务型制造作为第七大战略任务的重要内容加以明确。围绕贯彻落实28号文，应切实加强顶层设计、强化战略引领，明确发展服务型制造的战略思路和目标导向，推动服务型制造加快发展。

在制定规范方面，28号文明确提出要研究制定促进服务型制造发展的指导意见，作为贯彻落实28号文"1+X"的重要组成部分，工业和信息化部编制了《发展服务型制造三年行动计划（2016—2018）》。加快制造与服务协同发展，促进生产型制造向服务型制造转变。28号文指出，开展试点示范，引导和支持制造业企业延伸服务链条，从主要提供产品制造向提供产品和服务转变。服务型制造作为制造与服务协同发展的新型产业形态，发展模式也呈现出多元化特点，28号文重点强调了发展个性化定制服务、全生命周期管理、网络精准营销和在线支持服务等。支持有条件的企业由提供设备向提供系统集成总承包服务转变，由提供产品向提供整体解决方案转变。优势制造业企业"裂变"专业优势，面向行业提供社会化、专业化服务方面，表现较为突出的是服务于制造业的运输服务。目前，我国制造业的运输服务还基本处于粗放阶段，具体表现为采购、包装、运输等环节的分割独立运行和制造企业的封闭式运营，以及运输环节的低技术水平和非标准化操作，等等。现代制造业需要现代化的运输服务，应实现先进的供应链管理，建立企业联盟或生产协作行业组织，集中、协同、统一制造运输服务，保障制造产品的及时供应，提高运输效率和降低运输成本，提供更高水平的运输服务。在制造业配套金融服务方面，28号文提出支持符合条件的制造业企业建立企业财务公司、金融租赁公司等金融机构，推广大型制造设备、生产线等融资租赁服务，对需要装备的制造企业，尤其对资金实力欠缺的中小微制造企业非常有利，可有效节约固定成本和便于进行设备更新和技术改造。

（二）《国务院关于积极推进"互联网＋"行动的指导意见》推动"互联网＋"协同制造

为加快推动互联网与各领域深入融合和创新发展，充分发挥"互联网＋"对稳增长、促改革、调结构、惠民生、防风险的重要作用，2015年7月1日，国务院印发了《关于积极推进"互联网＋"行动的指导意见》（国发〔2015〕40号，以下简称40号文）。服务型制造在不同历史时期的发展具有不同的产业形态，在新一代信息技术和产业变革形成历史交汇的新时期，服务型制造应赋予信息技术时代新的内涵，目前，我国在互联网技术、产业、应用以及跨界融合等方面取得了积极进展，为"互联网＋"协同制造奠定了良好基础。服务型制造可借此机会抢得发展先机。40号文中明确提出，推动互联网与制造业融合，提升制造业数字化、网络化、智能化水平，加强产业链协作，发展基于互联网的协同制造新模式。在重点领域推进智能制造、大规模个性化定制、网络化协同制造和服务型制造，打造一批网络化协同制造公共服务平台，加快形成制造业网络化产业生态体系。

40号文着重强调了要加速制造业服务化转型，而且强调在服务化转型过程中注重新一代信息技术的运用。文件指出，鼓励制造企业利用物联网、云计算、大数据等技术，整合产品全生命周期数据，形成面向生产组织全过程的决策服务信息，为产品优化升级提供数据支撑。在故障预警、远程维护、质量诊断、远程过程优化等在线增值服务中充分发挥互联网的优势，鼓励企业基于互联网开展服务，拓展产品价值空间，实现从制造向"制造＋服务"的转型升级。

第二节　2015年服务型制造发展的基本情况

在新一轮产业结构调整过程中，我国制造业企业积极适应新形势和新环境，不断推动战略转型和实践探索，走出一条符合我国国情的服务型制造发展道路。

一、服务型制造领域正在不断拓宽

随着制造业发展逐步迈向高端以及制造业与服务业的进一步融合，我国服务型制造正经历快速发展，涉及范围和领域也正在不断扩宽。2015年，中国工业经济联合会开展的服务型制造调研显示，质量检验和检测服务、售后现场服务、产品使用培训、个性化或定制化产品设计与制造、研发设计、产品日常状态监控巡检与养护、技术软件系统和服务嵌入制造、物流与供应链管理等领域正成为制造企业发展服务型制造较为活跃的领域。根据调查统计数据显示，40%以上的企业独立开展了上述服务业务，60%以上的企业与其他机构合作开展了上述服务业务。另外，融资租赁与消费信贷保险与产品、合同能源管理、总集成与总承包、电商建设与服务、智能制造、衍生或创造新的服务产品、产品回收处理与再制造等服务活动也有进一步发展和提升的空间。

二、领军企业开展服务型制造步伐加快

为适应新的经济环境和行业发展趋势，一些行业内龙头或骨干企业以及知识密集型企业已成为服务型制造的先行者，华为、中兴、陕鼓、海尔、海信、创维、亨通、广州无线电、法尔胜等一些国内外知名企业，已经开始重点发展基于客户需求的整体解决方案以及独立的服务业务单元，并积极运用资本杠杆实施业务多元化战略。例如广州无线电集团持续进行转型升级，已由一家传统的制造企业发展成为一家高科技制造业和现代服务业并重发展的多元化大型企业集团，培育和发展了金融外包、计量检测、大物业服务三大服务业平台，实现了从传统制造业向先进制造业升级，从单一制造业向高端制造业现代服务业并举转型发展。

三、服务型制造区域发展仍存差异

经济发达地区企业开展服务型制造主动性强，地区活跃度较高。比如长三角、珠三角等区域，经济基础较好，市场意识强，国际接轨度高，集群化程度和集聚化程度高，地方政府和行业协会积极发挥引导作用。为了应对压力、持续发展，许多企业主动开展服务型制造的相关工作。在投入占比大体相当的前提下，东部企业在服务型制造方面的利润与收益情况更为突出，能够体现投入少、利润高的特征。

四、企业对服务型制造的认识不断深化

随着制造企业转型升级的步伐不断加快，企业对于服务型制造在提升产业价值链方面所发挥的重要作用的认识也在不断深化。不少企业认为，实施服务型制

造的作用在于增强制造企业的创新意识，帮助企业向价值链高端转移，避免企业同质化竞争，抵御外部经济环境风险，降低能源消耗与污染等。这些战略性的认识将对于企业长期和系统性地朝着服务型制造转型具有重要意义。

第三节　面临的问题与挑战

服务型制造近年来在我国虽然取得了较快的发展，但在发展过程中仍有一些问题和挑战亟待解决。

一、内涵界定有待深化

服务型制造是制造业向高端发展而衍生出的一种新型产业形态，目前理论界和企业界对发展服务型制造的内涵界定以及现实意义还未形成统一的认知，对服务型制造的发展方向和路径选择认识存在一定差异，部分企业将服务型制造简单地等同于生产性服务业而开展业务，在一定程度上影响了社会各界对推动向服务化制造业转型的积极性和主动性。服务型制造的发展需要在探索中砥砺前行，不能一蹴而就。

二、企业能力有待提高

一是我国服务型制造发展尚处于初期阶段，制造企业生产思维大多停留在传统生产模式，重规模轻质量、重速度轻效益、重批量生产轻个性化定制、重制造轻服务等现象仍然较为普遍。二是发展服务业务的转型动能不足，企业普遍感觉缺乏开展服务业务所需要的技术、资本与人才储备等生产要素，面对市场不确定性时难以作出明确抉择。

三、地区发展水平不均

在不同领域、不同地域和不同规模的企业中，服务型制造的开展方式和应用深度差距较大。一些行业领军企业和特色优势企业已将研发设计和整体解决方案等作为重要业务，但大部分企业仍处于基本服务阶段，并未开展深度服务。经济发达地区企业开展服务型制造的主动性强，相较东部地区而言，中西部地区虽持续发力，不断推动服务型制造加快发展，但受地区生产力发展水平的限制，服务型制造在发展水平和发展层次上仍然低于东部地区。

四、公共服务支撑不足

目前关于服务型制造尚未形成有效的技术支撑和政策支撑体系，社会配套的公共服务还不能满足服务型制造的发展需要，促进服务型制造发展的公共服务平台较为缺乏，部分表现优异的企业还未充分发挥示范引领作用。在支持企业对接市场需求、提升技术能力和改善资金条件等方面，需要更加到位、更加优质的公共服务。

五、人才培养体系有待完善

适应服务型制造的创新人才培养体制机制尚不完善。很多企业都认为专业人才匮乏是目前制约服务型制造发展的主要因素。如果不能加快复合型高端人才的培养和引进，以及中低端技术和应用型人才的大力培养，人才问题将长期制约我国服务型制造发展。

产　业　篇

第九章　钢铁产业结构调整

钢铁产业是国民经济的基础产业，在推进工业化、城镇化进程中发挥着重要作用，对经济发展具有重要支撑作用。钢铁产业是结构调整、转型升级的重点领域。2015年以来，世界经济复苏缓慢，我国经济增速放缓，钢铁产业面临着严峻的考验，发展困难重重，其结构调整缓慢推进。

第一节　2015年钢铁产业结构调整的主要政策

2015年，对于钢铁产业来说，是非常艰难的一年，产能过剩严重，企业大面积亏损，行业发展举步维艰。但与此同时，我国提出推进供给侧结构性改革，国务院、工业和信息化部等部门出台相关政策为钢铁产业摆脱困境提供了重要历史机遇。

一、政策基本情况

2015年以来，国务院、国家发展改革委、工业和信息化部、财政部等部委及各地方政府围绕抑制过剩产能、降低能源消耗等方面，陆续出台多项政策来规范和引领钢铁产业发展（见表9-1）。如：工业和信息化部发布了《2015年工业绿色发展专项行动实施方案》（工信部节〔2015〕61号）、《关于推荐2015—2016年工业节能与绿色发展重点项目的通知》（工信厅联节函〔2015〕584号）、《原材料工业两化深度融合推进计划（2015—2018年）》（工信部原〔2015〕25号）、《钢铁行业规范条件》（工信部公告2015年35号）等；国务院发布了《国务院关于推进国际产能和装备制造合作的指导意见》（国发〔2015〕30号）。

表 9-1 2015 年国家层面钢铁产业主要政策

序号	发布时间	发布单位	政策名称
1	2015年1月	工业和信息化部	《关于印发钢铁、石油和化工、建材、有色金属、轻工行业企业能源管理中心建设实施方案的通知》（工信部节〔2015〕13号）
2	2015年1月	商务部、国家发展改革委、国土资源部住房、城乡建设部、供销合作总社	《再生资源回收体系建设中长期规划（2015—2020年）》（商流通发〔2015〕21号）
3	2015年1月	工业和信息化部	《原材料工业两化深度融合推进计划（2015—2018年）》（工信部原〔2015〕25号）
4	2015年3月	工业和信息化部	《2015年工业绿色发展专项行动实施方案》（工信部节〔2015〕61号）
5	2015年3月	工业和信息化部	《钢铁产业调整政策（2015年修订）（征求意见稿）》
6	2015年4月	工业和信息化部	《工业和信息化部关于印发部分产能严重过剩行业产能置换实施办法的通知》（工信部产业〔2015〕127号）
7	2015年5月	国务院	《关于大力发展电子商务加快培育经济新动力的意见》（国发〔2015〕24号）
8	2015年5月	国务院	《国务院关于推进国际产能和装备制造合作的指导意见》（国发〔2015〕30号）
9	2015年5月	工业和信息化部	《钢铁行业规范企业管理办法》（工信部公告2015年35号）
10	2015年5月	工业和信息化部	《钢铁行业规范条件》（工信部公告2015年35号）
11	2015年6月	财政部、国家税务总局	《关于印发〈资源综合利用产品和劳务增值税优惠目录〉的通知》（财税〔2015〕78号）
12	2015年8月	中共中央、国务院	《中共中央国务院关于深化国有企业改革的指导意见》
13	2015年8月	国务院	《关于推进国内贸易流通现代化建设法治化营商环境的意见》（国发〔2015〕49号）
14	2015年9月	工业和信息化部、国家开发银行	《关于推荐2015—2016年工业节能与绿色发展重点项目的通知》（工信厅联节函〔2015〕584号）

资料来源：赛迪智库整理，2016年2月。

地方政府为促进钢铁产业健康发展也纷纷出台相关政策（见表9-2）。

河北省发布的《关于印发河北省钢铁产业结构调整和化解过剩产能攻坚行动计划（2015—2017年）的通知》（冀政字〔2015〕60号）提出，2015年安排压减炼铁产能、炼钢产能各500万吨；2016年安排压减炼铁产能1000万吨、炼钢产能800万吨；2017年安排压减炼铁产能1666万吨、炼钢产能1224万吨，全面完成分别压减6000万吨钢铁产能的目标任务。《河北省新增限制和淘汰类产业目录（2015年版）的通知》提出，禁止新建和扩建单纯新增产能的项目（等量置换除外），淘汰40吨以下转炉。

湖北发布的《政府核准的投资项目目录》（鄂政发〔2015〕20号）提出，对于钢铁、电解铝、水泥、平板玻璃、船舶等产能严重过剩行业的项目，要严格执行《国务院关于化解产能严重过剩矛盾的指导意见》（国发〔2013〕41号）和《省人民政府关于化解产能过剩矛盾的实施意见》（鄂政发〔2014〕20号），各地、各部门不得以其他任何名义、任何方式备案新增产能项目，各相关部门和机构不得办理土地供应、能评、环评审批和新增授信支持等相关业务，并合力推进化解产能严重过剩矛盾各项工作。

表9-2 2015年地方出台的钢铁产业主要政策

序号	颁布时间	颁布部门	政策名称
1	2015年3月	河北省人民政府办公厅	《关于印发河北省新增限制和淘汰类产业目录（2015年版）的通知》（冀政办发〔2015〕7号）
2	2015年11月	河北省人民政府	《关于印发河北省钢铁产业结构调整和化解过剩产能攻坚行动计划（2015—2017年）的通知》（冀政字〔2015〕60号）
3	2015年4月	湖北省人民政府	《政府核准的投资项目目录》（鄂政发〔2015〕20号）
4	2015年7月	山西省经信委	《钢铁产业三年推进计划（2015—2017年）》
5	2015年11月	山西省人民政府办公厅	《关于加强节能标准化工作的实施意见》（晋政办发〔2015〕109号）

资料来源：赛迪智库整理，2016年。

山西发布《钢铁产业三年推进计划（2015—2017年）》，目标是到2017年，全省钢铁产能严格控制在现有水平，逐渐规范在建产能，继续淘汰落后产能。推进重点主要有：加快兼并重组，优化产业布局，延伸产业链条、优化产品结构，推进节能减排，实现绿色发展；化解产能过剩，建立长效机制；实施创新驱动，强化技术支撑。《关于加强节能标准化工作的实施意见》提出，强化用能单位实施强制性节能标准的主体责任，将强制性节能标准实施情况纳入各地人民政府节能目标责任考核。在煤炭、电力、钢铁、有色、化工、焦化、建材等重点耗能行业开展能效对标达标活动，发挥节能标准对用能单位、重点用能设备和系统能效提升的规范和引导作用。对钢铁、电解铝、水泥等产能过剩行业的生产企业实施准入公告。

二、重点政策解析

（一）积极化解过剩产能，淘汰落后产能

2013 年 10 月，国务院确定钢铁为五大过剩产能行业之一，国家从行政审批、工业用地、信贷等方面加以抑制。目前，钢铁产业产能过剩矛盾并未得到有效化解。《工业和信息化部关于印发部分产能严重过剩行业产能置换实施办法的通知》（工信部产业〔2015〕127 号），严禁钢铁、水泥、电解铝、平板玻璃行业新增产能，这些产能严重过剩行业项目建设，需实施等量或减量置换，在京津冀、长三角、珠三角等环境敏感区域，实施减量置换。新（改、扩）建项目产能置换指标，须为 2013 年及以后列入工业和信息化部公告或省级人民政府完成任务公告的企业淘汰产能（不含各地列入明确压减范围的钢铁产能）。已超过国家明令淘汰期限的落后产能，不得用于产能置换。2015 版的钢铁产业调整政策的征求意见稿提出了建立企业退出机制，"依法依规淘汰落后产能，完善钢铁企业落后产能退出机制，有效化解钢铁产能过剩矛盾"。

（二）降低能耗，促进钢铁产业绿色发展

钢铁产业能耗高，污染重。一直以来，钢铁产业的政策注重降低能源消耗。《2015 年工业绿色发展专项行动实施方案》（工信部节〔2015〕61 号）提出，推进企业能源管理中心建设，完成钢铁、建材、石化等 200 家企业能源管理中心项目验收工作，新启动 100 家项目建设；该方案提出的重点工作之一就是，指导和督促地方按照《大气污染防治重点工业行业清洁生产技术推行方案》和地方编制的实施计划，加快钢铁、建材、石化、化工、有色金属冶炼等重点行业实施清洁生产技术改造，大幅削减工业烟（粉）尘、二氧化硫、氮氧化物和挥发性有机物。《关于印发钢铁、石油和化工、建材、有色金属、轻工行业企业能管理中心源建设实施方案的通知》（工信部节〔2015〕13 号）提出，在 2020 年前，建设和改造

完善钢铁企业能源管理中心 100 个左右，实现在年生产规模 200 万吨及以上的大中型钢铁企业基本普及能源管理中心。2015 年实施了新《环境保护法》，被称为"史上最严环保法"，在惩罚力度、监管手段等方面加大了力度，如，对超标排放等环境违法行为将处以"按日计罚、上不封顶""治安拘留、刑事责任"等处罚。

（三）推进两化融合，提高信息技术应用水平

当前，新一代信息技术迅猛发展。为进一步提高钢铁产业的两化融合水平，《原材料工业两化深度融合推进计划（2015—2018 年）》（工信部原〔2015〕25 号）提出，制定完善钢铁、石化、有色、稀土、建材等分行业的企业两化融合水平测评指标体系和等级评定办法，开展年度测评工作；重点推广基于钢铁冶炼、轧制及深加工的计算机辅助设计制造、设备集成与模拟优化、设备故障在线诊断与预测维护、能源管理的钢铁生产全流程信息化改造方案。

（四）规范行业管理，促进企业规范发展

为强化钢铁产业管理，创造公平、有序的市场环境，《钢铁行业规范条件（2015 年修订）》对钢铁企业的环保节能约束以及新建、改造提出了要求，强化了对钢铁企业的事中事后监管。并提出符合规范条件的企业作为相关政策支持的基础性依据，不符合规范条件的企业应按照规范条件要求进行整改。经整改仍不能达到规范条件要求的企业，各地要综合运用法律法规、经济和市场手段，推动其退出或转型发展。

（五）鼓励企业"走出去"，推动国际产能合作

2015 年 5 月 13 日，国务院发布了《国务院关于推进国际产能和装备制造合作的指导意见》（国发〔2015〕30 号），明确到 2020 年推进国际产能和装备制造合作的主要目标，明确将钢铁、有色、建材、铁路、电力、化工、轻纺、汽车、通信、工程机械、航空航天、船舶和海洋工程等作为重点行业。推进"一带一路"建设是我国实施的重大战略之一，国际产能合作是"一带一路"建设的重点内容，也是促进我国经济发展和促进产业结构迈向中高端水平的重大举措。钢铁产业不仅是我国的传统产业，也可为"一带一路"战略中的基础设施建设提供原材料保障，是推动国际产能合作的重点产业。

第二节 2015年钢铁产业结构调整的主要情况

在国家和地方政府相关政策的指引下，我国积极推进钢铁产业的结构调整，钢铁产业结构调整取得了一定的进展。

一、粗钢产量出现下降，钢铁价格继续下跌

2015年，全国粗钢产量8.04亿吨，相较于上一年下降了2.3%，这是近30年来首次出现下降。而钢材（含重复材）产量11.2亿吨，同比增长0.6%，增幅下降3.9个百分点。我国粗钢产量占全球比重为49.54%。

我国钢材价格在连续下降了4年之后，2015年继续下降。钢材综合价格指数由年初的81.91点下跌到56.37点，下降25.54点，降幅31.1%。从品种上看，板材下降幅度大于长材，其中板材价格指数由84.09点降至56.8点，降幅32.4%，长材价格指数由81.4点降至56.9点，降幅30.1。[1]

二、钢铁电商发展迅速，钢铁企业借助"互联网+"转型

国家积极推动电子商务的发展以及"互联网+"战略，促进了钢铁电商的快速发展。在钢铁产业不景气的背景下，越来越多的钢铁企业纷纷加入钢铁电商行列以寻求转型。而且，2015年，国务院印发《关于大力发展电子商务加快培育经济新动力的意见》，在钢铁产业持续低迷的环境下，为钢铁电商的发展注入了新生机。钢铁企业借力于信息技术和传统产业的"生态融合"，打造"互联网+传统钢铁产业=互联网钢铁业"，促进钢铁企业由制造商向服务商转变。宝钢、武钢等钢铁生产企业都建立了企业级电子商务平台，宝钢以"互联网+钢铁"为重点，建立欧冶云商系列电商平台，包括上海钢铁交易中心、上海第四方钢铁物流服务平台、钢铁互联网金融服务平台、钢铁材料技术服务平台等4个子平台。

三、固定资产投资持续下降，淘汰落后产能成效显著

钢铁产业固定资产投资持续下降。2015年，钢铁产业完成固定资产投资

---

[1] 中国钢铁工业协会。

4523.89 亿元，同比减少 726.2 亿元，下降 13.8%；其中炼铁投资同比增长 6.0%，炼钢投资同比下降 1.3%，矿山投资同比下降 19.2%，钢加工投资下降 16.1%。[1] 对环保、能耗、安全生产等不达标的钢铁产能依法关停，拆除动力装置。2015 年，计划淘汰炼钢 1700 万吨。对于我国钢铁产业的装备规模和工艺技术，已经淘汰了大部分落后产能，仅剩下一小部分，截至 2014 年底，钢铁 400 立方以下炼铁高炉产能比重仅占 1%，30 吨及以下炼钢转炉产能比重为 0.6%。

四、节能技术继续深入推广，节能减排效果显著

2015 年，钢铁产业进一步加强了节能减排技术的应用和推广，加大环保资金、人才、技术研发等方面的投入，全面推行烧结脱硫、能源管控等节能减排技术，在能耗、水耗、主要污染排放等方面不断缩小与国际领先水平的差距，涌现出一批节能环保先进企业，河钢、太钢、宝钢等企业成为行业绿色发展的典范，包钢等成为首批工业生态设计示范企业。中国钢铁工业协会数据显示，与 2014 年相比，钢协会员生产企业总能耗比下降 6.0%，吨钢综合能耗下降 2.1%，吨钢可比能耗下降 0.4%，吨钢耗电比 2014 年增长 0.8%。主要污染物排放下降，钢协会员生产企业外排废水中化学需氧量、氨氮、挥发酚、总氰化物、悬浮物和石油类等六项主要污染物排放量及外排废气中二氧化硫、烟粉尘等主要污染物排放量下降。[2] 企业环保工业从单纯的环境治理，转变为全流程节能环保集成优化和能源高效利用强体下的清洁生产绿色制造。

第三节　面临的问题与挑战

钢铁产业面临的市场环境发生了巨大变化，由增量市场转变为减量市场，加剧了钢铁产业的产能矛盾，虽然一些企业已经减产、停产，在企业退出机制尚未建立的情况下，企业无法彻底退出，产量下降的同时，需求也在下降，产能过剩矛盾依然非常突出。同时，钢铁产业的区域性布局问题业较为突出，市场竞争环境有待进一步完善。

---

[1] 工业和信息化部。
[2] 中国钢铁工业协会：《会员钢铁企业节能减排统计月度简析》。

一、产能过剩矛盾更加突出，钢铁企业陷入全面亏损

近年来，产能过剩矛盾一直困扰着钢铁产业。2015年，钢铁产业的产能利用率不足70%，远低于合理水平；钢铁产业的产能过剩位居五大产能过剩行业之首，产能过剩矛盾日益突出。钢铁产业既有绝对性过剩，也有结构性过剩。受产能过剩影响，我国钢铁企业普遍亏损。2015年，中国钢铁工业协会的会员钢铁企业实现销售收入2.9万亿元，同比下降19.1%；实现利润总额为亏损645.3亿元，而上年同期为盈利225.9亿元，亏损面达50.5%，亏损企业产量占会员企业钢产量的46.9%。[1] 再如，八一钢铁全年亏损20多亿元，韶钢松山前三季度亏损约为17亿元。

二、"僵尸企业"退出机制不健全

许多钢铁企业已经处于停产或半停产状态，甚至濒临破产倒闭，主要依靠政府补贴、银行贷款等不断"输血"得以维系。这些"僵尸企业"占用大量土地、资本等资源，造成大量沉没成本，加剧产能过剩。中钢协的数据显示，2015年，其统计的重点大中型企业平均负债率超过70%。部分企业已资不抵债，处于停产半停产状态。但由于许多钢铁企业涉及的资产多、人员多，企业资产处置、债务处理困难，只能依靠银行贷款维持生产，最终沦为"僵尸企业"，造成大量的沉没成本。2015年底，唐山钢协对32家会员企业进行的一次调研显示，松钢的资产负债率为165.3%，安泰资产的负债率达到168.5%。许多亏损严重的企业想退出，无奈企业退出的机制未建立，通道未打通，加之部分地方"僵尸企业"退出将对当地的经济发展和社会稳定产生较大影响，"僵尸企业"退出面临重重阻碍。

三、区域产业布局存在缺陷

我国钢铁产能分布较为集中，华北和东北地区是产钢的主要地区，产量占较大份额，约占全国产量的60%。而西南和西北地区的钢铁产量相对较少。从各省份来看，河北省、江苏省、辽宁省、山东省、山西省等属于产钢大省。华北和东北地区的钢铁需求量较少，供大于求，而东南地区的钢材的需求量大，但缺乏大型钢厂，属于钢材净流入地区。所以，我国钢材市场北材南运的问题较为突出。我国制造业成本不断上升，如物流成本、环保成本、人工成本等不断提高，城市

---

[1] 资料来源：中国钢铁工业协会。

钢厂压力巨大，面临搬迁等巨大难题。

四、产业集中度低，兼并重组进展缓慢

2015年，粗钢产量排名前10家企业产量仅合计占全国粗钢产量的34.2%，比2010年下降了14.4个百分点。从2011年起，宝钢、武钢、鞍钢、首钢等国有大型钢铁企业的重组扩张步伐停滞，武钢与柳钢的合并以柳钢在2015年退出而告终。目前有能力实施兼并重组的企业兼并意愿不高，主要是有意愿被兼并的企业大都是在经营上遇到了困难，兼并后怕背上包袱。而对提升钢铁产业集中度没有贡献的地方中小钢铁企业在重组方面表现相对活跃，特别是没有进入工信部规范企业名单的企业希望利用重组来达到工信部规范条件的要求，或者借地方政府调整产业结构的机会进行重组。

五、国有企业改革举步维艰

据钢协统计，2015年，钢协会员钢铁企业中亏损前10名中有9家国有特大型企业，亏损额合计564亿元，占亏损总额645亿元的87%。这些国有企业盈利能力下降、亏损加剧的原因有很多，但根本上还是国企改革不到位。许多国有老企业都是行业或区域龙头企业，在地方经济发展中具有举足轻重的作用，企业的社会职能剥离不彻底、历史遗留负担过重一直没有得到根本改变。国企改革已成为实现钢铁产业脱困升级的核心问题。

第十章　有色金属产业结构调整

我国有色金属资源储量丰富，品种较为齐全。其中，钨、铋、锑、稀土等有色金属储量居世界第一位，钒、钼、铌、铍、锂、铅、镍、汞、铝、铌等金属储量规模均位居世界前列。截至目前，我国有色金属产业已基本形成涵盖采选、冶炼、加工等各个环节的生产体系，为国民经济的快速发展奠定了战略性物质基础。但与此同时，我国有色金属产业在自主创新、资源保障、质量效益、产业结构、绿色发展方面与世界强国相比依然存在一定差距。

第一节　2015年有色金属产业结构调整的主要政策

一、政策基本情况

为推动有色金属行业健康发展，"十二五"期间，我国先后出台了若干指导意见、专项规划、行业规范等政策措施。相关政策涉及市场准入条件、淘汰落后产能、节能减排、技术改造、清洁生产、循环经济、兼并重组、产业转移等多方面内容。2015年，我国的有色金属行业的产业政策主要集中在建立健全行业规范条件、产业结构调整、淘汰落后产能、资源税改革，以及两化融合、污染物排放标准等方面，先后发布《原材料工业两化深度融合推进计划》《关于实施稀土、钨、钼资源税从价计征改革的通知》《锡行业规范条件》《再生铜、铝、铅、锌工业污染物排放标准》（GB 31574—2015）等相关政策措施（见表10-1）。

表 10-1 2014—2016 年主要有色金属产业结构调整相关文件

发布时间	发布部门	文件名称
2014年4月	环境保护部	《再生铅冶炼污染防治可行技术指南》（征求意见稿）（环办函〔2014〕461号）
2014年5月	工业和信息化部	《关于下达2014年工业行业淘汰落后和过剩产能目标任务的通知》（工信部产业〔2014〕148号）
2014年5月	财政部、工业和信息化部	《国家物联网发展及稀土产业补助资金管理办法》（财企〔2014〕87号）
2014年6月	工业和信息化部	《关于清理规范稀土资源回收利用项目的通知》（工信部原函〔2014〕239号）
2014年12月	国土资源部	《关于锰等矿产资源合理开发"三率"指标要求（试行）的公告》（2014年第31号）
2014年12月	工业和信息化部	《全国工业能效指南（2014年版）》（工信厅节〔2014〕222号）
2015年01月	工业和信息化部	《原材料工业两化深度融合推进计划》（工信部原〔2015〕25号）
2015年3月	工业和信息化部	《铅锌行业规范条件（2015）》（工业和信息化部公告2015年第20号）
2015年3月	工业和信息化部	《2015年原材料工业转型发展工作要点的通知》（工信厅原函〔2015〕106号）
2015年3月	商务部	《外商投资产业指导目录（2015年修订）》（国家发展改革委、商务部令第22号）
2015年4月	海关总署	《关于调整部分产品出口关税的通知》（税委会〔2015〕3号）
2015年4月	中国人民银行、海关总署	《黄金及黄金制品进出口管理办法》（中国人民银行、海关总署联合令2015年第1号）
2015年5月	财政部	《两部门清理规范涉及稀土、钨、钼的收费基金》（财税〔2015〕53号）
2015年5月	环境保护部	《再生铜、铝、铅、锌工业污染物排放标准（GB 31574—2015）》（环境保护部公告2015年第27号）
2015年5月	财政部	《关于实施稀土、钨、钼资源税从价计征改革的通知》（财税〔2015〕52号）
2015年8月	工业和信息化部	《锡行业规范条件》（工业和信息化部公告2015年第89号）
2015年12月	工业和信息化部	《铅蓄电池行业规范条件》和《铅蓄电池行业规范公告管理办法》（工业和信息化部〔2015〕85号）
2016年1月	工业和信息化部	《钨行业规范条件》（工业和信息化部公告2016年第1号）
2016年1月	国家安全监管总局	《金属冶炼目录（2015版）》（安监总管四〔2015〕124号）
2016年2月	工业和信息化部	《关于对铁合金及电解金属锰行业准入公告企业进行监督检查的通知》（工产业函〔2016〕53号）

资料来源：赛迪智库整理，2016年2月。

制定产业发展规划与指导方针。目前，我国有色金属行业规划主要是工业和信息化部于 2011 年发布的《有色金属工业"十二五"发展规划》《铝工业"十二五"发展专项规划》《新材料产业"十二五"发展规划》《工业节能"十二五"规划》和《清洁生产"十二五"规划》。2015 年，国务院发布《中国制造 2025》，其中明确提出"加快制造业绿色改造升级。全面推进钢铁、有色、化工、建材、轻工、印染等传统制造业绿色改造，大力研发推广余热余压回收、水循环利用、重金属污染减量化、有毒有害原料替代、废渣资源化、脱硫脱硝除尘等绿色工艺技术装备，加快应用清洁高效铸造、锻压、焊接、表面处理、切削等加工工艺，实现绿色生产"。与此同时，工业和信息化部先后启动《有色金属行业"十三五"发展规划》《黄金行业"十三五"发展规划》《稀有金属"十三五"发展规划》《铝工业发展指导意见》等相关规划编制，工作重点聚焦于供给侧改革、化解过剩产能、完善行业规范管理、两化深度融合、健全稀有金属管理体制等重点任务。

健全行业标准体系，建立完善行业规范管理。一是完善行业标准体系。我国有色金属产业标准体系日臻完善，现已形成综合标准、有色金属材料国家军用标准、轻金属标准、重金属标准、稀有金属标准、粉末冶金标准、半导体材料标准、稀土金属标准等。其中，综合标准由再生金属标准、节能标准、安全生产标准、环境清洁生产标准、金属平衡管理规范等 9 项标准构成。2015 年，国家有色金属标准化技术委员会先后发布两次有色金属国家标准制（修）订项目计划，共 210 项标准。其中涉及金属及其化合物粉末、铜及铜合金管材内表面碳含量的测定、难熔金属板材和棒材、稀土锆酸盐粉末等众多门类。二是完善规范管理。2015 年，工业和信息化部先后发布《铅锌行业规范条件》《锡行业规范条件》《钨行业规范条件》《铅冶炼废气治理工程技术规范》《锂离子电池行业规范条件》《再生铜铝铅锌工业污染物排放标准》等相关技术规范。三是强化环保标准。2013—2015 年，环保部、国土资源部先后发布《铝工业污染物排放标准》（GB 25465—2010）、《铅、锌工业污染物排放标准》（GB 25466—2010）、《铜、镍、钴工业污染物排放标准》（GB 25467—2010）、《稀土工业污染物排放标准》（GB 26451—2011）、《钒工业污染物排放标准》（GB 26452—2011）、《关于铁、铜、铅、锌、稀土、钾盐和萤石等矿产资源合理开发利用"三率"最低指标要求（试行）的公告》（国土资源部公告 2014 年第 31 号）、《关于锰等矿产资源合理开发"三率"指标要求（试行）的公告》（国土资源部公告 2014 年第 31 号）等相关技术标准。

完善有色金属行业结构调整路线图。当前我国有色金属产业结构调整主要遵循以下路线，一是建立健全环境资源有偿使用制度。为逐步建立生态环境损害赔偿制度，2015 年，国务院发布《生态环境损害赔偿制度改革试点方案》，明确提出由造成生态环境损害的责任者承担赔偿责任，修复受损生态环境，以此破解"企业污染、群众受害、政府买单"的困局。作为配套政策措施，8 月，国家发改委发布《排污权出让收入管理暂行办法》，开展排污权有偿使用和交易试点。二是加快环保先进技术示范、应用和推广。2013 年，环境保护部发布《2013 年国家先进污染防治示范技术名录》和《2013 年国家鼓励发展的环境保护技术目录》，其中重点推广镀镍废水资源化技术与设备、低含铜废液减排处理技术、有色金属冶炼废水深度处理技术等重金属污染防治技术与设备应用。2014 年 11 月，国家发改委、工信部、财政部联合发布《关键材料升级换代工程实施方案》，其中，在海洋工程装备、航空航天、轨道交通、汽车等重点产业领域推动高端金属材料基础关键共性技术、核心零部件研发突破。三是优化存量结构，推动有色金属行业兼并重组。2013 年，12 部委联合发布《关于加快推进重点行业企业兼并重组的指导意见》（工信部联产业〔2013〕16 号），其中明确提出支持电解铝优势企业强强联合，推进上下游企业联合重组，鼓励"煤（水）电—铝"及"矿山—冶炼—加工—应用"一体化经营，实现规模化、集约化发展，培育 3—5 家具有较强国际竞争力的大型企业集团；稀土行业则重点支持大企业通过联合、兼并、重组等方式，大力推进资源整合，大幅度减少稀土开采和冶炼分离企业数量，提高产业集中度，基本形成以大型企业为主导的行业格局。2014 年，国务院批复组建包钢集团、厦门钨业、中铝公司、中国五矿、广东稀土和赣州稀土等六大稀土大集团，形成大集团为主导的行业发展格局，并支持有条件的有色金属企业在海外建立资源开采、冶炼和精深加工基地。四是推动有色金属企业"走出去"，2015 年，国家发改委、商务部、工业和信息化部联合发布《外商投资产业指导目录》（2015年修订稿），其中大幅缩减限制类条目，放开化合物半导体材料、高温超导材料，记忆合金材料、航空航天 / 汽车 / 摩托车轻量化及环保型新材料研发与制造、金属制品模具等有色金属材料及设备外资股比限制。预计 2016 年，我国将加快推动钢铁、有色、建材、铁路、电力等 12 个行业富余产能规模化向外转移步伐，一批境外产能合作示范基地将加快建成。

二、重点政策解析

（一）《国家物联网发展及稀土产业补助资金管理办法》（财企〔2014〕87号）

根据《管理办法》，未来财政补助将集中在稀土资源开采监管、稀土采选、冶炼环保技术改造、稀土共性关键技术与标准研发、稀土高端应用技术研发和产业化、公共技术服务平台建设等五大领域。其中，在稀土开采监管方面，重点支持监管基础设施建设项目及电子监控系统建设项目；在稀土共性关键技术与标准研发方面，重点开展绿色、高效稀土采选共性关键技术与标准研发，支持开展低能耗、低排放、高效清洁的冶炼关键技术、稀缺元素（铽、镝）减量化应用技术、高丰度元素（镧、铈、钇）应用技术研发、废旧稀土材料及应用器件中稀土二次资源高效清洁回收技术研发；在稀土高端应用技术研发和产业化方面，重点推动高性能稀土磁性材料、发光材料、储氢材料、催化材料、抛光材料、先进陶瓷材料、人工晶体材料、稀土助剂等稀土功能材料与器件技术研发和产业化，以及高稳定性、高一致性稀土材料制备技术及专用装备的研发；在公共技术服务平台建设方面，则重点支持具备条件的稀土企业建立高端稀土材料及器件研究开发中试基地，建立完善的稀土材料综合性能测试、应用技术评价及标准体系。

《管理办法》的资金补助主要采用以奖代补、无偿资助两种形式，具体措施如下：一是对已整体完成稀土开采监管系统建设的地方政府给予一次性奖励，奖励金额一般不超过项目实际投资额的20%。项目实际投资额包括基础设施建设和监管设备购置的实际投入，但不包括车辆购置费用和系统日常运行维护费用；二是对已通过国家环保核查的稀土采选、冶炼企业，根据工业和信息化部稀土企业准入公告核定的企业产能予以一次性奖励，奖励标准：矿山采选1000元/吨（按稀土氧化物REO计）、冶炼分离1500元/吨（按稀土氧化物REO计）、金属冶炼500元/吨；三是对稀土共性关键技术与标准研发及高端应用技术研发项目，采取无偿资助方式。无偿资助额度，一般不超过项目研发费用的40%。研发项目费用支出范围按照《财政部关于企业加强研发费用财务管理的若干意见》（财企〔2007〕194号）的规定执行。单个项目年度支持金额不超过1000万元；四是对稀土高端应用技术产业化项目，采取无偿资助方式。无偿资助额度，一般不超过预算年度上一年企业投资额的20%。单个项目年度支持金额不超过5000万元；五是对公共技术服务平台建设项目，采取无偿资助方式。无偿资助额度，一般不超过预算年度上一年企业投资额的 40%；六是除监管系统建设和环保改造奖励资金外，其余项目资金可分年度申请。

（二）《原材料工业两化深度融合推进计划》（工信部原〔2015〕25号）

2015年1月，工业和信息化部发布《原材料工业两化深度融合推进计划》，以原材料工业智能工厂建设与关键岗位机器人推广为工作重点，着重推动原材料工业企业向智能化、服务型企业转变，增强原材料企业生产过程控制优化、计算机模拟仿真、电子商务、商业智能等应用基本普及，以及研发设计、数据分析、质量控制、环境管理、集成应用、协同创新能力。本次发布的《推进计划》中，根据行业不同特点实施分类推进，其中涉及有色金属行业的有数字化设计工具开发应用、关键工艺流程数控化研究、智能工厂示范、数字化矿山、供应链协同管理等六项重点工程，以及制定完善有色、稀土行业的企业两化融合水平测评指标体系和等级评定办法、组建两化融合标准化工作委员会、培育电子商务和物流业、建立健全行业监管及产品追溯系统等八项重点任务。

根据《推进计划》目标，在数字化设计工具开发应用方面，至2018年，有色金属企业数字化设计工具普及率分别达到85%。重点推动基于计算流体力学（CFD）和离散单元法（DEM）技术的碎磨、选别、分离、冶炼设备的建模、选冶关键工艺设备的虚拟样机等相关领域研究。一是在关键工艺流程数控化方面，重点推广选冶工业在线智能检测分析装备、氧化铝生产过程智能优化控制、铜富氧熔炼控制、粗铅富氧强化熔炼控制、铝电解高效节能控制、湿法炼锌优化控制、高性能铜（铝）板材轧制数字化控制成型等相关技术及系统。二是选取铝、铜行业3—4家先进企业，以大数据和工业网络为基础，建立生产信息服务云架构，形成信息、知识、智能决策的数据和计算支持能力，通过物料关联与跟踪的智能物联网，实现对重要物料的标识、追溯和成分配置，开发基于先进生产工艺条件的高效节能控制技术，建立生产过程的三维可视化仿真系统，最终实现生产过程的智能操控、决策、管理和服务，建立全过程能效优化的智能化生产和管理决策体系。三是以铁矿、铜矿、金矿为代表，建设3—4个智能矿业示范工程。加快信息通信技术（ICT）与矿业的融合，将井下无轨车辆、大型采选设备与先进物联网、模式识别、预测维护、机器学习等新一代信息化技术结合，推动矿业关键工艺过程控制数字化。继续推广监测监控、井下人员定位、井下紧急避险、矿井压风自救、供水施救和通信联络等矿山安全避险六大系统。建立混合型智能生产物联网，应用数据协调、数值模拟和二维码识别等技术，搭建具备人员、设备、工艺、物料、能源等要素的自动识别、信息共享、自发协作、集约调度的网络系统，实现采选过程动态可调可控，增强企业对矿石性质变化及外部市场变化的应变能力，满足精细化生产管理的要求。针对矿山分布较为分散与偏僻的特点，建设综合物流信息系统，利用上下游供需信息的高效协同，实现经济库存。四是选择2—3家铜、铝、锌大型企业集团建设上下游协同生产和协作管理系统，应用数据协调、数值模拟和二维码识别等技术，建立自动识别、信息共享、集约调度的网络系统平台，实现有色金属全产业链各个环节中人员、设备、工艺、物料、能源、财务的协同，消除任务等待与积压、信息传递延时与失真等管理瓶颈，推动产业链上下游协同管理。

（三）《外商投资产业指导目录（2015 年修订）》（商务部、国家发改委）

与 2011 年版的《外商投资产业指导目录》相比，在保持政策连续性的同时，进一步扩大服务业和一般制造业对外开放程度，加快转变外资管理方式，推动我国外资管理模式由审批制向负面清单管理模式转变。重在鼓励外资投向产品（服务）技术含量、增值性高，或者国内自主创新能力尚显缺乏，产业培育尚需补充，市场潜力大而竞争不充分的行业。充分利用外资新技术、新工艺、新材料及新设备等优势，加快推进我国产业结构调整优化、产品和服务升级、生态环境保护。本次新修订的产业指导目录中鼓励类项目基本稳定，新增石油深加工、金属材料、特殊消防设备、信息化教辅设备、特定电站等领域 10 条。而与此对应，限制类条目大幅削减，开放领域进一步扩大，限制类条目由 79 条减少到 35 条，并明确进一步放开外资股比限制，其中"合资、合作"条目数由 2011 年版的 43 条减少到 11 条，而"中方控股"条目数也从 44 条减少到 32 条。修改类条目 12 条。本次禁止类修订项目较少，仅删除传统工艺的绿茶及特种茶加工、电池制造、脱胎漆器生产、珐琅制品生产、致癌致畸突变产品、持久性有机污染物产品等 5 条，在禁止类项目中涉及有色金属行业的共 3 条，主要为钨、钼、锡、锑、萤石、稀土、放射性矿产等特种资源的采选业。根据《外商投资产业指导目录（2015 年修订）》，涉及有色金属行业的部分主要体现在化学原料和化学制品、有色金属冶炼和压延加工业、金属制品等领域，具体情况如下：

一是在化学原料和化学制品制造业领域，放开从磷化工、铝冶炼中回收氟资源生产，废气、废液、废渣综合利用和处理、处置，有机高分子材料生产（飞机蒙皮涂料、稀土硫化铈红色染料、无铅化电子封装材料等领域）。二是有色金属冶炼和压延加工业。针对我国目前紧缺的高端有色金属材料及高新技术产品，我国采取开放态度，如放开直径200mm以上硅单晶及抛光片生产、化合物半导体材料（砷化镓、磷化镓、磷化铟、氮化镓），高温超导材料，记忆合金材料（钛镍、铜基及铁基记忆合金材料），超细（纳米）碳化钙及超细（纳米）晶硬质合金，超硬复合材料等相关产品。三是在金属制品领域，为弥补我国在航空、航天、汽车、轨道交通等领域的技术缺失以及基于环保需求，本次指导目录提出放开航空、航天、汽车、摩托车轻量化及环保型新材料研发与制造（专用铝板、铝镁合金材料、摩托车铝合金车架等），轻金属半固态快速成形材料研发与制造，用于包装各类粮油食品、果蔬、饮料、日化产品等内容物的金属包装制品（厚度0.3毫米以下）的制造及加工等。

（四）《关于实施稀土、钨、钼资源税从价计征改革的通知》（财税〔2015〕52号）

2015年5月，财政部根据国务院关于实施稀土、钨、钼资源税改革的要求发布《关于实施稀土、钨、钼资源税从价计征改革的通知》，自2015年5月1日起实施稀土、钨、钼资源税由从量定额计征改为从价定率计征。与此同时，财政部5月发布《两部门清理规范涉及稀土、钨、钼的收费基金》（财税〔2015〕53号），作为配套政策，其中明确提出自2015年5月1日起，在全国范围统一将稀土、钨、钼矿产资源补偿费费率降为零，停止征收稀土、钨、钼价格调节基金。清理涉及稀土、钨、钼有关收费基金后，相关部门履行正常工作职责所需经费，由中央和地方财政通过一般公共预算安排资金予以保障。根据通知要求，其中，轻稀土按地区执行不同的适用税率，内蒙古为11.5%、四川为9.5%、山东为7.5%。中重稀土资源税适用税率为27%，钨资源税适用税率为6.5%，钼资源税适用税率为11%。

第二节　2015年有色金属产业结构调整的主要情况

一、产业景气度持续下降

2015年，我国铜、铝、铅、锌等十种有色金属产量规模出现小幅上升，总量达到5090万吨，同比增长5.8%，增速下降1.4个百分点。其中，精炼铜、铝、锌产量分别为796万吨、3141万吨、615万吨，分别同比增长4.8%、8.4%、5.0%，增速分别下滑 6.9%、9.6%、1.9%。铅、锡、锑、镁产量分别为 386 万吨、17 万吨、20 万吨、85.2 万吨，分别同比下降 5.2%、6.3%、14.4%、0.83%。有色金属产业完成固定资产投资 7617 亿元（含黄金工业），同比下降 3.2%，近几年首次出现下降。其中，有色金属冶炼完成投资 1805 亿元，同比下降 5.8%，有色金属加工完成投资 3733 亿元，同比下降 2.1%，铝行业投资下降尤为显著，铝冶炼投资同比下降 9.9%，铝压延加工投资同比下降 9.6%。境外投资取得新突破，山东宏桥集团投资的几内亚铝土矿项目和中国五矿集团投资的秘鲁邦巴斯铜矿项目已正常生产。

受整体经济下滑影响，2015 年我国有色金属产业增速持续放缓，行业价格走势整体表现为弱势宽幅震荡格局。铜、铝、铅、锌现货年均价分别为 40941 元/吨、12159 元/吨、13097 元/吨、15474 元/吨，分别同比下降 16.8%、10.2%、5.5%、4.1%。与此同时，受新能源汽车的推广影响，电池级碳酸锂价格大幅上涨，由 4.3 万元/吨上升至 12.3 万元/吨。2015 年，规模以上有色金属采选企业实现主营业务收入、利润总额分别为 6086 亿元、450.3 亿元，分别同比下降 2.5%、19.3%，近 21.4% 的企业亏损。有色金属冶炼及压延加工业同期主营业务收入、总利润分别实现 51156.1 亿元、1348.8 亿元，分别同比增长 0.7%、−11.2%。

在有色金属对外贸易方面，国内有色金属需求疲软导致出口增加，进口增速相对趋缓，进出口额大幅下降。2015 年，我国有色金属进出口贸易总额 1307 亿美元，同比下降 26.2%。其中，进口额 861 亿美元，下降 13.9%；出口额 446 亿美元，下降 42.2%。但主要矿产品进口量仍保持较快增长，其中铜精矿 1332 万吨、铝土矿 5610 万吨、铅精矿 190 万吨、锌精矿 325 万吨，分别同比增长 12.7%、54.6%、4.9%、47.6%。

二、供给侧结构性改革背景下淘汰落后产能提速

截至 2014 年 12 月，全国有色金属行业淘汰落后产能超额完成任务，其中，电解铝实际淘汰落后产能 50 万吨、铜冶炼 76 万吨、铅冶炼 36 万吨，分别超额完成 11.4%、42.7%、209.5%。2010—2014 年间全国有色金属行业共计淘汰落后产能 987.3 万吨，其中，电解铝 206 万吨、铜冶炼 302 万吨、铅冶炼 364 万吨、锌冶炼 115 万吨。根据淘汰落后产能区域划分，电解铝淘汰落后产能区域主要集中在河南、甘肃、贵州、山东、湖北、青海等地，占整体淘汰落后产能的 77.6%。铜冶炼淘汰落后产能区域主要集中在江西、湖南、山西、云南、河北、河南六省，占比达 77.2%。铅冶炼淘汰落后产能区域主要集中在湖南、河南、湖

北三地，共计 278.7 万吨，占整体淘汰落后产能的 76.6%。锌冶炼淘汰落后产能区域主要集中在湖南、贵州、甘肃、云南四省，共计 93 万吨，占整体淘汰落后产能的 80.47%（见表 10-2—表 10-5）。

表 10-2　电解铝冶炼淘汰落后产能情况（单位：万吨）

区域	2010	2011	2012	2013	2014	总计
全国（任务）	28.72	60.00	27.00	27.30	42.00	185.02
全国（实际完成）	37.80	63.86	27.00	27.00	50.43	206.09
山西	4.20	9.81				14.01
辽宁		3.00				3.00
黑龙江		0.60				0.60
山东	3.40	5.00			6.40	14.80
河南	11.38	4.80	17.90	26.00	6.25	66.33
江西			1.00			1.00
湖北		10.70			2.00	12.70
湖南	0.60	2.00	2.00			4.60
贵州	8.00				7.70	15.70
云南		1.30	0.76			2.06
陕西	0.72	2.00			9.00	11.72
甘肃	4.50	17.00	3.20			24.70
青海	5.00	7.00				12.00
新疆		0.65	2.30			2.95

资料来源：赛迪智库产业政策研究所，Wind 数据库。

表 10-3　铜冶炼淘汰落后产能情况（单位：万吨）

区域	2010	2011	2012	2013	2014	累计
全国（任务）	11.65	29.10	70.00	66.50	51.20	228.45
全国（实际完成）	24.74	42.53	75.80	86.00	76.00	302.18
河北	3.00		10.00		3.00	16.00
山西		5.00				5.00
内蒙古			9.50	2.50	1.00	13.00
辽宁	3.00		2.50	4.00		9.50
山东	7.00		0.85	0.97	1.80	11.52
河南		9.52	8.42	3.60		21.54
江西	3.30	19.69	16.30	31.70	30.45	101.44

（续表）

区域	2010	2011	2012	2013	2014	累计
湖南		2.90	22.55	14.05	18.80	58.30
重庆		0.12				0.12
云南	7.44	3.20	5.14	6.79	0.46	23.03
甘肃	1.00	1.00	0.50	0.50		3.00
新疆		1.10		2.00	4.00	7.10

资料来源：赛迪智库产业政策研究所，Wind 数据库。

表 10-4　铅冶炼淘汰落后产能情况（单位：万吨）

区域	2010	2011	2012	2013	2014	累计
全国（任务）	24.29	58.50	115.00	87.90	11.50	297.19
全国（实际完成）	32.00	66.09	134.00	96.00	35.60	363.69
河北			2.75	2.60	4.00	9.35
山西		0.60	2.15			2.75
内蒙古		2.00			6.00	8.00
辽宁		4.20	4.50			8.70
江苏		3.50		8.00		11.50
山东	3.00			6.50		9.50
河南		17.39	41.46			58.85
安徽	2.00			0.50	10.00	12.50
江西			8.50			8.50
湖北		3.60	9.30	11.00	1.00	24.90
湖南	9.80	24.50	41.80	58.45	6.50	141.05
广东			0.80			0.80
四川		3.40				3.40
重庆		4.50	14.80			19.30
贵州	3.28				4.10	7.38
云南	7.00		0.40		1.00	8.40
陕西	2.40		5.70	2.50		10.60
甘肃	1.50	0.60				2.10
宁夏	3.00				2.00	5.00
新疆		1.80	2.00			3.80

资料来源：赛迪智库产业政策研究所，Wind 数据库。

表 10-5 锌冶炼淘汰落后产能情况（单位：万吨）

区域	2010	2011	2012	2013	累计
全国（任务）	11.30	33.70	32.00	14.30	91.30
全国（实际完成）	29.61	33.83	32.90	19.00	115.34
河北		2.30			2.30
山西	1.00	1.00			2.00
辽宁	2.00	2.00			4.00
安徽	2.00				2.00
湖南	3.00	16.75	13.16	5.80	38.71
四川			1.00	5.20	6.20
重庆			3.00	0.07	3.07
贵州	19.27			5.00	24.27
云南	0.80	8.78	4.00	0.90	14.48
陕西	1.24		0.26		1.50
甘肃	0.30	3.00	11.50	0.55	15.35

资料来源：赛迪智库产业政策研究所，Wind 数据库。

与此同时，为应对下游市场低迷，国内企业自发实施减产保价，2015 年 10 月，广晟有色、南方稀土、五矿稀土、中国铝业、北方稀土、厦门钨业等六大稀土集团实施减产，其中，北方稀土、厦门钨业、五矿稀土、广晟有色全年稀土冶炼分离产品生产量较工信部下达总量控制计划指标量减少 10% 左右，南方稀土较工信部总量控制计划减少 12%。11 月，株洲冶炼集团、中金岭南、中冶葫芦岛有色金属集团、河南豫光锌业、云南驰宏锌锗等 10 家中国锌行业骨干企业共同商定严格控制新增产能，2016 年计划减少精锌产量 50 万吨。

三、产业集约集聚发展效应逐步显现

2009 年，工业和信息化部为加快转变经济发展方式，促进信息化与工业化融合，进一步调整优化产业结构，引导产业集聚发展、集约发展，发布《创建国家新型工业化产业示范基地管理办法》（试行），有效加快了我国产业结构调整、集约集聚发展，推动了我国金属新材料领域关键技术和重大科技成果转化。2011—2015 年间，我国共进行 6 次申报评审工作，截至 2015 年 12 月底，我国有色金属产业共有 20 个国家新型工业化产业示范基地，其中，铜及铜材共有江

西鹰潭市、山东阳谷、安徽铜陵经济开发区等 3 个特色产业集群，产业覆盖铜资源采选冶炼、铜精深加工、电子材料及元器件产业全产业链。金属新材料行业有内蒙古包头稀土高新技术产业开发区、甘肃金昌市、宁夏石嘴山市、贵阳高新技术产业开发区、昆明高新技术产业开发区等 5 个。而广西百色工业园区、重庆西彭工业园区、山东龙口、河南三门峡高新技术产业开发区、内蒙古包头稀土高新技术产业开发区等工业园区则形成以铝材精深加工为特色的产业集群。

四、科技创新能力进一步提升

随着我国强化自主创新的扶持力度，2015 年，有色金属产业基础工艺与关键技术研发逐渐涌现出一大批具有自主知识产权的重大科技成果，有效加快了我国有色金属产业由中、低端制造向高端发展的进程。一是在有色金属采选加工领域，重点实现了锶铌等稀土稀有矿综合利用及其尾矿资源化技术、大规模低成本无害化处理拜耳法赤泥技术、钙化—碳化法高效利用中低品位铝土矿清洁生产氧化铝技术、浸染型钴银矿利用技术、轻稀土尾矿和排土场固体废料中稀土及稀有元素回收利用关键技术、浸染型钴银矿利用技术等国际领先技术。其中，钙化—碳化法高效利用中低品位铝土矿清洁生产氧化铝技术较现有技术可提升碱回收率 95% 以上、氧化铝回收率 50% 以上，每吨生产成本可降低 400—500 元。二是有色金属加工工艺及关键技术领域，重点突破了超大型镁合金振动台面铸造过程中的烧蚀预防 / 吨级镁合金熔体精炼和整体铸造成形技术、模块式铝合金散热器二次压合工艺、激光钕玻璃生产和技术等。三是在有色金属重点产品及设备领域，高能量密度锂离子超级电容器、新型复合材料铝复合中空板、4 英寸高纯碳化硅材料、温等静压成形成套设备、镓基液态合金、钯纳米结构催化剂、高性能铝合金汽车轮毂锻造数控液压成套装备、国瓷材纳米级复合氧化锆、高性能热电材料、高精度激光陀螺超精密光学元器件组件等，有效填补了我国相关领域的技术空白。

五、产业集中度逐步提升

随着我国淘汰落后产能以及产业对接相关政策的实施，自 2000 年以来我国有色金属产业集中度稳步提升，规模以上有色金属产业企业数量由 2010 年的 10859 家峰值下降至 2015 年的 9270 家，而同期企业主营业务收入均值由 2010 年的 2.7 亿元提升至 2015 年的 6.18 亿元，产业规模集中度提升 14.63%。其中，有色金属采选业、冶炼及压延加工业企业数量分别从 2010 年的 2546 家、8313 家下降至 2015 年的 1949 家、7321 家，产业集中度分别提升 23.4%、11.9%。中国有色金属行业协会统计结果显示，我国有色工业销售收入前 50 名企业自 2011—2014 年间整体主营业务收入占行业总营业收入的比重稳定在 40% 左右，其中，销售收入 100 亿元以上的企业 39 家，1000 亿元以上的企业 8 家，较 2013 年多出 1 家，2000 亿元以上的企业 3 家，较 2013 年多出 2 家。2015 年，我国央企改革思路进一步明确，为加快国内钢铁、有色等行业产业结构调整与产业转移，12 月，国务院国有资产监督管理委员会审查通过中国五矿与中冶集团战略重组，实现集约优势强强联合，全面提升产业链综合服务能力，为"一带一路"战略布局提供强有力的支撑（见表 10-6、表 10-7）。

表 10-6　2000—2015 我国有色金属行业产业集中度情况

| 年度 | 采选业 | 采选业 | 冶炼及压延加工业 | | 有色金属企业主营业务收入均值 | |
	主营业务收入（亿元）	企业数	主营业务收入（亿元）	企业数	采选业（亿元）	加工业（亿元）
2000	363.40	1344	2063.18	2346	0.27	0.88
2001	389.70	1381	2253.27	2730	0.28	0.83
2002	424.25	1313	2498.65	2895	0.32	0.86
2003	542.82	1247	3451.19	3243	0.44	1.06
2004	740.62	1281	5374.75	3830	0.58	1.40
2005	1070.65	1445	7713.63	4979	0.74	1.55
2006	1686.75	1688	12593.95	5571	1.00	2.26
2007	2160.30	2076	15909.37	6486	1.04	2.45
2008	2350.92	2350	18390.45	7262	1.00	2.53
2009	2340.98	2545	18434.36	8095	0.92	2.28
2010	3381.06	2546	25942.97	8313	1.33	3.12
2011	5022.74	2045	37780.27	6629	2.46	5.70
2012	5756.91	2122	40682.94	6746	2.71	6.03
2013	6158.86	2108	46536.30	7168	2.92	6.49
2014	6277.10	2037	50748.17	7236	3.08	7.01
2015	6086.10	1949	51167.10	7321	3.12	6.99

资料来源：赛迪智库产业政策研究所，Wind 数据库。

表 10-7　2015 年我国有色金属产业营业收入前 50 名企业情况

排名	排名对象	营业收入（万元）	排名	排名对象	营业收入（万元）
1	中国铝业	28000752	26	河南豫联能源集团	2326200
2	江西铜业	20812305	27	登封电厂集团	2,318263
3	金川集团	20041403	28	伊电控股集团	2230789
4	中国有色矿业集团	18765549	29	辽宁忠旺集团	2201121
5	铜陵有色金属集团	13636199	30	广西有色金属集团	2113615
6	海亮集团有限公司	13010880	31	浙江富冶集团	2011965
7	五矿有色金属	12467742	32	大亚科技集团	1569288
8	陕西有色金属控股集团	10544213	33	中条山有色金属集团	1544150
9	南山集团有限公司	8462315	34	山东金升有色集团	1515822
10	紫金矿业集团	5876053	35	重庆市博赛矿业	1386618
11	云南冶金集团	4656058	36	甘肃东兴铝业	1203800
12	白银有色集团	4626898	37	常州金源铜业	1189375
13	四川宏达集团	4092407	38	山东亨圆铜业	1030198
14	宁波金田投资控股	3923939	39	济源市万洋冶炼	1030079
15	丛林集团	3699944	40	新疆有色金属产业	829442
16	中国电力投资集团	3687415	41	吉林昊融集团	788254
17	云南锡业集团	3657769	42	镇江鼎胜铝业	670815
18	金龙铜管集团	3491083	43	洛阳栾川钼业	666238
19	阳谷祥光铜业	3257694	44	福建省南平铝业	660369
20	西部矿业集团	2978535	45	安徽鑫科新材料	589187
21	东营方圆有色	2951659	46	山东华建铝业	585462
22	东营鲁方金属材料	2821623	47	湖南辰州矿业	568062
23	河南豫光金铅集团	2764616	48	河南永登铝业	536687
24	河南神火集团有限公司	2625689	49	河南明泰铝业	472769
25	深圳市中金岭南	2460871	50	中冶葫芦岛有色	445383

资料来源：赛迪智库产业政策研究所，Wind 数据库。

　　从产业转移角度分析，"十二五"期间，我国有色金属行业逐步向能源、资源优势区域转移，产业空间布局进一步优化。其中，铅冶炼工业主要集中在云南、河南、湖南、湖北、广西、江西等西南、中部诸省，占全国比重由 2009 年的 66.77% 增至 2014 年的 85.73%。锌冶炼则向湖南、云南、陕西、内蒙古、广西、甘肃等省份转移，占全国比重由 2009 年的 82.48% 稳步提升至 2014 年的 86.83%。当前，我国铝土矿主要集中在山西、河南、广西、贵州、云南、重庆、山东等七省份，占全国总储量的 92%，与之相适应，当前我国电解铝产能主要集中在山东、河南、山西、广西、贵州等地，江西、湖南分别于 2012 年、2013 年全部退出，新疆电解铝产量增长趋势亦逐步变缓。铜行业作为资本密集型和技术密集型行业，在资金规模、矿山资源、技术装备条件、环境保护、生产管理经验等方面均具有较高的进入壁垒，行业集中度较高，目前主要以江西铜业、铜陵有色、金川集团、云南铜业、大冶有色等大型金属冶炼集团为主，主要分布在江西、甘肃、安徽、云南、湖北等地（见图 10-1—图 10-4）。

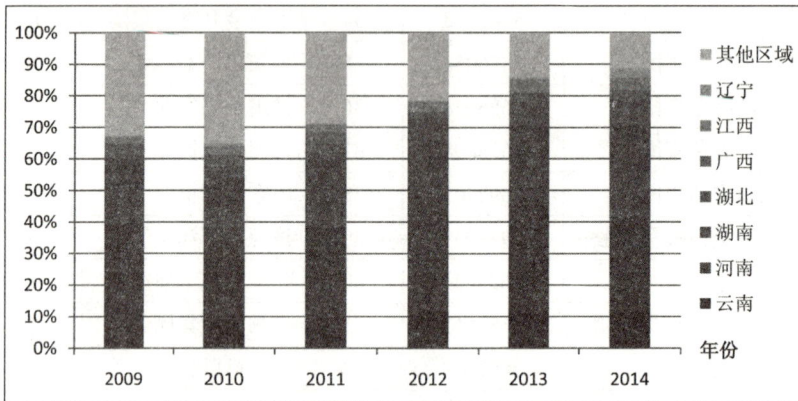

图10-1　铅冶炼区域分布变化趋势

资料来源：赛迪智库产业政策所整理，Wind 数据库。

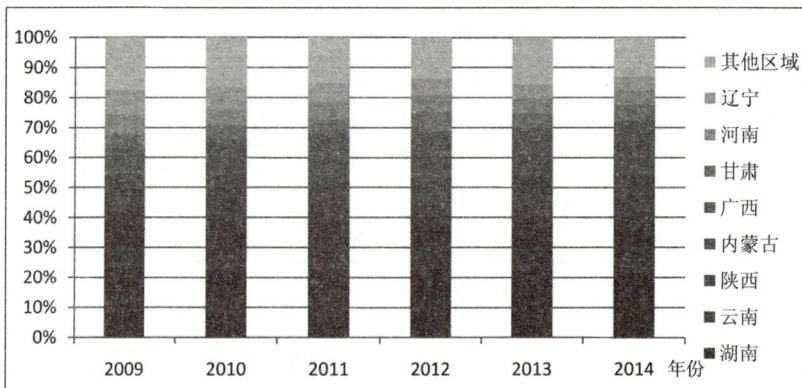

图10-2　锌冶炼区域分布变化趋势

资料来源：赛迪智库产业政策所整理，Wind 数据库。

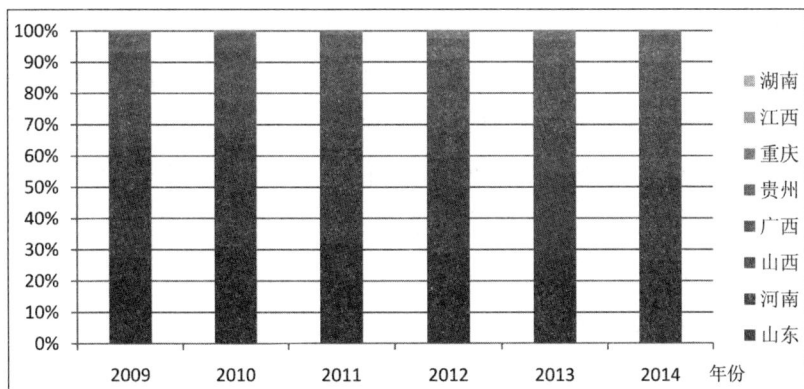

图10-3 氧化铝产区分布变化趋势

资料来源：赛迪智库产业政策所整理，Wind 数据库。

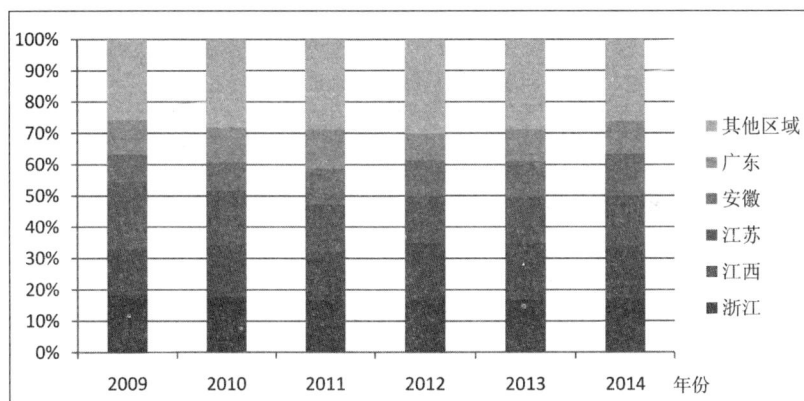

图10-4 铜材产区分布变化趋势

资料来源：赛迪智库产业政策所整理，Wind 数据库。

第三节　面临的问题与挑战

一、有色金属产业企业亏损规模进一步扩大

2015 年，我国房地产、家电、汽车等主要有色金属应用消费领域需求增速均出现不同程度下降，房屋新开工面积（万平方米）同比下降 14%，家电行业产销率同比下降 1.2%，汽车产量增速同比下降 4%。受下游需求疲软影响，我国有色金属产业出现大面积亏损，规模以上企业亏损规模及数量均较 2014 年大幅

增长，规模以上有色金属企业亏损 1949 家，占整体工业企业的 20.99%，亏损总额为 566.7 亿元，较 2014 年增长 153.9 亿元。其中，有色金属产业下游冶炼及压延加工业亏损企业 1520 家，亏损总额达到 507.80 亿元，分别占有色金属产业的 78.10%、89.61%。我国国有企业体制僵化，有色金属产业国有企业依然是亏损重灾区，2015 年，全国国有及控股企业仅实现利润 5.7 亿元，同比大幅下降 96.5%，占行业利润总额的比重仅为 0.3%，企业亏损面达 41.7%，亏损总额 373 亿元，占全行业亏损总额的 66%（见表 10-8）。[1]

其次，我国电力体制改革进程滞缓也是导致有色金属产业工业亏损的重要因素之一。目前，有色金属企业特别是电解铝、锌冶炼、海绵钛、多晶硅等高电耗企业未能享受煤炭价格下跌带来的低用电成本。环保投入加大、社保费用计提基数提高等因素，带来生产成本刚性上升。企业融资难、融资贵现象依然存在，行业财务费用同比增加 8%。

表 10-8　我国有色金属产业亏损情况（亿元）

年度	有色金属产业			采选业			冶炼及压延加工业		
	亏损企业数	亏损企业比重（%）	亏损额	亏损企业数	亏损比重	亏损额	亏损企业	亏损企业比例（%）	亏损额
2005	1123	17.48	39.4	164	11.35	3.51	959	19.26	35.87
2006	1060	14.60	31.7	174	10.31	3.35	886	15.90	28.39
2007	1376	16.07	42.6	242	11.66	5.47	1134	17.48	37.12
2008	2151	22.38	163.3	421	17.91	9.90	1730	23.82	153.40
2009	2201	20.69	179.7	504	19.80	14.44	1697	20.96	165.27
2010	1604	14.77	108.2	374	14.69	10.05	1230	14.80	98.11
2011	1013	11.68	143.1	135	6.60	6.96	878	13.24	136.12
2012	1445	16.29	323.5	223	10.51	17.01	1222	18.11	306.50
2013	1547	16.68	352.0	266	12.62	29.51	1281	17.87	322.49
2014	1596	17.21	412.6	302	14.83	33.93	1294	17.88	378.65
2015	1946	20.99	566.7	426	21.86	58.90	1520	20.76	507.80

资料来源：赛迪智库产业政策所整理，Wind 数据库。

---

[1]　资料来源：Wind数据库。

二、有色金属产业产能过剩压力依然较大

我国现有 3500 万吨电解铝产能中应淘汰的落后产能已不多，缺乏竞争力企业关停过程中涉及企业债务、银行贷款、人员安置、地方财政、对上下游产业关联影响以及历史遗留问题等，产能退出渠道不畅，电解铝产能过剩压力仍较大。同时，其他品种冶炼产能及中低档加工产能过剩也比较严重。当前，新增产能已有所控制，落后产能 2015 年底前基本淘汰完毕，但高成本产能退出难题犹存。

三、创新能力有待进一步加强

总体而言，我国有色金属产品处于国际产业链的中低端位置，产品质量、精度以及稳定性与国外同类产品相比依然存在较大差距。其中，精密电子元器件、特种合金材料、航空用高端有色金属产品等尚需进口，铜材、铝材进口均价分别为出口均价的 1.16 倍、1.85 倍。2013 年，我国有色金属行业具有研发机构的企业数量仅占总体行业企业的 11%，低于全国平均水平。由于企业技术创新研发体系还不完善，多数研发机构尚不具备自主创新能力。目前，部分冶炼和加工关键核心技术、成套设备中的关键零部件、元器件以及高新材料等还依靠进口。自主开发的新材料少，新合金开发方面大多跟踪仿制国外，关键有色金属新材料开发滞后。

四、资源瓶颈短期难以解决

我国有色金属资源相对贫乏、矿石品位较低且开采成本较高，国内有色冶炼企业自备矿山资源保障不足，矿石多需外购。以镍为例，2014 年镍原料对外依存度高达 82%，且企业境外资源开发成本、风险日益提高，项目进展缓慢。有色金属地质调查中心研究统计显示，2013—2025 年，我国镍需求量将超过 1300 万吨，但我国目前保有镍储量仅 193 万吨，不足消费量的 15%。

第十一章　建材产业结构调整

目前，建材产业存在水泥和平板玻璃行业产能严重过剩、部分企业生产装备技术水平严重落后且污染严重、水泥等部分细分领域产业集中度低等诸多问题，一直是我国产业结构调整的重点领域。近年来，围绕行业准入、淘汰落后产能、化解过剩产能、推进企业兼并重组、推广节能环保技术、发展绿色建材等重点工作，有关部门研究制定实施了一系列政策措施，有力地推动了建材产业的结构调整。

第一节　2015 年建材产业结构调整的主要政策

作为传统工业，建材产业结构调整依然任重而道远。2015 年，建材产业结构调整重点是化解严重过剩的水泥、平板玻璃产能，推动水泥、平板玻璃等行业绿色发展，指导水泥、平板玻璃、耐火材料等行业规范发展，推广应用先进、绿色建材，推动建材产业节能减排和与信息化融合发展等。围绕这些内容，国务院与国家发展改革委、工信部、财政部、住建部等部门制定实施了产能置换、行业规范、行业准入、推广应用新型建材等政策措施，加快建材产业结构调整。

一、政策基本情况

2015 年，我国建材行业领域的政策出台较少，工信部、住建部等部门先后制定发布《原材料工业两化深度融合推进计划（2015—2018 年）》《水泥行业规范条件（2015 年本）》《耐火材料行业规范公告管理办法》等 10 项事关建材产业调整政策措施，主要政策见表 11–1。根据政策内容及措施可大致分为三类，一是建材产业整体产业结构调整政策措施，如 2015 年 9 月工信部、住建部为贯彻落实《中国制造 2025》《国务院关于化解产能严重过剩矛盾的指导意见》和《绿色建筑行动方案》，联合发布的《促进绿色建材生产和应用行动方案》。二是作为建材行业结构调整的配套措施，如《绿色建材评价标识管理办法实施细则》《绿色建材评价技术导则（试行）》，以及《建材工业鼓励推广应用的技术和产品目录（2016—2017 年本）》（征求意见稿）。三是针对具体建材产业行业出台的政策，重点是规范行业发展，如《水泥行业规范条件》《耐火材料行业规范公告管理办法》《预拌混凝土绿色生产评价标识管理办法》等。

表 11-1　2015 年及 2016 年初中央政府部门推动建材产业结构调整的主要政策

发布时间	发布部门	政策名称
2015年1月	工业和信息化部	《钢铁、石油和化工、建材、有色金属、轻工行业企业能源管理中心建设实施方案》（工信部节〔2015〕13号）
2015年1月	工业和信息化部	《原材料工业两化深度融合推进计划（2015—2018年）》（工信部原〔2015〕25号）
2015年1月	工业和信息化部	《水泥行业规范条件（2015年本）》
2015年9月	住房和城乡建设部、工业和信息化部	《促进绿色建材生产和应用行动方案》
2015年9月	工业和信息化部	《耐火材料行业规范公告管理办法》
2015年10月	住房和城乡建设部、工业和信息化部	《绿色建材评价标识管理办法实施细则》《绿色建材评价技术导则（试行）》
2015年11月	工业和信息化部	《关于下达2015年重点行业淘汰落后和过剩产能目标任务的通知》（工信部产业〔2015〕129号）
2015年12月	工业和信息化部	《建材工业鼓励推广应用的技术和产品目录（2016—2017年本）》（征求意见稿）
2016年1月	国务院	《国务院关于促进加工贸易创新发展的若干意见》
2016年1月	住房和城乡建设部、工业和信息化部	《预拌混凝土绿色生产评价标识管理办法（试行）》

资料来源：赛迪智库整理，2016 年 2 月。

二、重点政策解析

2015年，我国主要从以下七方面支持建材产业结构调整。

（一）建立健全建材行业规范条件

为落实《国务院关于化解产能严重过剩矛盾的指导意见》（国发〔2013〕41号），2015年，工业和信息化部延续2014年政策路线，进一步修改完善建材行业规范和准入标准，公告符合规范条件的企业和生产线名单。1月，工信部先后发布《水泥行业规范条件（2015年本）》《平板玻璃行业规范条件（2014年本）》。在建设要求与产业布局方面，明确说明新建水泥熟料项目必须坚持等量或减量置换，统筹兼顾协同处置当地城市和产业固体废物，以及消纳利用当地适合用作混合材的固体废物。鼓励和支持现有平板玻璃企业通过异地搬迁"退城入园"，采用新工艺、新技术延伸产业链。在生产工艺与技术装备方面，生产设备须根据《产业结构调整指导目录》要求，采用工艺先进可靠、能效等级高、本质安全的生产装备。玻璃生产企业还须采用抑制氮氧化物、二氧化硫产生的生产工艺和清洁燃料，配套建设高效、可靠的脱硫、脱硝、除尘装置，严格限制掺烧高硫石油焦。在清洁生产和环境保护方面，水泥企业须建立清洁生产推行机制和主要污染物在线监控系统，有效实现固体废物按规定收集、储存和再利用。平板玻璃行业尚须建立环境管理体系，制定环境突发事件应急预案。在节能降耗和综合利用方面，统筹建设企业能源管理中心，推进能源梯级高效利用，开展节能评估与审查，建立能源管理体系。水泥、平板玻璃单位产品能耗实施单位产品能耗准入值，年耗标准煤5000吨以上的企业，定期向工业节能主管部门报送企业能源利用状况报告。

（二）实施建材产业绿色制造行动计划

建材产业属于高污染行业，降低建材产业污染物排放，推进建材产业绿色清洁发展一直是建材产业结构调整的重要方向，而绿色建材是具有"节能、减排、安全、便利和可循环"特征的建材产品。针对我国建材产业资源能源消耗高、污染物排放总量大、产能严重过剩、经济效益下滑，绿色建材发展滞后、生产占比低、应用范围小等相关问题。2015年8月，工业和信息化部、住房和城乡建设部联合发布《促进绿色建材生产和应用行动方案》（以下简称《方案》），其中明确提出我国绿色建材应用目标：到2018年，绿色建材在行业主营业务收入中占比提高到20%，与2015年相比，建材产业单位增加值能耗下降8%，氮氧化物和粉尘排放总量削减 8%；新建建筑中绿色建材应用比例达到 30%，绿色建筑应用比例达到 50%，试点示范工程应用比例达到 70%，既有建筑改造应用比例提高到 80%。

为保障绿色建材推广预定目标，《方案》提出三项基本措施：一是全面推行清洁生产。支持现有企业实施技术改造，提高绿色制造水平。作为配套措施，2015 年 12 月，工信部发布《建材工业鼓励推广应用的技术和产品目录（2016—2017 年本）》，其中废弃物预处理及水泥窑协同综合利用一体化技术、水泥生产企业能源管控及信息化技术、太阳能薄膜电池用在线透明导电膜玻璃成套装备及制备技术等 42 项先进技术，涵盖水泥、玻璃、耐火材料、陶瓷、保温材料等领域。二是强化综合利用，发展循环经济。支持利用城市周边现有水泥窑协同处置生活垃圾、污泥、危险废物等。支持利用尾矿、产业固体废弃物生产新型墙体材料、机制砂石等。以建筑垃圾处理和再利用为重点，加强再生建材生产技术和工艺研发，提高固体废弃物消纳量和产品质量。三是推进两化融合，发展智能制造。引导建材生产企业提高信息化、自动化水平，重点在水泥、建筑卫生陶瓷等行业推进智能制造并提升水平。深化电子商务应用，利用二维码、云计算等技术建立绿色建材可追溯信息系统，提高绿色建材物流信息化和供应链协同水平。开发推广工业机器人，在建筑陶瓷、玻璃、玻纤等行业开展"机器代人"试点。

（三）全面推行绿色建材评价标识

2015 年，住建部、工信部联合建立多重举措推进绿色建材评价标识行动。一是绿色建材评价标识制度。10 月，住建部、工信部联合发布《绿色建材评价标识管理办法实施细则》《绿色建材评价技术导则（试行）》两项政策措施，共同组建绿色建材评价标识日常管理机构，并成立全国绿色建材评价标识专家委员会。与此同时开展绿色建材星级评价，发布绿色建材产品目录。指导建筑业和消费者选材，促进建设全国统一、开放有序的绿色建材市场。二是建立绿色建材数据系统，建立绿色建材数据库和信息采集、共享制度。利用"互联网＋"等信息技术构建绿色建材公共服务系统，发布绿色建材评价标识、试点示范等信息，普及绿色建材知识，研究建立绿色建材第三方信息发布平台。三是扩大绿色建材的应用范围。围绕绿色建筑需求和建材产业发展方向，重点开展通用建筑材料、节能节地节水节材与建筑室内外环境保护等方面材料和产品的绿色评价工作。四是将绿色建材评价标识信息纳入政府采购、招投标、融资授信等环节的采信系统。

（四）强化重点产品科技创新

2015 年，为有效推动绿色建材推广应用，工业和信息化部强化绿色建材产业扶持力度。一是加大企业研发支持力度，鼓励支持社会资本加大对共性关键技术研发投入，支持企业开展绿色建材生产和应用技术改造。同时在需求侧对激励水泥窑协同处置、节能玻璃门窗、节水洁具、陶瓷薄砖、新型墙材等绿色建材生产和消费实施财税补贴。二是推动企业建立协同创新体系。重点依托大型企业集团、科研院所、大专院校等单位，构建完善产学研用相结合的产业发展创新体系。创建一批以绿色建材为特色的技术中心、工程中心或重点实验室，完善产业发展所需公共研发、技术转化、检验认证等平台。加强建材生产与建筑设计、工程建造等上下游企业互动，组建绿色建材产业发展联盟。依托尾矿、建筑废弃物等资源建设新型墙体材料、机制砂石生产基地。三是实施重点产品关键技术突破。重点推动高品质和专用水泥、高效节能保温材料、新型和深加工玻璃产品、装配式混凝土建筑及构配件等相关产品。

（五）鼓励建材产业节能降耗

建材产业作为高耗能工业，节能降耗一直是建材产业结构调整的一个重要目标，2014—2015 年初，国家发展改革委、工信部制定出台了有关能效"领跑者"制度、能源管理中心建设等实施方案，推动建材产业节能降耗。2015 年 1 月 11 日，工信部印发了《关于印发钢铁、石油和化工、建材、有色金属、轻工行业企业能源管理中心建设实施方案的通知》（工信部节〔2015〕13 号），通过完善建材产业企业能源管理中心建设，提升建材产业能源使用监控水平和调度能力。此外，国家发展改革委还印发了《重要资源循环利用工程（技术推广及装备产业化）实施方案》，通过改造建材等工业生产设备、技术，推进建材等工业资源循环利用。

（六）实施绿色建材试点示范引领行动

一是通过工程应用示范带动绿色建材推广。《促进绿色建材生产和应用行动方案》显示，工信部后续将制定绿色建材应用试点示范申报、评审和验收等办法，并结合绿色建筑、保障房建设、绿色生态城区、既有建筑节能改造、绿色农房、建筑产业现代化等工作，明确绿色建材应用的相关要求。选择典型城市和工程项目，开展钢结构、木结构、装配式混凝土结构等建筑应用绿色建材试点示范。二是开展产业园区示范试点工作。在绿色建材发展基础好的地区，依托优势企业，整合要素资源，完善研发设计、检测验证、现代物流、电子商务等公共服务体系，支持建设以绿色建材为特色的产业园区。三是推进废弃物与水泥生产协同处置示范试点。按照《关于促进生产过程协同资源化处理城市和产业废弃物工作的意见》，持续开展好水泥窑协同处置城市生活垃圾等废弃物的试点示范。开展固体废弃物再生建材综合利用示范，建立再生建材工程应用长期监测机制，积累再生建材应用安全性技术资料。

（七）加快推进供给侧结构性改革，化解过剩产能

一是加大淘汰落后产能力度。2015 年，工业和信息化部延续淘汰落后产能政策措施，于 11 月发布《关于下达 2015 年重点行业淘汰落后和过剩产能目标任务的通知》（工信部产业〔2015〕129 号），其中涉及 155 家水泥淘汰落后和过剩产能企业，12 家平板玻璃淘汰落后和过剩产能企业。二是落实差别化工业信贷政策。2016 年 2 月，中国人民银行、国家发展改革委、工业和信息化部、财政部等八部委联合发布《关于金融支持工业稳增长调结构增效益的若干意见》，其中明确提出加大金融对工业供给侧结构性改革和工业稳增长、调结构、增效益的支持力度，支持钢铁、有色、建材、船舶、煤炭等行业积极稳妥化解产能过剩，对产品有竞争力、有市场、有效益的优质企业继续给予信贷支持，而对产能严重过剩行业未取得合法手续的新增产能建设项目，一律不得给予授信；对长期亏损、失去清偿能力和市场竞争力的"僵尸企业"，或环保、安全生产不达标且整改无望的企业及落后产能，坚决压缩退出相关贷款。三是引导企业"走出去"。2016年 2 月，国务院发布《关于促进加工贸易创新发展的若干意见》，提出深化与"一带一路"沿线国家产业合作，强化现有多双边合作机制，谋划加工贸易境外合作布局。引导建材、化工、有色、轻工、纺织、食品等产业开展境外合作。转变加工贸易企业"走出去"方式，支持企业依托境外经贸合作区、工业园区、经济特区等合作园区，实现链条式转移、集群式发展。支持企业扩大对外投资，推动装备、技术、标准、服务"走出去"，深度融入全球产业链、价值链、物流链，建设一批大宗商品境外生产基地，培育一批跨国企业。

第二节　2015年建材产业结构调整的主要情况

2015年，我国建材产业面临的形势较2014年更为严峻，经济下行压力导致建材产业下游市场需求疲软，产量、企业盈利均产生大幅下滑，亟须应对产能严重过剩、市场竞争失范、科技创新能力不足等诸多问题。但与此同时，我国建材产业经过多年淘汰落后产能以及化解过剩产能的努力，行业结构更趋于合理，行业集中度进一步提高，创新能力稳步提升，行业经济运行趋于下行但总体企稳。

一、建材产业下行压力加大

2015年，受产能严重过剩、需求下降等影响，水泥、平板玻璃等建材行业企业生存面临较大困难，2015年重点建材产品出厂价格总体水平较2014年低3.3%，创近五年新低。伴随产品价格持续下滑，规模以上建材企业主营业务收入增速大幅下降，经济效益明显下滑。一是主营业务收入增速下滑。2015年，我国规模以上建材企业主营业务收入7.3万亿元，同比增长3.3%，同比降低6.8个百分点。其中，水泥制造业8897亿元，同比降低9.4%，平板玻璃行业596亿元，同比降低14.3%。水泥制品、建筑陶瓷、玻璃纤维分别完成9248亿元、4511亿元、1654亿元，同比分别增长3.2%、2.9%、9.7%。二是经济效益下滑较为明显。规模以上建材企业实现利润4492亿元，同比降低6.9%。其中，水泥行业利润330亿元，同比下降58%，平板玻璃行业利润12亿元，同比下降12.4%。尽管建材行业中玻璃纤维、隔热材料、卫生陶瓷等行业利润保持较快增长，其中玻璃纤维行业增速高达18%，但仍难填补水泥行业巨大的下降空间。[1]

二、产业结构进一步优化

在国家淘汰落后、严控新增产能、化解过剩产能、推进企业兼并重组等政策的大力推动下，建材产业结构调整工作取得了可喜的成绩。一是水泥等产能严重过剩行业投资结构进一步优化。2015年，我国建材产业全年完成固定资产投资1.5万亿元，同比增长6%。其中：水泥、平板玻璃行业投资不断下降，但低能耗加

---

[1]　工信部原材料司。

工制品业远高于全行业增速。其中，水泥新增产能 24996 万吨，较 2014 年下降 26.5%，平板玻璃新增产能 8865 万重量箱，较 2014 年下降 9.8%。二是新兴产业发展提速。精细陶瓷、闪烁晶体、耐高压复合材料等高附加值产品日趋成熟，水泥制品、轻质建材、隔热隔音、技术玻璃等新兴产业持续保持 10% 以上快速增长。三是出口结构持续向好。2015 年建材产品出口 383 亿美元，同比增长 6.1%，从出口产品价格看，建材出口竞争力增强，全年建筑卫生陶瓷出口额达 138 亿美元，同比增长 15.8%；从出口产品种类看，建筑卫生陶瓷、建筑用石、建筑与技术玻璃等 3 类产品已占出口总额的 69.3%。[1]

三、各地化解过剩产能工作步伐加快

2014 年，建材产业化解过剩产能工作更强调要发挥政府部门的作用，强化政府部门在化解过剩产能工作中的责任主体意识，要求各地相关政府部门按照产能置换等有关工作要求，明确工作目标、细化工作任务，并提出具体的工作方案，各地相关政府部门遵照中央部署，积极开展工作，化解过剩产能工作进程进一步加快。2014 年我国水泥（熟料及磨机）、平板玻璃分别淘汰落后产能 8460 亿吨、3760 亿吨，均超额完成任务下达量，水泥落后产能区域主要集中在河北、内蒙古、广东、湖南、湖北、江西、广西、贵州等地，而天津、山东、浙江、河南、海南、重庆等地于 2013 年完全淘汰落后产能。平板玻璃落后产能主要集中在河北、江苏、四川等地，三地占整体淘汰落后产能的 79.2%。2015 年，我国淘汰落后和化解过剩产能取得积极进展，预计全年淘汰水泥 3800 万吨、平板玻璃 1100 万重量箱以上。统计显示，2010—2014 年，我国水泥共计淘汰 74193 万吨，平板玻璃 17300 万吨（见表 11-1、表 11-2）。

表 11-1　2010—2014 年我国水泥（熟料及磨机）淘汰落后产能情况（万吨）

区域	2010	2011	2012	2013	2014	总计
全国任务量	9154.80	13355.00	21900.00	7345.00	5050.00	56804.80
实际完成量	13828.90	15497.10	25829.00	10578.00	8460.40	74193.40
天津	60.00	21.00		229.00		310.00
河北	1314.00	2696.80	4632.00	776.00	3273.00	12691.80

[1] 工信部原材料司。

（续表）

区域	2010	2011	2012	2013	2014	总计
山西	844.80	1300.00	2310.00	350.00	110.50	4915.30
内蒙古	143.50	217.00	518.80	411.00	656.00	1946.30
辽宁	658.20	1646.90	798.30	45.00	20.00	3168.40
吉林	77.90	349.60	407.00	58.50	156.00	1049.00
黑龙江	287.80	304.40	41.50	10.00	65.00	708.70
江苏	100.00	105.00	755.00	328.00	153.00	1441.00
浙江	1067.00	1040.40	731.00	152.00		2990.40
山东	2067.70	865.80	4361.00	681.00		7975.50
河南	862.00	985.00	150.00	141.00		2138.00
安徽	773.20	549.50	260.00	138.00	51.00	1771.70
江西	179.50	709.50	264.20	349.20	345.80	1848.20
湖北	277.00	299.80	393.00	68.00	301.00	1338.80
湖南	349.40	438.60	1767.40	1045.20	351.20	3951.80
广东	811.00	378.50	1383.00	1688.00	353.00	4613.50
福建	367.40	138.80	990.00	764.00	84.00	2344.20
海南	176.00	78.00	106.00			360.00
四川	470.70	1449.70	1517.40	714.60	373.00	4525.40
重庆	242.00	513.40	1025.00	241.00		2021.40
广西	366.40	319.80	1630.00	452.00	906.80	3675.00
贵州	308.60	337.40	541.00	701.00	397.00	2285.00
云南	789.00	102.60	168.00	176.00	248.60	1484.20
陕西	567.80	222.20	325.00	212.00	180.50	1507.50
甘肃	117.00	144.40	409.60	406.00	80.00	1157.00
青海	294.00	40.00		10.00	20.00	364.00
宁夏	80.00	85.00	124.00	20.40	156.00	465.40
新疆	131.00	118.00	220.50	217.00	84.00	770.50
新疆生产建设兵团	46.00	40.00		156.00	95.00	337.00

资料来源：赛迪智库产业政策研究所，Wind 数据库。

表 11-2 2010—2014 年我国平板玻璃淘汰落后产能情况（万重量箱）

指标名称	2010	2011	2012	2013	2014	总计
全国任务下达量	647.50	2600.00	4700.00	2250.00	3500.00	13697.50
全国实际完成量	1843.50	3040.70	5856.00	2800.00	3760.00	17300.20
河北	474.00	1197.00	1521.00	1488.00	2515.00	7195.00
内蒙古	34.00	390.00		110.00		534.00
辽宁			260.00			260.00
江苏	14.50			262.00	220.00	496.50
山东	570.00		133.00		80.00	783.00
河南	204.00	964.70	210.00			1378.70
江西		104.00	120.00	60.00		284.00
湖北	105.00		590.00	430.00	85.00	1210.00
湖南	100.00	130.00	90.00			320.00
广东			1781.50			1781.50
四川	230.00	2.40	560.00	240.00	242.00	1274.40
重庆	90.00	144.60	310.00	60.00	125.00	729.60
甘肃			60.00		53.00	113.00
新疆	22.00	108.00	220.00			350.00

资料来源：赛迪智库产业政策研究所，Wind 数据库。

四、先进技术的推广应用加快建材产业技术升级

信息技术、环保节能技术等先进技术在建材产业的推广应用带动了建材产业的技术升级。2015 年，我国加快推进水泥基压电复合监测材料与器件成套制备技术、现代混凝土变形控制关键材料及典型工程应用技术、工业烟尘超低排放治理覆膜滤料规模化成套制备及工程应用技术、水泥窑高效生态化协同处置固体废弃物成套技术、高性能玻璃纤维低成本大规模生产技术与成套装备等关键技术及设备的应用示范。其中，水泥窑高效生态化协同处置固体废弃物成套技术的节能效果、处置规模、预处理技术水平、减排效果、经济效益均高于国外同类产品，大大提升了我国固体废弃物绿色化、无害化、资源化终极处置水平。截至目前，该项技术已在湖北、湖南、广东、河南、重庆、上海等地推广应用，累计处置废弃物 250 余万吨。高性能玻璃纤维低成本大规模生产技术与成套装备有效克服了

高性能玻璃纤维无法实现池窑化大规模生产的技术瓶颈，2013—2015 年累计销售 173.16 亿元，净利润 21.51 亿元、出口创汇 11.86 亿美元。

第三节　面临的问题与挑战

一、建材产业后续经济效益承压严重

自 2012 年以来我国经济发展步入新常态，原有的以固定资产拉动经济增长的发展模式难以为继，建材产业由高速增长期向低速平缓期过渡，经济效益出现大面积下滑，同时暴露出诸多问题。一是建材产业存在严重的固定投资驱动依赖路径。2010—2015 年，我国固定投资构成中建筑安装工程占比均在 65% 以上，且有持续上升趋势，这种以工业和房地产投资为主的经济结构加剧了我国建材产业对投资增长的依赖程度。随着全国固定资产投资增速放缓、房地产投资占比继续降低，传统建材行业消费需求不容乐观，与基础设施建设相关的水泥、砖瓦、砌块等消费都在下降。二是建材产业经济效益来源主要依赖于传统产品。随着技术玻璃、玻璃纤维等新型建筑材料的发展，传统水泥、平板玻璃等传统产业在建材产业中的比重有所降低，但新型建筑材料目前尚未实现大规模应用，短期内难以抵挡固定投资增速下滑所带来的冲击。目前，建材产业中传统产品及延伸领域占整体行业盈利的 70% 左右，其中，水泥及混凝土制品则占到行业的 50%。

二、产能过剩影响水泥、平板玻璃等行业企业健康发展

2015 年，虽然国家坚决严控水泥、平板玻璃等产能严重过剩行业新增产能，并制定出台了控制新增产能、化解过剩产能的产能置换管理办法，通过产能置换限制水泥、平板玻璃等行业产能过快增长。但是，由于水泥、平板玻璃项目对当地经济的贡献较大，很多地方企业依然在新增产能，加之已经在建设、建成的产能，水泥、平板玻璃等行业产能过剩问题依然未能消除。据统计，2015 年建成投产水泥熟料生产线仍达 31 条，总产能 4712 万吨。此外，一些地方企业反映当地还有企业未按照产能置换要求违规新上项目或未按照规定淘汰落后产能，这些产能的释放都对水泥市场产生冲击，影响企业效益。2015 年，受产能过剩等问题影响，建材产业特别是产能严重过剩的水泥、平板玻璃等行业效益增幅明显收窄。

三、建材产业环保和质量问题依然严峻

建材产业属于高耗能工业，水泥、平板玻璃等行业，同时又是质量问题多发行业，虽然近年来国家对水泥、平板玻璃等高能耗高污染行业及其产品质量问题加大了治理力度，但建材产业行业污染重、能源消耗大、部分产品质量不过关等问题依然存在，且部分地区有加重态势。主要表现在，一方面，虽然国家要求建材企业使用清洁能源并增加脱硫、脱硝、除尘等环保设备，减少污染物排放，但是由于这样会大幅提高企业运营成本，加之一些地区环保执法力度不够，因而很多小企业未安装相应的设施，安装环保设施的部分大中型企业也未能按要求使用这些设施。另一方面，由于市场监管不到位，仍有无证生产和假冒伪劣的水泥产品流入市场，一些正规厂家生产的水泥产品也存在质量问题，如经常有消费者反映一些水泥建筑出现因水泥质量不过关而产生裂痕、水泥脱落等问题。

第十二章　汽车产业结构调整

　　2015年，我国汽车工业稳定增长，总体发展良好，产业结构进一步优化。汽车产销量超过2450万辆，分别为2450.33万辆和2459.76万辆，同比增长3.25%和4.68%，创全球历史新高，连续七年居全球第一。但是，汽车产业的可持续发展面临着核心技术和创新能力缺乏、能源资源和环境约束趋紧、劳动力成本上升等问题的严重制约，亟待通过调整和优化产业结构实现由大到强的蜕变和升级。

第一节　2015年汽车产业结构调整的主要政策

　　在能源紧缺、环境污染，城市交通拥堵不断加剧的大背景下，2015年汽车产业结构调整的方向仍然是促进汽车产业向绿色化、智能化发展，并进一步规范汽车制造企业和销售企业的市场行为。按照《中国制造2025》（国发〔2015〕28号）和《节能与新能源汽车产业发展规划（2012—2020年）》（国发〔2012〕22号）的部署，国家加快节能与新能源汽车的推广应用和试点示范，促进节能与新能源汽车快速发展，推动汽车产业结构转型升级。

一、政策基本情况

　　2015年汽车产业结构调整主要是落实已出台的政策，新出台的政策主要包括三个方面，即规范汽车行业发展、促进汽车行业绿色发展和促进节能与新能源汽车推广应用。

（一）规范汽车行业发展

　　一是规范行业准入。2015年2月，工业和信息化部发布《轮胎生产企业公告管理暂行办法》（工信部原〔2015〕30号），要求按照《轮胎行业准入条件》进一步加强轮胎行业管理，规范行业准入。11月，国家发展改革委、工业和信息化部联合发布《新建纯电动乘用车企业管理规定》（国家发展和改革委员会、工业和信息化部令2015年第27号），对新建纯电动乘用车的投资主体资格、企业和产品准入进行了明确的规定，明确新建企业投资项目的投资总额和生产规模不受《汽车产业发展政策》有关最低要求限制，由投资主体自行决定，并对纯电动乘用车按单独类别管理。二是建立汽车行业企业退出机制。11月，工业和信息化部发布《〈特别公示车辆生产企业（第1批）公告〉执行情况通报》，对《特别公示车辆生产企业（第1批）公告》（工业和信息化部公告2013年第50号）涉及的48家不能维持正常生产经营的车辆生产企业整改情况进行通报，14家企业被暂停《车辆生产企业及产品公告》。同月15日发布《特别公示车辆生产企业（第2批）公告》（工业和信息化部公告2015年第78号），对92家不能维持正常生产经营的企业予以公告，特别公示期从2015年12月1日起，至2017年11月30日止，期间不受理被特别公示企业的《车辆生产企业及产品公告》新产品申报；被特别公示的企业经考核符合准入条件的，取消特别公示，恢复受理其新产品申报。特别公示期满后，未申请准入条件考核、考核不合格的企业，暂停其《车辆生产企业及产品公告》。三是完善汽车召回制度。11月，国家质量监督检验检疫总局、国家发展和改革委员会、商务部、海关总署联合发布《关于废止〈缺陷汽车产品召回管理规定〉的决定》（国家质量监督检验检疫总局令第175号），废止2004年10月1日开始执行的《缺陷汽车产品召回管理规定》，并颁布了替代法规《缺陷汽车产品召回管理条例实施办法》（国家质量监督检验检疫总局令第176号），进一步细化了监管部门的工作流程和信息备案管理工作。

（二）促进汽车产业绿色发展

推动我国先进节能技术发展和应用，持续降低我国乘用车燃料消耗量。2014年12月底，国家质检总局、国家标准委发布《关于批准发布〈乘用车燃料消耗量限值〉等106项国家标准的公告》（中华人民共和国国家标准公告2014年第30号），修订GB（19578—2014）《乘用车燃料消耗量限值》和（GB 27999-2014）《乘用车燃料消耗量评价方法及指标》，明确2016年1月1日起对新认证车执行新标准，2018年1月1日起对在生产车实行新标准。新的标准明确我国乘用车平均燃料消耗量水平在2020年下降至5L/100km左右，对应二氧化碳排放约为120 g/km。

2015年1月，财政部发布《关于对电池涂料征收消费税的通知》（财税〔2015〕16号），将电池、涂料列入消费税征收范围，在生产、委托加工和进口环节征收，适用税率均为4%，促进节能环保；其中，自2016年1月1日起对铅蓄电池按4%的税率征收消费税，对无汞原电池、金属氢化物镍蓄电池（又称"氢镍蓄电池"或"镍氢蓄电池"）、锂原电池、锂离子蓄电池、太阳能电池、燃料电池和全钒液流电池免征消费税。5月，工业和信息化部发布《关于开展国家资源再生利用重大示范工程建设的通知》（工信厅节函〔2015〕322号），决定组织开展一批资源再生利用重大示范工程建设，将废旧轮胎、报废汽车等列为资源再生利用的重点示范领域。6月，工业和信息化部发布《汽车有害物质和可回收利用率管理要求》（工业和信息化部公告2015年第38号），提出自2016年1月1日起，对总座位数不超过九座的载客车辆（M1类）有害物质使用和可回收利用率实施管理，并对6种有害物质使用的含量限值及可再利用率等方面提出具体要求，同时纳入《车辆生产企业及产品公告》管理。

（三）促进节能与新能源汽车推广应用

一是明确节能与新能源汽车发展战略。国务院从国家战略的高度部署了节能与新能源汽车发展战略。5月，国务院发布《关于印发〈中国制造2025〉的通知》（国发〔2015〕28号），将节能与新能源汽车作为10大重点领域突破发展，支持电动汽车、燃料电池汽车发展，建立从关键零部件到整车的完整工业体系和创新体系，推动自主品牌节能与新能源汽车同国际先进水平接轨。7月，国务院发布《关于积极推进"互联网+"行动的指导意见》（国发〔2015〕40号），提出加快人工智能核心技术突破，促进人工智能在智能家居、智能终端、智能汽车、机器人等领域的推广应用，推动汽车企业与互联网企业设立跨界交叉的创新平台，加快智能辅助驾驶、复杂环境感知、车载智能设备等技术产品的研发与应用。9月，国家制造强国建设战略咨询委员会发布《〈中国制造2025〉重点领域技术路线图》，明确了节能汽车、新能源汽车、智能网联汽车三个发展方向，提出了发展重点、应用示范工程、战略支撑等。二是制定有利于节能与新能源汽车推广应用的财税等政策。3月，交通运输部发布《关于加快推进新能源汽车在交通运输行业推广应用的实施意见》（交运发〔2015〕34号），明确在城市公交、出租汽车和城市物流配送等领域为新能源汽车推广的重点领域，提出到2020年使用新能源汽车的总量达到30万辆，配套服务设施基本完备，运营效率和安全水平明显提升。4

月，财政部出台《关于2016—2020年新能源汽车推广应用财政支持政策的通知》（财建〔2015〕134号），提出财政支持水平依据节能减排效果，综合考虑生产成本、规模效应、技术进步等因素逐步下降，并明确未来五年新能源汽车补贴标准。5月，财政部、工业和信息化部、交通运输部发布《关于完善城市公交车成品油价格补助政策 加快新能源汽车推广应用的通知》（财建〔2015〕159号），明确至2019年，城市公交车成品油价格补助中的涨价补助数额与新能源公交车推广数量挂钩。财政部、国家税务总局、工业和信息化部发布《关于节约能源使用新能源车船车船税优惠政策的通知》（财税〔2015〕51号），明确对使用新能源车船免征车船税，节约能源车船减半征收车船税。9月，国家税务总局发布《关于贯彻落实减征1.6升及以下排量乘用车车辆购置税有关问题的通知》，决定自2015年10月1日起至2016年12月31日止，对购置1.6升及以下排量乘用车按5%的税率征收车辆购置税。三是加快基础设施建设。10月，国务院办公厅发布《关于加快电动汽车充电基础设施建设的指导意见》（国办发〔2015〕73号），提出到2020年基本建成适度超前、车桩相随、智能高效的充电基础设施体系；同时，建立较完善的标准规范和市场监管体系，形成统一开放、竞争有序的充电服务市场。11月，国家发展改革委、国家能源局、工业和信息化部、住房和城乡建设部发布《电动汽车充电基础设施发展指南（2015—2020年）》（发改能源〔2015〕1454号），提出到2020年，全国将新增集中式充换电站1.2万座，分散式充电桩480万个，满足500万辆电动汽车的充电需求（见表12-1）。

表12-1　2015年汽车产业结构调整相关政策文件

序号	发布时间	发布部门	文件名称
1	2014年12月24日	国家质检总局、国家标准委	《关于批准发布〈乘用车燃料消耗量限值〉等106项国家标准的公告》（GB 19578—2014《乘用车燃料消耗量限值》和GB 27999—2014《乘用车燃料消耗量评价方法及指标》）（中华人民共和国国家标准公告2014年第30号）
2	2015年1月27日	财政部	《关于对电池涂料征收消费税的通知》（财税〔2015〕16号）
3	2015年2月25日	工业和信息化部	《轮胎生产企业公告管理暂行办法》（工信部原〔2015〕30号）
4	2015年3月18日	交通运输部	《关于加快推进新能源汽车在交通运输行业推广应用的实施意见》（交运发〔2015〕34号）

（续表）

序号	发布时间	发布部门	文件名称
5	2015年4月29日	财政部	《关于2016—2020年新能源汽车推广应用财政支持政策的通知》（财建〔2015〕134号）
6	2015年5月8日	国务院	《关于印发〈中国制造2025〉的通知》（国发〔2015〕28号）
7	2015年5月13日	工业和信息化部	《关于开展国家资源再生利用重大示范工程建设的通知》（工信厅节函〔2015〕322号）
8	2015年5月14日	财政部、工业和信息化部、交通运输部	《关于完善城市公交车成品油价格补助政策 加快新能源汽车推广应用的通知》（财建〔2015〕159号）
9	2015年5月19日	财政部、国家税务总局、工业和信息化部	《关于节约能源使用新能源车船车船税优惠政策的通知》（财税〔2015〕51号）
10	2015年6月1日	工业和信息化部	《汽车有害物质和可回收利用率管理要求》（工业和信息化部公告2015年第38号）
11	2015年7月4日	国务院	《关于积极推进"互联网+"行动的指导意见》（国发〔2015〕40号）
12	2015年9月29日	国家制造强国建设战略咨询委员会	《〈中国制造2025〉重点领域技术路线图》
13	2015年9月30日	国家税务总局	《关于贯彻落实减征1.6升及以下排量乘用车车辆购置税有关问题的通知》（税总函〔2015〕527号）
14	2015年10月9日	国务院办公厅	《关于加快电动汽车充电基础设施建设的指导意见》（国办发〔2015〕73号）
15	2015年11月12日	工业和信息化部	《〈特别公示车辆生产企业（第1批）公告〉执行情况通报》
16	2015年11月15日	工业和信息化部	《特别公示车辆生产企业（第2批）公告》（中华人民共和国工业和信息化部公告2015年第78号）
17	2015年11月16日	国家发展改革委、国家能源局、工业和信息化部、住房和城乡建设部	《电动汽车充电基础设施发展指南》（2015—2020年）（发改能源〔2015〕1454号）
18	2015年11月24日	国家发展改革委、工业和信息化部	《新建纯电动乘用车企业管理规定》（中华人民共和国国家发展和改革委员会、工业和信息化部令2015年第27号）

（续表）

序号	发布时间	发布部门	文件名称
19	2015年11月27日	国家质量监督检验检疫总局、国家发展和改革委员会、商务部、海关总署	《关于废止〈缺陷汽车产品召回管理规定〉的决定》（国家质量监督检验检疫总局令第175号）
20	2015年11月27日	国家质量监督检验检疫总局	《缺陷汽车产品召回管理条例实施办法》（国家质量监督检验检疫总局令第176号）

资料来源：赛迪智库整理，2015年3月。

二、重点政策解析

（一）《新建纯电动乘用车企业管理规定》

为促进新能源汽车产业发展，支持社会资本和具有技术创新能力的企业参与纯电动乘用车科研生产，2015年11月，国家发展和改革委员会、工业和信息化部发布了《新建纯电动乘用车企业管理规定》（国家发展和改革委员会、工业和信息化部令2015年第27号，以下简称《规定》），规范纯电动乘用车生产。

在投资管理方面，《规定》明确新建企业投资项目执行《国务院关于发布政府核准的投资项目目录（2014年本）的通知》（国发〔2014〕53号）和《汽车产业发展政策》有关规定，但是投资总额和生产规模不受《汽车产业发展政策》有关最低要求限制。同时，规定新建纯电动乘用车企业不能生产任何以内燃机为驱动力的汽车产品。要求投资主体是在中国境内注册，具备与投资相适应的自有资金规模和融资能力；具有纯电动乘用车设计、研制、试验、定型的完成研发经历，拥有纯电动乘用车自主知识产权和已授予的相关发明专利；具备整车试制能力，并且自行试制同一型式的纯电动乘用车样车数量不少于15辆，同时符合汽车国家标准和电动汽车相关标准。

在准入管理方面，新建企业及产品按照工业和信息化部《乘用车生产企业及产品准入管理规则》和《新能源汽车生产企业及产品准入管理规则》的相关要求，通过考核后列入《车辆生产企业及产品公告》，并按单独类别管理。列入《车辆生产企业及产品公告》的纯电动乘用车产品有效期为3年，有效期届满后可以申请延期，每次延期不超过3年。新建企业应建立生产一致性管理体系，保证实际生产的产品与列入《车辆生产企业及产品公告》的产品相符。

（二）《国务院办公厅关于加快电动汽车充电基础设施建设的指导意见》

2015年10月，国务院办公厅发布《关于加快电动汽车充电基础设施建设的指导意见》（国办发〔2015〕73号，以下简称《指导意见》），加强充电基础设施发展顶层设计，推进充电基础设施建设，解决电动汽车充电难题，促进新能源汽车产业发展。

《指导意见》明确提出，到2020年基本建成适度超前、车桩相随、智能高效的充电基础设施体系，满足超过500万辆电动汽车的充电需求；建立较完善的标准规范和市场监管体系，形成统一开放、竞争有序的充电服务市场；形成可持续发展的"互联网＋充电基础设施"产业生态体系，在科技和商业创新上取得突破，培育一批具有国际竞争力的充电服务企业。

《指导意见》着重加强专项规划设计和指导，要求各地将充电基础设施专项规划有关内容纳入城乡规划，完善独立占地的充电基础设施布局，明确各类建筑物配建停车场及社会公共停车场中充电设施的建设比例或预留建设安装条件要求。原则上要求，新建住宅配建停车位应100%建设充电设施或预留建设安装条件，大型公共建筑物配建停车场、社会公共停车场建设充电设施或预留建设安装条件的车位比例不低于10%，每2000辆电动汽车至少配套建设一座公共充电站。同时，在建设用户居住地充电设施，建设单位内部充电设施，建设公共服务领域充电设施，建设城市公共充电设施，建设城际快速充电网络等方面提出了要求，加大充电设施的建设力度。为解决纯电动汽车长途行驶的充电问题，明确要求充分利用高速公路服务区停车位建设城际快充站。在推进顺序上，优先推进京津冀鲁、长三角、珠三角区域城际快充网络建设，适时推进长江中游城市群、中原城市群、成渝城市群、哈长城市群城际快充网络建设，到2020年初步形成覆盖大部分主要城市的城际快充网络，满足电动汽车城际、省际出行需求。

为规范充电设施管理，《指导意见》提出完善充电设施标准规范，加快修订出台充电接口及通信协议等标准，积极推进充电接口互操作性检测、充电服务平台间数据交换等标准的制修订工作，实现充电标准统一。建设充电智能服务平台，大力推进"互联网＋充电基础设施"，提高充电服务智能化水平。建立互联互通促进机制，组建国家电动汽车充电基础设施促进联盟，开展充电设施互操作性的检测与认证，严格充电设施产品准入管理。做好配套电网接入服务，要求各地将充电基础设施配套电网建设与改造项目纳入配电网专项规划，在用地保障、廊道通行等方面给予支持。创新充电服务商业模式，鼓励探索大型充换电站与商业地产相结合的发展方式，引导商场、超市、电影院、便利店等商业场所为用户提供辅助充电服务。

同时，《指导意见》明确从简化规划建设审批、完善财政价格政策、拓宽多元融资渠道、加大用地支持力度、加大业主委员会协调力度、支持关键技术研发、明确安全管理要求等方面强化支撑服务，加快推进充电设施建设。

（三）《缺陷汽车产品召回管理条例实施办法》

为适应汽车产业发展的新形势，确保国内汽车产品质量，完善汽车召回制度，2015 年 11 月，国家质量监督检验检疫总局颁布《缺陷汽车产品召回管理条例实施办法》（国家质量监督检验检疫总局令第 176 号，以下简称《实施办法》），并废止了 2004 年 10 月 1 开始执行的《缺陷汽车产品召回管理规定》。

建立信息管理制度。《实施办法》明确汽车产品生产者是缺陷汽车产品的召回主体，要求汽车产品存在缺陷的，生产者应当依照《实施办法》实施召回。同时，明确责任主体，由质检总局负责组织建立缺陷汽车产品召回信息管理系统，发布缺陷汽车产品信息和召回相关信息。要求生产者建立健全汽车产品可追溯信息管理制度，保存以下汽车产品设计、制造、标识、检验等方面的信息，向质检总局报备相关信息，备案的信息发生变化的应当在 20 个工作日内进行更新，并确保能够及时确定缺陷汽车产品的召回范围并通知车主。要求出售、租赁、维修汽车产品的经营者建立并保存其经营的汽车产品型号、规格、车辆识别代码、数量、流向、购买者信息、租赁、维修等信息。

建立健全缺陷调查。《实施办法》明确缺陷调查的责任主体、程序，以及质检总局、各地质检主管部门、生产者、经营者的职权和义务。要求生产者获知汽车产品可能存在缺陷的，应当立即组织调查分析，并将调查分析结果报告质检总局。生产者经调查分析确认汽车产品存在缺陷的，应当立即停止生产、销售、进口缺陷汽车产品，并实施召回。同时，明确存在生产者未按照通知要求开展调查分析、汽车产品可能存在造成严重后果的缺陷等五项情况之一时，质检总局应当组织开展缺陷调查。

明确召回实施与管理程序。《实施办法》规定生产者实施召回，应当按照质检总局的规定制定召回计划，并自确认汽车产品存在缺陷之日起 5 个工作日内或者被责令召回之日起5个工作日内向质检总局备案，在自召回计划备案之日起5个工作日内，通过报刊、网站、广播、电视等便于公众知晓的方式发布缺陷汽车产品信息和实施召回的相关信息，30个工作日内以挂号信等有效方式，告知车主汽车产品存在的缺陷、避免损害发生的应急处置方法和生产者消除缺陷的措施等事项。生产者应当保存已实施召回的汽车产品召回记录，保存期不得少于10年。对未消除缺陷的汽车产品，经营者获知汽车产品存在缺陷的，应当立即停止销售、租赁、使用缺陷汽车产品，并协助生产者实施召回。质检总局应当向社会公布已经确认的缺陷汽车产品信息、生产者召回计划以及生产者实施召回的其他相关信息。同时，《实施办法》进一步明确了整车生产者、经营者、零部件生产者违反《实施办法》的法律责任。

第二节　2015年汽车产业结构调整的主要情况

2015年，我国汽车市场呈现平稳增长态势，增幅比上年同期有所减缓。汽车产销稳中有增，大企业集团产销规模基本保持稳定，汽车产业结构进一步优化。汽车产销量月月超过150万辆，平均每月产销突破200万辆，全年累计产销超过2400万辆，乘用车产销首次突破2000万辆。1—4季度，汽车销量同比增长分别为3.91%、–1.04%、–2.35%和15.84%。[1]得益于国家的高度重视和扶持政策体系的不断完善，新能源汽车发展取得重大进展，大企业竞争实力进一步增强，自主创新能力稳步提升，自主品牌汽车发展迅速，行业结构调整取得明显成效。

一、节能与新能源汽车发展迅速

2015年以来，国家出台了一系列促进节能与新能源汽车发展的政策，尤其是9月29日国务院常务会要求各地不得对新能源汽车实行限行、限购，已实行的应当取消，10月1日开始实施1.6升及以下乘用车购置税减半政策，有力地刺激了节能与新能源汽车的消费需求，促进了节能与新能源汽车产业的发展，推动了汽车工业产品结构向绿色、节能升级。

一是新能源汽车高速增长。2015年，新能源汽车累计生产37.90万辆，较2014年增长4倍。其中，纯电动乘用车生产14.28万辆，同比增长3倍，插电式

---

[1] 工业和信息化部：《2015年1—12月汽车工业经济运行情况》。

混合动力乘用车生产 6.36 万辆，同比增长 3 倍；纯电动商用车生产 14.79 万辆，同比增长 8 倍，插电式混合动力商用车生产 2.46 万辆，同比增长 79%。[1]全年新能源汽车销售 33.11 万辆，同比增长 3.4 倍，其中纯电动汽车和插电式混合动力汽车分别完成销售 24.75 万辆和 8.36 万辆，同比分别增长 4.5 倍和 1.8 倍。[2]二是 1.6 升及以下排量乘用车市场稳定发展，节能环保乘用车市场快速增长。2015 年，1.6 升及以下排量乘用车全年共销售 1450.86 万辆，同比增长 10.42%，占乘用车销售市场的 68.6%，较 2014 年增长 1.87 个百分点。据机动车整车出厂合格证统计，列入《节能产品惠民工程节能环保汽车（1.6 升及以下乘用车）推广目录》（第一、二批）的 272 款车型中，12 月量产车型有 151 款，共生产 27.42 万辆，与 11 月份相比降低了 3.50%。

二、自主品牌乘用车市场份额提升

2015 年，自主品牌乘用车销售 873.76 万辆，同比增长 15.3%，占乘用车销售市场的 41.3%，市场份额同比提高 2.9 个百分点。其中轿车销售 243.03 万辆，同比下降 12.5%，占轿车市场的 20.7%，市场份额同比下降 1.7 个百分点。[3]SUV 销量 334.3 万辆，同比增长 28.8%，市场份额 53.7%，同比增长 8.9 个百分点。MPV 销售 186.58 万辆，同比增长 13.6%，市场份额 88.6%，同比增长 2.7 个百分点。[4]

三、行业集中度略有下降，企业经济效益出现下滑

2015 年，6 家汽车生产企业（集团）产销规模超过 100 万辆，其中上汽销量突破 500 万辆，达到 586.35 万辆，东风、一汽、长安、北汽和广汽分别达到 387.25 万辆、284.38 万辆、277.65 万辆、248.90 万辆和 130.31 万辆。前 5 家企业（集团）2015 年共销售汽车 1784.53 万辆，占汽车销售总量的 72.6%，汽车产业集中度同比下降 2.1%。[5]企业经济效益出现下降。2015 年 1—11 月，17 家重点企业（集团）累计实现主营业收入 27951.36 亿元，同比下降 0.6%；完成利税总额 4930.96 亿元，同比下降 1.4%。[6]行业运行效率下降，负债明显增加。1—11 月，流动资产周转率同比下降 0.11 个百分点，应收账款增加 16.9%，负债总额同比增

---

[1] 工业和信息化部：《2015年1—12月汽车工业经济运行情况》。
[2] 中国汽车工业协会：《汽车行业2015年经济运行情况》。
[3] 工业和信息化部：《2015年1—12月汽车工业经济运行情况》。
[4] 中国汽车工业协会：《汽车行业2015年经济运行情况》。
[5] 工业和信息化部：《2015年1—12月汽车工业经济运行情况》。
[6] 工业和信息化部：《2015年汽车重点企业经济效益低于上年同期》。

长 9.15%。[1]

四、行业去库存效果明显

汽车行业企业库存下降明显，2015 年末汽车企业库存为 105.79 万辆，比年初下降 7.8%。其中，乘用车库存为 85.17 万辆，比年初下降 8.3%；商用车库存为 20.62 万辆，比年初下降 5.4%。

第三节　面临的问题与挑战

一、核心关键技术缺失导致行业发展受制于人

长期以来，技术创新能力严重不足问题一直制约着我国汽车工业的发展。1984 年开始的汽车行业中外合资政策带动了汽车工业整体的发展，满足了人民对汽车消费的需求，使得我国成为世界第一汽车生产和消费国。但是，由于合资政策未充分考虑对自主品牌汽车的扶持和关键核心技术的发展问题，以及外资对关键核心技术转让的限制等问题，自主品牌汽车发展长期滞后，发动机、变速箱、控制系统、汽车电子等关键技术和核心零部件发展不足，并长期受制于人，造成汽车产业发展中存在严重的"卡脖子"问题。即便在当前新能源汽车快速发展的情况下，动力电池、能效管理、车辆控制和电机等新能源汽车发展的关键核心技术仍受制于国外。动力电池产品和制造技术主要来源于日本和韩国，电控系统主要来自美国。这些核心技术的缺失将长期制约汽车行业尤其是新能源汽车的快速健康发展，亟待突破。

二、海外市场持续下滑，影响汽车行业整体业绩

当前，我国汽车出口的主要国家是俄罗斯、巴西、智利、南非等新兴国家。一方面，受到全球经济形势影响，尤其是国际大宗商品价格下跌导致依赖于原料出口的新兴国家购买力和支付能力大幅降低，直接影响我国汽车出口。另一方面，主要出口国俄罗斯、巴西、智利、南非等国家货币大幅贬值，导致我国出口到上述国家的汽车成本大幅上升。日本、韩国等主要竞争对手货币贬值，导致我国出口汽车的价格竞争优势明显下降,致使我国汽车出口持续下滑。2015 年 1—11 月，

---

[1]　中国汽车工业协会：《汽车行业2015年经济运行情况》。

我国汽车整车累计出口 69.94 万辆，同比下降 18.3%，其中乘用车出口 34.54 万辆，同比下降 20.0%；商用车出口 35.40 万辆，同比下降 16.5%。[1] 出口的大幅下滑，加上国内城市限购加码，导致了国内汽车行业整体业绩下滑。

三、新能源汽车推广普及仍任重而道远

2014—2015 年，我国新能源汽车发展迅速，但是基础设施不足成为制约新能源汽车尤其是纯电动汽车发展的主要瓶颈。根据《国网电网公司社会责任报告（2014 年）》，截至 2014 年底，国家电网公司累计建成电动汽车充换电站 618 座，充电桩 2.4 万台，占同期全国充电桩保有量（2.8 万台）的 85.7%，远低于同期市场新能源汽车增量，远不能满足新能源汽车发展的需要。同时，充电桩标准的统一和互联互通等问题，将影响充电桩等基础设施的通用性，影响新能源汽车的使用，制约新能源汽车的发展。其次，地方保护主义阻碍新能源汽车发展。部分地区在制定本地区新能源汽车政策时，存在自设地方标准，部分城市对新能源汽车的进入、补贴提出另外的规范和细则，给企业发展带来不利影响。如部分地方要求生产企业必须在当地建厂或采购本地关键零部件才允许其生产的新能源汽车进入该地区销售[2]。再次，新能源汽车动力电池、电机等关键零部件的性能及安全性仍然不能满足整车配套需求，一些关键技术难题尚未攻克，还无法有效解决充电慢、安全风险高、续航里程短等应用难题，仍将影响消费者对纯电动汽车的使用信心。

[1] 工业和信息化部：《2015年1—12月汽车工业经济运行情况》。
[2] 中国汽车工业协会：《2015汽车行业调研报告》。

第十三章　船舶产业结构调整

　　船舶行业具有产业规模大、技术含量高、关联产业多、带动效应强的特征，是我国国民经济的重要基础性行业，对钢铁、石化、装备制造、电子信息、新材料等重点产业发展具有较强的带动作用。2008 年国际金融危机以来，全球经济进入缓慢复苏阶段，全球货运需求增长缓慢，船舶市场也逐渐萎缩，全球船舶行业面临着严峻的产能过剩问题。当前，我国经济发展进入新常态，经济下行压力较大，船舶行业处于深度调整阶段。

第一节　2015 年船舶产业结构调整的主要政策

　　2015 年，我国船舶行业企业经营难、转型难等问题依然突出，面对激烈的国际市场竞争，政府主管部门加大政策支持力度，积极引导船舶企业加快转型升级，确保船舶行业平稳发展。现将 2015 年我国船舶产业重大政策情况予以简介。

一、政策基本情况

　　2014 年 12 月 24 日，中国人民银行、国家发展改革委、工业和信息化部等九部委联合下发《关于金融支持船舶工业加快结构调整促进转型升级的指导意见》（银发〔2014〕390 号），明确指出，银行业金融机构要进一步优化对船舶工业的信贷结构，推动船舶工业结构调整和转型升级；按照市场化原则，切实满足优质船舶企业合理资金需求；加大船舶出口卖方和买方信贷支持力度；拓宽金融机构融资渠道，加大对船舶出口的信贷投放；提升船舶保险服务水平；拓宽社会资本投资船舶工业渠道。[1]

2014 年 12 月 29 日，为进一步加强海洋工程装备行业管理，大力培育战略性新兴产业，加快结构调整，促进转型升级，引导海洋工程装备生产企业持续健康发展，工业和信息化部制定了《海洋工程装备（平台类）行业规范条件》（工业和信息化部公告 2014 年第 87 号），对符合规范条件的海洋工程装备（平台类）生产企业实行公告管理，并从技术创新与质量控制、项目管理、设施与设备、安全生产、节能环保、职业健康和社会责任等方面明确了具体条件。[2]

2014 年 12 月 29 日，为贯彻落实党中央、国务院关于做强做大装备制造业的战略部署，加快推进装备制造业发展方式转变和结构优化升级，推动重大技术装备自主创新和产业化，工业和信息化部与中国进出口银行联合发布《关于加大重大技术装备融资支持力度的若干意见》（工信部联装〔2014〕590 号）。关于支持重点方面，《意见》注重技术创新、技术升级、产业重组、企业"走出去"等，提出"研发及创新能力建设，技术改造和产业化，进口及技术引进，产品出口及企业走出去，企业兼并重组"等五个方面的重点内容。关于金融服务方面，《意见》明确了进出口银行的金融服务作用，以满足企业多元化和个性化的融资需求。[3]

2015 年 2 月 2 日，财政部、工业和信息化部、中国保险监督管理委员会联合下发了《关于开展首台（套）重大技术装备保险补偿机制试点工作的通知》（财建〔2015〕19 号）。《通知》提出，首台（套）重大技术装备保险补偿机制坚持"政府引导、市场化运作"原则。且对于飞机、船舶及海工装备、核电装备等单价金额巨大的重大技术装备，由投保企业与保险公司双方自主协商，可以选择按国际通行保险产品条款进行承保。[4]

2015 年 2 月 2 日，为贯彻落实国务院关于促进装备制造业由大变强的总体要求，加快推进重大技术装备研制和推广应用，工业和信息化部发布了《首台（套）重大技术装备推广应用指导目录（2015 年版）》（工信部装〔2015〕63 号）。《目录》针对高技术船舶、海洋工程装备以及关键系统和设备作出具体规定。[5]

2015 年 2 月 2 日，保监会下发《中国保监会关于开展首台（套）重大技术装备保险试点工作的指导意见》（保监发〔2015〕15 号）。首台（套）重大技术

---

[1] 中国人民银行、国家发展改革委、工业和信息化部。
[2] 工业和信息化部。
[3] 工业和信息化部。
[4] 财政部、工业和信息化部。
[5] 工业和信息化部。

装备保险试点坚持"政府引导、市场化运作"原则；保险标的为列入工业和信息化部《首台（套）重大技术装备推广应用目录》的装备产品；保险产品为保障质量风险和责任风险的创新型综合保险产品，由中国保险行业协会制定统一的示范条款并公开发布，对飞机、船舶及海工装备、核电装备等单价金额巨大的重大技术装备，由投保企业与保险公司双方自主协商，可以选择按国际通行保险产品条款进行承保。[1]

2015 年 4 月 10 日，交通运输部印发了《全国沿海邮轮港口布局规划方案》（交规划发〔2015〕52 号）。《方案》提出，2030 年前，全国沿海形成以 2—3 个邮轮母港为引领、始发港为主体、访问港为补充的港口布局，构建能力充分、功能健全、服务优质、安全便捷的邮轮港口体系，打造一批适合我国居民旅游消费特点、国际知名的精品邮轮航线，成为全球三大邮轮运输市场之一，邮轮旅客吞吐量位居世界前列。[2]

2015 年 5 月 8 日，国务院下发《国务院关于印发〈中国制造 2025〉的通知》（国发〔2015〕28 号）。《通知》提出，推进信息化与工业化深度融合，加快机械、航空、船舶、汽车、轻工、纺织、食品、电子等行业生产设备的智能化改造，提高精准制造、敏捷制造能力。同时，《通知》明确了重点领域发展方向，针对海洋工程装备及高技术船舶，提出了要大力发展深海探测、资源开发利用、海上作业保障装备及其关键系统和专用设备；推动深海空间站、大型浮式结构物的开发和工程化；形成海洋工程装备综合试验、检测与鉴定能力，提高海洋开发利用水平；突破豪华邮轮设计建造技术，全面提升液化天然气船等高技术船舶国际竞争力，掌握重点配套设备集成化、智能化、模块化设计制造核心技术。[3]

2015 年 5 月 16 日，为推进国际产能和装备制造合作，实现经济提质增效升级，国务院下发了《国务院关于推进国际产能和装备制造合作的指导意见》（国发〔2015〕30 号）。《意见》明确提出了在钢铁、有色、船舶和海洋工程等重点行业分类实施，有序推进。针对船舶工业，《意见》提出了提升产品和服务水平、开拓高端市场的主要任务。[4]

2015 年 7 月 20 日，农业部印发《关于开展 2015 年远洋渔船船型标准化工作的通知》（农办渔〔2015〕49 号），并制定了《远洋渔船船型标准化工作方案（2015

---

[1] 保监会。
[2] 交通运输部。
[3] 中央人民政府门户网站、工业和信息化部网站。
[4] 中央人民政府门户网站。

年)》。《通知》在 2014 年远洋渔船船型标准化工作的基础上，继续开展拖网、围网和定置网 3 类渔船标准化船型的评定，以全面提升远洋渔业装备水平，实现远洋渔船的专业化、标准化、现代化。[1]

2015 年 8 月 31 日，为进一步加快融资租赁业发展，更好地发挥融资租赁服务实体经济发展、促进经济稳定增长和转型升级的作用，国务院印发了《加快融资租赁业发展指导意见》(国办发〔2015〕68 号)。《意见》提出要改革制约融资租赁发展的体制机制。其中，针对船舶产业明确提出，完善船舶登记制度，进一步简化船舶出入境备案手续，便利融资租赁公司开展船舶租赁业务。对注册在中国 (广东) 自由贸易试验区、中国 (天津) 自由贸易试验区海关特殊监管区域内的融资租赁企业进出口飞机、船舶和海洋工程结构物等大型设备涉及跨关区的，在确保有效监管和执行现行相关税收政策的前提下，按物流实际需要，实行海关异地委托监管。同时，《意见》提出加快重点领域融资租赁发展。鼓励融资租赁公司在飞机、船舶、工程机械等传统领域做大做强。[2]

2015 年 8 月 31 日，交通运输部发布《关于印发船舶与港口污染防治专项行动实施方案 (2015—2020 年) 的通知》(交水发〔2015〕133 号)，以全面推进船舶与港口污染防治工作，积极推进绿色水路交通发展。《通知》明确提出 2020 年发展目标，即船舶与港口大气污染物、水污染物得到有效防控和科学治理，清洁能源得到推广应用等。[3]

2015 年 9 月 28 日，为贯彻落实《国务院关于促进旅游业改革发展的若干意见》(国发〔2014〕31 号) 的精神，支持邮轮游艇、索道缆车、游乐设施等旅游装备制造本土化，积极发展邮轮游艇旅游、低空飞行旅游，工业和信息化部、国家发展改革委等 6 部委联合发布《关于促进旅游装备制造业发展的实施意见》(工信部联装〔2015〕331 号)。《意见》提出要加快实现邮轮自主设计和建造，大力发展大众消费游艇产品。经过 5—10 年的发展，基本掌握大中型邮轮设计、建造、修理技术，培育形成大型邮轮总装制造企业和一批专业化的邮轮配套及内装公司，逐步开拓国际主流邮轮建造市场。加强游艇自主研发设计能力，提升技术水平和建造品质，培育形成一批游艇自主品牌和骨干企业。[4]

---

[1] 农业部。
[2] 中央人民政府门户网站。
[3] 交通运输部。
[4] 工业和信息化部。

2015 年 11 月 9 日，为规范船舶报废拆解和船型标准化补助资金的管理，提高资金使用效益，财政部下发《关于印发〈船舶报废拆解和船型标准化补助资金管理办法〉的通知》（财建〔2015〕977 号）。补助资金的使用范围包括：海船提前报废更新，内河船拆解、改造和新建示范船，渔船报废拆解、更新改造和渔业装备设施建设。[1]

2015 年 12 月 2 日，为贯彻实施《中华人民共和国大气污染防治法》（主席令第三十一号），推进绿色航运发展和船舶节能减排，减少船舶在我国重点区域的大气污染物排放，交通运输部印发了《珠三角、长三角、环渤海（京津冀）水域船舶排放控制区实施方案》（交海发〔2015〕177 号）。《方案》设立了珠三角、长三角、环渤海（京津冀）水域船舶排放控制区，确定了排放控制区内的核心港口区域，设定了船舶硫氧化物、氮氧化物和颗粒物的排放要求（见表 13-1）。[2]

表 13-1　2014—2015 年船舶工业主要政策一览

发布时间	政策名称	发布机构
2014年12月	《关于金融支持船舶工业加快结构调整促进转型升级的指导意见》（银发〔2014〕390号）	中国人民银行、国家发展改革委、工业和信息化部等九部委
2014年12月	《海洋工程装备（平台类）行业规范条件》（工业和信息化部公告2014年第87号）	工业和信息化部
2014年12月	《关于加大重大技术装备融资支持力度的若干意见》（工信部联装〔2014〕590号）	工业和信息化部、中国人民银行
2015年2月	《关于开展首台（套）重大技术装备保险补偿机制试点工作的通知》（财建〔2015〕19号）	财政部、工业和信息化部、保监会
2015年2月	《首台（套）重大技术装备推广应用指导目录（2015年版）》（工信部装〔2015〕63号）	工业和信息化部
2015年2月	《中国保监会关于开展首台（套）重大技术装备保险试点工作的指导意见》（保监发〔2015〕15号）	保监会
2015年4月	《全国沿海邮轮港口布局规划方案》（交规划发〔2015〕52号）	交通运输部
2015年5月	《国务院关于印发〈中国制造2025〉的通知》（国发〔2015〕28号）	国务院

[1]　财政部。
[2]　交通运输部。

（续表）

发布时间	政策名称	发布机构
2015年5月	《国务院关于推进国际产能和装备制造合作的指导意见》（国发〔2015〕30号）	国务院
2015年7月	《关于开展2015年远洋渔船船型标准化工作的通知》（农办渔〔2015〕49号）	农业部
2015年8月	《加快融资租赁业发展指导意见》（国办发〔2015〕68号）	国务院办公厅
2015年8月	《关于印发船舶与港口污染防治专项行动实施方案（2015—2020年）的通知》（交水发〔2015〕133号）	交通运输部
2015年9月	《关于促进旅游装备制造业发展的实施意见》（工信部联装〔2015〕331号）	工业和信息化部、国家发展改革委等六部委
2015年11月	《关于印发〈船舶报废拆解和船型标准化补助资金管理办法〉的通知》（财建〔2015〕977号）	财政部
2015年12月	《珠三角、长三角、环渤海（京津冀）水域船舶排放控制区实施方案》（交海发〔2015〕177号）	交通运输部

二、现阶段政策重点

（一）推动船舶企业走出去

2015年5月，国务院发布了《关于推进国际产能和装备制造合作的指导意见》（国发〔2015〕30号），要求抓住当前全球产业结构加速调整，基础设施建设方兴未艾，发展中国家大力推进工业化和城镇化的重要机遇，大力推进国际产能和装备制造合作。作为我国最早"走出去"的行业之一，船舶和海洋工程具备一定的国际竞争优势，且国际市场对高端船舶行业具有较大的需求，此次也被列入《意见》的重点推进行业。这对我国船舶工业"走出去"是重大利好，有利于企业在亚洲周边国家和非洲国家开拓新市场[1]，深度推进国际产能合作，实现由产品输出向产业输出的转变。

（二）加大船舶融资支持

目前，船舶业的造船、接单和兼并重组领域都存在资金短缺的大问题，为化

---

[1] 中国船舶网：《船舶工业走出去再迎重大利好》。

解船企融资难、融资贵的困难，2015年，国务院及各部门陆续出台一系列政策，破除船舶制造业资金瓶颈，其中《关于金融支持船舶工业加快结构调整促进转型升级的指导意见》（银发〔2014〕390号）明确要求银行业金融机构进一步优化对船舶工业的信贷结构，《关于加大重大技术装备融资支持力度的若干意见》（工信部联装〔2014〕590号）提出更有针对性地满足企业多元化和个性化的融资需求。

（三）推动产业智能化发展

现阶段，船舶企业欲实现转型，赶上世界先进建造水平，增强市场竞争力，最根本的是依靠大数据、云计算等数字化、智能化手段，提升设计与制造环节的科技水平，推动行业由中低端向中高端发展，满足市场个体化与定制化需求。为此，《国务院关于印发〈中国制造2025〉的通知》（国发〔2015〕28号）把海洋工程装备和高技术船舶作为十大重点发展领域之一加快推进，明确指出要推进数字化制造、网络化制造和智能化制造，实现产业由大变强，这为我国海洋工程装备和高技术船舶发展指明了方向，是今后十年我国船舶工业发展的重点和目标。

第二节　2015年船舶产业结构调整的主要情况

2015年以来，我国船舶工业继续推动调结构、增效益、去产能等工作，加大淘汰船舶落后产能力度，积极推进船舶制造企业兼并重组，大力推动海洋工程装备等的发展，加大行业技术投入，使得船舶产业集中度得到进一步提升，压减产能工作取得实质性进展，产业迈向高端发展，船企"走出去"步伐明显加快，船舶产业结构调整取得一定进展。

一、进展

（一）造船三大指标一升两降

2015年，我国造船三大指标中的造船完工量呈现增长态势，而新接订单量、手持订单量出现收窄。其中：全国造船完工4184万载重吨，与上年同期相比增长7.1%，占世界造船完工量比重的40.8%，分别比韩国、日本高出10.3和18.9个百分点；全国承接新船订单量3126万载重吨，同比下降47.9%，占世界新接订单量的30.2%，略高于日本；全国手持订单量1.23亿载重吨，同比下降

12.3%，占世界手持订单量的 42%，分别比韩国、日本高 14.7 和 19.1 个百分点（见图 13-1）。

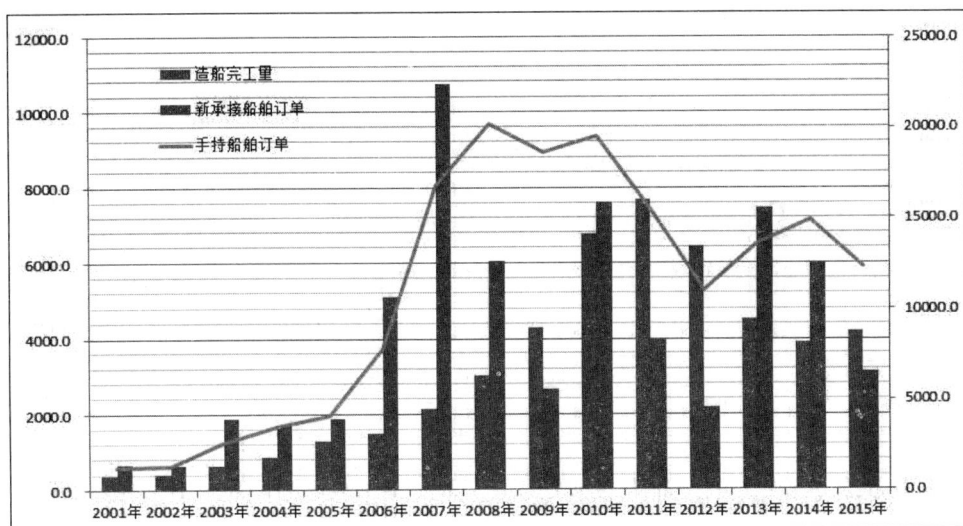

图13-1　2001—2015年中国造船三大指标

资料来源：中国船舶工业行业协会。

（二）船舶配套业呈逆市扩张

2015 年，我国船舶工业中的船舶配套产业逆市上扬，企业经营状况相对较好。从主营业务收入方面来看，规模以上船舶配套业企业实现主营业务收入 1016.2 亿元，同比增长 9.5%；增速高于同期船舶制造业 1.2%、船舶修理业 -0.1%、海洋工程专用设备制造 -4% 的水平。从企业经营利润方面来看，规模以上船舶配套业企业实现利润总额 49.2 亿元，与上年同期相比增长了 12.1%；增速高于同期船舶制造业 -1.9%、海洋工程专用设备制造 -150% 的水平。

（三）企业出口状况有所改善

近年来，受国际金融危机冲击，我国船舶出口呈现了回落态势，由 2011 年 400 多亿美元的峰值降至 2014 年 230 多亿美元。2015 年，我国船舶出口状况有所改善。根据海关总署的统计数据，2015 年我国船舶出口总额达到 280.2 亿美元，同比增长了 11.2%，与 2009 年基本持平[1]。从出口船型来看，散货船、油船和集

---

[1]　中国船舶新闻网：《2015年我国船舶出口额同比增长11.2%》。

装箱船占比为52.5%，仍占船舶出口的主导地位。而不以航行为主的船舶如灯船、消防船等出口增速较快，市场形势较好。从市场分布来看，亚洲是我国船企的主要出口市场。2015年，我国船舶产品出口到180多个国家和地区，向亚洲出口金额占比为58.7%，有所提升，其次是欧洲市场。从船舶出口省份看，江苏省出口额超70亿美元，是我国船舶第一大出口省份，其次是上海市。

（四）企业兼并重组较为活跃

在当前国内外经济形势严峻而复杂、造船市场持续低迷的形势下，我国船舶企业积极寻找出路，通过兼并重组争取新的机会和资源。如：招商局集团与中国外运长航集团实施战略重组，实现优势互补，大连船舶重工集团有限公司完成对大连大洋船舶工程有限公司的兼并，中海发展（香港）航运有限公司收购了中海浦远航运有限公司100%股权，泰州口岸船舶有限公司收购了泰州中航船舶重工有限公司45%的股权。2015年，船舶工业兼并重组较上年更为活跃，呈现以下特征。一是交易数量获得大幅增长。2015年上半年，船舶行业共发生14宗兼并重组交易，与2014年披露的8宗交易相比，增加了6宗，涨幅达75%。二是交易金额大幅提升。2015年上半年，船舶行业披露的并购交易金额共计257.44亿元，比2014年同期的17.98亿元增加了45.11亿元，增幅高达十倍多。三是交易形式以收购为主。2015年招商局集团与中国外运长航集团、中海发展（香港）航运有限公司与中海浦远航运有限公司的兼并重组都是通过收购完成的。

（五）产业向智能化方向发展

当前，我国正在深入推进《中国制造2025》、"互联网＋"行动计划等战略，给船舶制造业转型升级发展带了重大的政策利好。2015年，我国船舶工业紧紧抓住装备制造业改造升级的历史机遇，积极推进智能转型项目，推动技术改造升级，加强生产工艺的创新运用，加大数字化装备、智能化焊接机器人等的应用，使得造船质量和效率进一步提升，装备信息化和自动化进一步发展。2015年12月，中国船级社编制并发布了首部《智能船舶规范》。在工业和信息化部智能制造试点示范企业名单中，南通中远川崎船舶工程有限公司成功入选，成为船舶行业唯一一家上榜的企业。[1] 目前，中船集团正在积极利用包括上海船舶研究设计院、中国船舶工业系统工程研究院、沪东中华船厂等在内的资源力量开发智能船；

---

[1] 中国海洋工程网：《南通中远川崎入选国家工信部2015年智能制造试点示范项目》。

中国船舶工业集团开始为航运企业建造智能船,同时还将处理大量航运数据[1]。上海安盛汽车船务有限公司与北京海兰信数据科技股份有限公司跨行业强强联手,在船队智能化管理系统研发、应用方面加强合作,促使我国航运企业在船舶管理方面迈入"智能时代"。

二、成效

(一)产业集中度有所提升

2015年,我国船企兼并重组工作稳步推进,船舶产业集中度有进一步提升。根据中国船舶工业行业协会披露的统计数据,2015年,全国造船完工量前10家企业的集中度为53.4%,比2014年的50.6%提高了2.8个百分点;新接订单量前10家企业的集中度为70.6%,比2014年提高了15.1个百分点。此外,在世界造船完工量和新接订单量前10名榜单中,我国分别有3家和4家企业上榜,数量均比上年有所提高。

(二)产能得到有效压减

2015年,我国船舶工业通过多种渠道努力化解过剩产能,产能压减工作取得显著进展。一是工业和信息化部发布公告,公示了通过评审的《船舶行业规范条件》第三批11家企业名单和《海洋工程装备(平台类)行业规范条件》第一批7家企业名单,进一步落实化解产能过剩矛盾、加快结构调整的政策。二是船舶企业抓紧落实压缩产能相关政策。如:中国船舶工业关停了下属上海船厂船舶公司位于浦西厂区的修船业务,中国海运对修船板块进行了整合,中国外运长航积极压缩青山船厂产能。三是部分接不到订单处于停止运行状态的企业进入破产程序。根据相关统计,船舶行业共压减产能超过1000万载重吨。

(三)产业迈向高端发展

当前,我国经济发展进入新常态,经济增速换挡,产业结构不断优化升级,经济发展从要素驱动、投资驱动转向创新驱动。与此同时,国际海运需求格局与供应体系发生重大变革,航运业呈现运力供求失衡、盈利空间承压、航运指数长期低迷等的新常态[2]。在新常态下,调整船舶产品结构、加快信息化技术应用、创

---

[1] 中国海洋工程网:《智能化:引领船舶制造业变革》,http://www.chinaoffshore.com.cn/a/zhengce/chanjingfanglue/16196.html。

[2] 国际船舶网:《解局航运新常态》。

新服务模式，是船舶企业的基本选择。2015年，我国船舶企业主动适应和引领新常态，加大自主研发力度，产品创新成效明显，产业向高端发展的趋势更加显著。如17.2万立方米薄膜型液化天然气（LNG）船、8.3万立方米超大型全冷式液化石油气船（VLGC）等高端船舶装备交付使用，7万总吨级自主知识产权豪华邮轮、3.88万吨智能示范船、第七代超深水钻井平台、新型极地自破冰科考船、10000车位超大型汽车滚装船、超大型乙烷运输船（VLEC）等战略性、前瞻性产品研发取得积极进展[1]。

（四）企业"走出去"步伐加快

当前，随着"一带一路"等国家战略的深入推进和实施，我国船舶企业"走出去"迎来重大战略机遇期。东南亚、非洲等国家的港口建设日趋完善和海洋经济的发展对于船舶及海工装备的需求将有望增长。2015年，我国船舶企业充分发挥行业优势，积极开拓国际市场，努力实现由输出产品向输出产业的跃升，全力推进国际产能合作。如：中国船舶工业集团公司与芬兰瓦锡兰成立合资公司，完成收购瓦锡兰旗下二冲程发动机业务[2]，通过收购，中船集团将加快产品开发，完善全球服务网络。烟台中集来福士海洋工程有限公司为波斯湾、里海、墨西哥湾和俄罗斯等国家和地区打造了多个高端海洋工程装备总包项目，成为"中国制造＋中国资本＋中国运营"的范例。

第三节　面临的问题与挑战

当前，全球经济形势持续低迷、国际国内市场需求萎缩、船舶行业产能过剩等矛盾叠加，使得我国船舶企业的生存发展面临着严峻的问题和挑战。主要表现在企业盈利困难，产业高端化发展面临诸多困难，企业管理模式落后，配套产业亟待升级等方面。

一、企业盈利难问题更加突出

2015年，国际金融危机影响更加深刻，海外需求不振，波罗的海指数持续走低，新船市场不景气，海工装备市场大幅下滑。企业接单难、融资难、生存难

---

[1] 中国船舶工业行业协会。
[2] 网易财经：《中船集团完成收购瓦锡兰旗下二冲程发动机业务》。

的问题十分突出，行业经济效益明显下滑。根据船舶工业行业协会的统计数据，1—12月，我国规模以上船舶工业企业利润总额为179亿元，与上年同期相比下降幅度达32.3%。在细分行业中，船舶制造业的利润为143.2亿元，同比下降1.9%；海洋工程专用设备制造亏损15亿元，利润总额同比下降150%。并且，短时期内全球经济低迷的状态还将持续，整个船舶市场前景不容乐观，船舶企业生存困难的状况难以有效改善，我国船舶工业面临着严峻的挑战。

二、产业高端化发展面临瓶颈

多年来，我国船舶工业一直徘徊在价值链中低端，在高端化研发、制造与服务环节的工业积累相对薄弱。当前，我国船舶工业正处于发展方式转变与结构调整期，产业向高端化发展的任务依然十分艰巨。一是面临设计瓶颈。国内企业陆续承接了5000吨起重铺管船、1.8万TEU集装箱船、超大型液化气船（VLGC）、17.4万立方米液化天然气（LNG）船等，但是由于缺乏高端设计人才，大部分概念设计和基本设计必须依靠国外的成熟设计。二是面临研发瓶颈。一直以来，我国船舶行业主要集中在制造环节，高技术船舶研发能力薄弱、更新速度缓慢、研发产品不适应市场快速变化等问题亟待解决。三是面临经验瓶颈。2015年，日本迅速调整了主要建造散货船的经营策略。日本联合造船重返苏伊士型油船建造领域，常石造船重新开始建造阿芙拉型油船，大岛造船进军集装箱市场。一直以来，我国绝大多数造船企业都是以建造散货船为主，在当前散货船市场走势异常低迷的情况下，建造高端船舶装备缺乏必要的经验积累，导致我国造船业国际市场地位受到威胁。

三、企业管理模式亟须创新

当前，全球航运市场及造船市场产能结构性过剩矛盾突出，船舶管理规范条件越来越严格。处于利润低、转型难时期的船舶企业想要在国际竞争中占据一定优势，必须创新管理模式，挖掘降本潜力，实现提质增效。为了削减劳动力成本，韩国船企积极研发新技术，推动船舶建造自动化、智能化。如：三星重工在焊接和涂装喷漆作业领域的自动化率已达80%左右；现代重工开发了可携带式轻量焊接机器人、海工装备特殊管线焊接机器人等多型焊接机器人，工效提高了3倍多[1]。我国船舶骨干企业在创新管理模式、提质增效方面虽已取得一定进展，但在管理模式方面仍然存在问题，不能适应从建造常规船舶转向建造高端船舶的要求：一是研发、建造和人工成本仍然偏高；二是精度管理参差不齐，管理效率仍需提高；三是自动化、智能化制造水平不够，产品质量有待提升[2]。

四、船舶配套产业亟待升级

我国船舶配套业与优势国家发展水平相比有较大差距，船用设备发展滞后问题更为突出，已成为制约造船强国建设的主要瓶颈。突出表现在，船用设备产业链不完善，研发能力亟待全面提升，本土品牌产品竞争力薄弱，系统集成和打包供货能力不足，缺乏规模实力雄厚、具有国际竞争力的优强企业。实现造船强国的战略目标，必须加快提高船用设备研制与服务能力，全面突破船舶配套产业发展瓶颈。

---

[1] 中国船舶新闻网：《降本增效，韩船企"重用"机器人》。
[2] 财经国家新闻网：《船舶高端化的三大挑战》，http://www.ennweekly.com/2016/0111/17160.html。

第十四章 电子信息产业结构调整

2015 年以来，我国电子信息产业发展格局发生了深刻变化。国家推动实施制造强国战略和"互联网+"行动计划，推动电子信息产业的关键核心技术研发，促进信息技术与其他各行业的深度融合，继续加大对集成电路、新型平板显示和5G 研发的支持，加强电子信息行业创新驱动力度，积极加快推进结构调整。电子信息行业在国民经济中的支撑带动作用持续增强，进一步成为稳增长、促转型的重要力量。

第一节 2015 年电子信息产业结构调整的主要政策

2015 年，"互联网+"行动开始启动实施，成为推动我国电子信息产业结构调整的重要战略，也是推动电子信息产业与其他行业深度融合发展的纲领性文件。随着新业态、新产品的涌现，政府不断加大对云计算、大数据，以及电子商务等领域的支持力度，有效推动了我国电子信息产业的结构调整优化与升级。

一、政策基本情况

（一）加快推进"互联网+"战略的实施

2015 年 6 月 24 日，国务院总理李克强主持召开国务院常务会议，部署推进"互联网+"行动，促进形成经济发展新动能，2015 年 7 月，国务院发布了《关于积极推进"互联网+"行动的指导意见》(国发〔2015〕40 号，以下简称《指导意见》)，这是在新的历史时期国家推动互联网与各行业领域深度融合的纲领性文件，一方面大大刺激了我国电子信息产业的快速发展，另一方面推动了我国经济提质增效和转型升级，培育新兴业态，打造新的增长点。随着《中国制造2025》的发布，"互联网+"发展战略与我国制造业形成支撑互补，也成为我国工业经济发展的重要顶层设计。为进一步落实上述《指导意见》，2015年12月7日，工业和信息化部发布《贯彻落实〈国务院关于积极推进"互联网+"行动的指导意见〉行动计划（2015－2018年）》，并将工作主要定位在"两个重点"和"两个支撑"，从七个方面提出了未来三年的具体行动，对接《中国制造2025》战略，对推动制造强国和网络强国建设具有重要意义。

（二）首次推行大数据国家战略

2015年5月，李克强总理提出，大数据产业是中国推动"互联网+"战略的重要支撑。6月，习近平总书记考察贵阳调研贵阳大数据交易所时说："发展大数据确实有道理。"9月，国务院通过《关于促进大数据发展的行动纲要》，这是我国支持大数据发展的第一部正式文件，对大数据的规范化发展起到了至关重要的作用。11月，党的十八届五中全会提出，拓展网络经济空间，推进数据资源开放共享，实施国家大数据战略，超前布局下一代互联网。这是大数据第一次写入党的全会决议，标志着大数据战略正式上升为国家战略，开启了大数据建设的新篇章（见表14-1）。

表14-1　2015年电子信息产业主要政策一览

发布时间	发布部门	政策名称
2015年1月	国务院	《关于促进云计算创新发展培育信息产业新业态的意见》
2015年5月	国务院	《关于大力发展电子商务加快培育经济新动力的意见》
2015年5月	国务院	《国务院办公厅关于加快高速宽带网络建设推进网络提速降费的指导意见》
2015年6月	国务院	《国务院办公厅关于促进跨境电子商务健康快速发展的指导意见》
2015年7月	国务院	《国务院关于积极推进"互联网+"行动的指导意见》
2015年7月	中国人民银行	《关于促进互联网金融健康发展的指导意见》
2015年9月	国务院	《关于印发促进大数据发展行动纲要的通知》
2015年11月	国务院	《国务院办公厅关于加强互联网领域侵权假冒行为治理的意见》

（续表）

发布时间	发布部门	政策名称
2015年11月	国务院	《国务院办公厅关于促进农村电子商务加快发展的指导意见》
2015年11月	工业和信息化部	《云计算综合标准化体系建设指南》
2015年12月	工业和信息化部	《贯彻落实〈国务院关于积极推进"互联网+"行动的指导意见〉行动计划（2015—2018年）》

资料来源：赛迪智库整理。

二、重点政策解析

（一）国务院出台指导意见积极推进"互联网+"行动

2015年7月，国务院发布了《关于积极推进"互联网+"行动的指导意见》（国发〔2015〕40号，以下简称《指导意见》），这是在新的历史时期国家推动互联网与各行业领域深度融合的纲领性文件，也为下一个10年我国经济社会的发展规划了战略蓝图。

1. 体现改革创新的指导思想

《指导意见》坚持"开放共享、融合创新、变革转型、引领跨越、安全有序"的基本原则。在总体思路方面突出以下几个特点：一是更加注重互联网对于生产供给端的作用，依托互联网优势提升传统生产企业自身竞争力；二是凸显深化改革，在存量和增量方面各有调整要求，以期激发和调动各经济增长点搞活全盘；三是更加注重营造适宜于互联网与其他产业融合的相关环境。在此基础上，《指导意见》形成了近10年中期具体目标，即基本完善网络化、智能化、服务化、协同化的"互联网+"产业生态体系；初步形成"互联网+"的经济形态；"互联网+"成为又一贡献经济增长的重要因素。

2. 重点任务凸显融合协作特色

《指导意见》从宏观层面共提出互联网与创业创新、协同制造、现代农业、智慧能源、普惠金融、益民服务、高效物流、电子商务、便捷交通、绿色生态、人工智能等11个重点领域融合发展的任务，涉及国民经济发展的方方面面，充分体现出互联网发展的兼容性、渗透性、协同性的特色。11个重点领域中又进一步明确了与互联网融合发展的具体举措。对一、二、三产业的发展都具有变革性的重要意义。如与现代农业融合发展，改变了传统农业粗放型的生产方式，有力提升了作业的精准化程度。与能源生产融合发展，提高了能源利用效率和安全稳定水平。与制造业融合发展，突出了工业化和信息化两化融合的新型发展特色，有力提升了制造业数字化、网络化、智能化水平。与交通、物流、电商、金融、生态等服务产业的融合发展，更加促进了服务模式的创新，拓宽了服务范围和服务渠道，加快供给侧与需求侧的对接，以众多新型服务业态提升服务水平和服务质量。

3. 做好保障支撑营造良好环境

打造互联网与相关产业协同发展，首要是夯实基础，包括技术基础、产业基础和安全基础，要加快建立融合标准，在《指导意见》中确立了"共性先立、急用先行"的原则，加快推进行业标准化工作。此外，在征信体系建设、人才培养、海外合作、试点示范、金融支撑等方面，《指导意见》中都提出了明确的行动措施，以期多措并举、多管齐下，协同为产业发展做好支撑。

（二）国务院发文力促大数据发展

为贯彻落实党中央、国务院决策部署，全面推进我国大数据发展和应用，加快建设数据强国，国务院于 2015 年 8 月 30 日正式发布《国务院关于印发促进大数据发展行动纲要的通知》（国发〔2015〕50 号，以下简称《行动纲要》）。《行动纲要》是到目前为止我国促进大数据发展的第一份权威性、系统性文件，从国家大数据发展战略全局的高度，提出了我国大数据发展的顶层设计，是指导我国未来大数据发展的纲领性文件。

1. 加快大数据发展是顺应当前经济发展形势的内在要求

当前，大数据在社会各领域加速创新应用，推动新业态、新产品加快涌现。运用大数据推动经济发展、完善社会治理、提升政府服务和监管能力正成为新趋势。一些发达国家已经相继制定了实施大数据战略性文件，大力推动大数据发展和应用，以抢占新的竞争制高点。现阶段，我国经济社会信息化建设快速推进，信息化水平不断提高，互联网、移动互联网用户规模居全球第一，大数据部分关键技术研发取得突破，涌现出一批互联网创新企业和创新应用，一些地方政府已启动大数据相关工作。但是，食品药品安全、公共安全与应急管理、社会信用体系、生态环境保护、民生公共服务等经济社会问题频发；保增长、调结构迫切需要寻求新的经济增长点。迫切需要充分发挥信息化对经济社会发展的支撑和引领作用，促进互联互通、数据开放、信息共享和业务协同。为此，《行动纲要》指出，坚持创新驱动发展，加快大数据部署，深化大数据应用，已成为稳增长、促改革、调结构、惠民生和推动政府治理能力现代化的内在需要和必然选择。

2. 加快大数据发展迫切需要实现五大目标

加快大数据部署，深化大数据应用，核心要求是推动数据资源共享开放，加快政府信息平台整合，消除信息孤岛，推进数据资源向社会开放；需要发挥市场在资源配置中的决定性作用；还要以企业为主体，营造宽松公平的环境；同时，还要有完善的法规制度和标准体系，切实保障数据安全。促进大数据发展，加快建设数据强国，有利于释放技术红利、制度红利和创新红利，提升政府治理能力，推动经济转型升级。为此，《行动纲要》立足我国国情和现实需要，提出推动大数据发展和应用的5—10年目标。一是打造精准治理、多方协作的社会治理新模式。2017年底前形成跨部门数据资源共享共用格局。二是建立运行平稳、安全高效的经济运行新机制。提高决策的针对性、科学性和时效性，提升宏观调控以及产业发展、信用体系、市场监管等方面管理效能，保障供需平衡，促进经济平稳运行。三是构建以人为本、惠及全民的民生服务新体系。不断满足人民群众日益增长的个性化、多样化需求。四是开启大众创业、万众创新的创新驱动新格局。形成公共数据资源合理适度开放共享的法规制度和政策体系，2018年底前建成国家政府数据统一开放平台。五是培育高端智能、新兴繁荣的产业发展新生态。促进传统产业转型升级和新兴产业发展，培育新的经济增长点。

3. 加快大数据发展需要兼顾开放与安全

当前，我国数据资源不共享开放的问题依然较为普遍。特别是我国各级政府、公共机构汇聚了海量数据资源，除了部分信息公开和自用外，大部分没有充分发挥数据资源应有的作用。同时，加快各部门、各地区、各行业、各领域的数据资源共享开放，还必须保证数据资源的安全性，使得数据更好地创造价值，保障信息安全，保护个人隐私。为此，《行动纲要》从内容架构上提出三大任务。一是要加快政府数据开放共享，推动资源整合，提升治理能力。大力推动政府部门数据共享，稳步推动公共数据资源开放，统筹规划大数据基础设施建设，支持宏观调控科学化，推动政府治理精准化，推进商事服务便捷化，促进安全保障高效化，加快民生服务普惠化。二是要推动产业创新发展，培育新兴业态，助力经济转型。发展大数据在工业、新兴产业、农业农村等行业领域应用，推动大数据发展与科研创新有机结合，推进基础研究和核心技术攻关，形成大数据产品体系，完善大数据产业链。三是要强化安全保障，提高管理水平，促进健康发展。健全大数据安全保障体系，强化安全支撑。

（三）工业和信息化部印发"互联网+"三年行动计划，促进制造业升级

2015年7月4日，国务院发布了《关于积极推进"互联网+"行动的指导意见》（国发〔2015〕40号），提出了在11个领域推进"互联网+"重点行动。为进一步落实上述《指导意见》，2015年12月7日，工业和信息化部发布《贯彻落实〈国务院关于积极推进"互联网+"行动的指导意见〉行动计划（2015—2018年）》，并将工作主要定位在"两个重点"和"两个支撑"，从七个方面提出了未来三年的具体行动，对接《中国制造2025》战略，对推动制造强国和网络强国建设具有重要意义。

重点一："互联网+"协同制造。智能制造是我国制造业的重要发展方向，一是生产智能化产品，比如更加智能的工业机器人；二是生产和管理过程的智能化或信息化，把信息技术用在整个生产经营管理的各个环节，提高生产的效率和效益；三是在企业层面建立工业互联网或物联网，实现信息的充分交流和共享。因此，将智能制造作为推进"互联网+"制造的重要切入点。发展智能装备，组织实施智能制造重大工程，加快智能工厂、智能车间建设，组织实施国家制造业创新中心建设工程，建设一批"互联网+"制造创新中心、实验验证中心等公共服务平台，同时还要推进重要工业云、工业领域大数据中心建设。

重点二："互联网+"小微企业创业创新的融合发展。2015年，国务院在推进大众创新创业方面发布了多项政策意见，创新驱动是当前中国经济发展的主题。在互联网经济下，创新创业的环境将愈加完善。因此，以创业创新为重点，加快推进"互联网+"小微企业。加强中小企业综合服务体系建设，完善中小企业公共服务平台网络，探索利用互联网金融缓解小微企业融资难的有效途径；继续实施中小企业信息化推进工程和两化融合能力提升行动，完善"创客中国"公共服务平台，建设一批智慧型小企业创业基地，打造创业创新生态。

支撑一：高速宽带网络基础设施。目前，我国宽带网络普及率已大幅提高，但宽带质量、速度仍然无法满足生产、生活需求，尤其当前在"互联网+"、信息消费等一系列国家战略下，对网络基础设施的需求仍十分迫切。因此，一方面要落实网络提速降费指导意见，推进全光纤网络城市和4G网络建设，加大5G

研发力度；另一方面还要研究部署工业互联网，组建工业互联网产业联盟，建设工业互联网试验网，研究制定网络架构方案、基础设施建设规划。

支撑二：信息技术产业。当前，我国信息技术产业已经实现了快速发展，产业体系基本形成，对于拉动经济增长、调整产业结构、转变发展方式具有重要作用。但我国信息技术产业核心技术受制于人、自主创新能力较弱、产业结构不合理等深层次问题仍很突出，对支撑服务"互联网＋"制造造成较大压力。因此，以关键技术和产品为突破口，提升电子信息产业支撑水平，构建安全可控的信息产业技术体系。重点在核心关键技术和产品、软硬件协同创新、云计算、大数据、工业网络和信息系统的安全防护等方面，推动我国信息技术产业的快速发展。

第二节　2015 年电子信息产业结构调整的主要情况

一、软件发展速度仍然快于硬件制造

根据工业和信息化部运行监测快报显示，2015 年 1—12 月，规模以上电子信息制造业增加值同比增长 10.5%，高于工业平均水平（6.1%）4.4 个百分点。其中 12 月当月同比增长 7.6%，高于工业平均水平（5.9%）1.7 个百分点。1—12 月，电子信息制造业的销售产值同比增长 8.7%，内销值同比增长 17.3%。2015 年 1—12 月，我国软件和信息技术服务业共完成软件业务收入 4.3 万亿元，同比增长 16.6%，软件和信息技术服务业收入增速快于电子信息制造业 6 个百分点。从软件和信息服务业的细分领域看，运营相关服务（包括在线软件运营服务、平台运营服务、基础设施运营服务等在内的信息技术服务）收入增长 18.3%；电子商务平台服务（包括在线交易平台服务、在线交易支撑服务在内的信息技术支持服务）收入增长 25.1%[1]，与当前我国快速发展的电子商务产业发展相一致。软件产业在电子信息行业中的占比持续提高，软硬件产品结构趋于优化。

二、区域产业发展呈现分化态势

从电子信息制造业来看，2015 年 1—12 月，中部地区电子信息制造业销售产值增速最快，同比增长 18.1%，西部地区电子信息制造业销售产值同比增长 11.5%，东部地区销售产值同比增长 7.2%，但东北地区电子信息制造业销售产值

---

[1]　工业和信息化部统计数据。

呈现负增长，同比下降 13%。在软件和信息服务业方面，东部地区完成软件业务收入 3.29 万亿元，同比增长 17.2%；西部地区完成软件业务收入 4410 亿元，同比增长 16.6%；中部地区完成软件业务收入 1978 亿元，同比增长 19.3%；东北地区完成软件业务收入 3943 亿元，增长速度仍然最低，同比增长 10.7%，增速低于全国平均水平 5.9 个百分点 [1]。从整体来看，中西部地区电子信息产业呈现较活跃的发展态势，而东北地区受工业经济下滑压力加大的影响，电子信息产业也同样表现不理想。

三、龙头企业发展表现抢眼

2015 年电子信息百强企业入围门槛达到 36.2 亿元，比上年提高 11.5 亿元。其中，华为技术有限公司连续九届位居榜首，海尔集团、中国电子信息产业集团有限公司分列第二、第三名，前三强的收入规模均超过 2000 亿元。百强企业的研发投入也不断增加，百强企业研发投入强度达到 5.5%，比上年提高 0.5 个百分点，超过全国平均水平 3 个百分点以上，自主创新成果显著。2014 年我国发明专利授权量前十强企业中，华为、中兴、京东方分列第 1、第 2 和第 6 位，华为在 2014 年 PCT 国际专利申请量企业排名中居首位，中兴位居第三。[2] 百强企业积极参与国际并购、标准制定与研发合作，实现了品牌、资金与技术的全方位"走出去"。如中兴收购阿尔卡特—朗讯的网络服务部门，华为收购英国物联网研究机构 Neul，TCL 收购 Palm，创维收购德国美兹等，有效拓展了企业的海外发展渠道，提升了品牌的国际影响力；百强企业积极参与制定云计算、物联网、射频连接器、同轴通信电缆等领域的国际标准，获得国际认可，进一步提升了我国电子信息产业在国际标准化工作中的话语权。

四、关键核心技术取得重大突破

2015 年，中国信息产业"缺心少魂"局面进一步改观。中芯国际、华力微电子 28 纳米芯片制程工艺进入量产。2015 年，龙芯发布新一代产品，全面进入产业化阶段。展讯通信、海思、联芯科技均成功研发出北斗移动通信一体化芯片，进入手机应用。2015 年，海思智能电视 SOC 批量供货多个品牌，出货量将超过 400 万片。2015 年，YunOS 用户突破 4000 万，成为国内第三大手机操作系统。

---

[1] 工业和信息化部统计数据。
[2] 中国电子信息行业联合会。

2015年6月,国际电信联盟正式宣布了5G发展时间表,5G进入国际标准研究阶段,各国都在为成为5G标准主导者而持续发力。我国发布了《5G网络技术架构白皮书》和《5G无线技术架构白皮书》,争夺5G标准战略制高点[1]。

第三节 面临的问题与挑战

一、核心基础领域仍然是阻碍产业升级的薄弱环节

长期以来,由于我国采取"以市场换技术"的战略,导致我国原始创新能力不足,形成了产业发展的路径依赖,核心技术和关键设备受制于人的局面没有根本突破,我国长期在集成电路、平板显示关键设备以及自动贴片机、薄膜流延机等核心基础领域存在短板。在IGBT、电感器、传感器等关键产品方面,我国依然落后于国际先进水平,在物联网等新兴领域发展急需的高精度传感器等方面,我国也处于较为落后地位。在我国构建自主创新的信息产业体系过程中,核心基础产业仍然是需要突破的缺口,需要引起持续高度重视。

二、制造企业面临人工成本上升和高端人才供给不足的困扰

广东省调研数据显示,2015年以来,广东省企业人工成本平均上升5%—10%。由于最低工资标准按照规定需年均增长12%,加上以此为基数的社会保险缴存额大幅提升,导致部分企业缴费总额上升70%,员工缴费同比提升96%,公司负担比例提升60%,构成了企业和员工的双重负担。同时,高层次人才有效供给不足制约产业升级。企业普遍反映,企业发展所需要的高层次专业技术人才严重短缺。另外,随着全国战略性新兴产业增长形势喜人,特别是围绕移动互联网的新一代信息技术产业等拉动产值增长,产业对高端设计人才的需求量将不断增加,对劳动力市场构成一定压力。

三、龙头企业需加快增强生态圈话语权

当前电子信息行业企业的核心竞争力不再只是单项优势技术或产品,而是进行优势互补和产业链整合的能力,并且伴随着软件对硬件的影响和改造作用日益突出,软件成为产业竞争的关键要素。因此,电子信息产业的竞争已经不仅限于

---

[1] 《2015年信息产业十件大事》,《中国电子报》2016年1月7日。

制造业范围内，需要重视从基础零件、核心器件、软件、整机组装、网络适配、应用等方面的竞争。苹果、谷歌、英特尔等 IT 巨头纷纷打造产业生态圈，在系统、芯片、终端及内容服务等方面纷纷开展布局，推进产业链的垂直一体化整合，打造优势竞争力，抢占技术的制高点。而我国电子信息企业普遍采用了"单兵作战"的发展模式，龙头企业在带动突破关键技术、合力打造产业生态圈方面，与国外还存在较明显的差距。我国企业需要继续加快转型，重视设计产业链和生态圈竞争发展路径，进一步增强国际话语权[1]。

---

[1] 2016年中国电子信息制造业发展形势展望。

第十五章　战略性新兴产业发展

2015 年我国战略性新兴产业持续发力,总体保持平稳较快发展。在国家政策、各级政府的实施细则以及相关专项资金的大力扶持和助推下,我国战略性新兴产业发展的潜力正进一步得到释放,在国民经济步入新常态的背景下,战略性新兴产业发展也逐步迈入提质增效的新阶段。

第一节　2015 年战略性新兴产业的主要政策

围绕近两年中央经济工作会议关于"产业政策要准"的重要精神,2015 年出台的战略性新兴产业相关政策文件定位更加明确,在政策落地方面也更具有针对性与可操作性。另外,从产业发展面临的国际国内环境来看,我国产业发展所需的生产要素约束正不断收紧,而提高国际竞争力抢占战略制高点已成为各国殊途同归的政策目标,我国各级政府的政策措施也正不断显现出由要素驱动转向创新驱动的良性发展倾向。

一、政策基本情况

2015 年,我国各级政府相继出台了关于战略性新兴产业发展的政策措施,注重加强顶层设计,围绕贯彻落实党的十八大以及十八届三中、四中、五中全会精神,针对节能环保、新一代信息技术、生物、高端装备制造、新材料、新能源以及新能源汽车等七大领域,分类施策,体现出市场发挥决定性作用以及更好发挥政府作用的双向结合,多管齐下,持续推动战略性新兴产业健康发展。

（一）节能环保产业相关政策文件

2015 年 3 月 24 日，国务院办公厅印发了《关于加强节能标准化工作的意见》（国办发〔2015〕16 号）[1]，旨在进一步推动节能标准化工作，为下一步化解产能过剩、加强节能减排、推动绿色低碳循环发展提供有力的制度支撑。《意见》提出了合理明确的工作目标，以 2020 年为时间节点，着力推进我国的相关节能标准体系与国际对接，同时也要求对现有产业政策更加贴合。在工作机制方面，既要建立节能标准更新机制又要探索能效标准转化机制，利用综合性的信息服务平台，普及节能标准知识，强化节能意识。在工作实施层面，侧重重点领域的节能标准的制修订，以示范工程作为突破口，加快国际化步伐，推动建立标准互认机制。《意见》最后提出要以科研和人才培养作为节能标准化工作的重要保障。

2015 年 2 月 9 日，湖北省人民政府印发了《关于进一步加快发展节能环保产业的实施意见》（鄂政发〔2015〕15 号）。[2]《意见》坚持以市场为导向，以企业为主体，以创新为驱动，强化政府引导，完善政策机制，培育规范市场。提出重点发展资源循环利用产业、节能环保装备产业、节能环保服务业，着力提升节能环保产品技术水平。通过实施节能环保技术装备产业化工程、节能环保产业集聚发展工程、节能减排降碳重点工程等三大重点工程为全省转型发展提供强有力支撑。《意见》明确了产业发展目标，到 2020 年，全省节能环保产业总产值达到 5000 亿元，比 2015 年翻一番，成为省内新的支柱产业之一。

2015 年 10 月 20 日，云南省人民政府发布了《关于加快发展节能环保产业的意见》（云政发〔2015〕76 号）。[3]《意见》旨在贯彻落实《国务院关于加快发展节能环保产业的意见》和《中共云南省委关于深入贯彻落实习近平总书记考察云南重要讲话精神闯出跨越式发展路子的决定》的精神，积极培育龙头企业，打造节能环保园区，加大节能环保产品研发和推广，加快发展环境治理技术装备，推进节能环保技术改造。以加快城镇环境基础设施建设和"绿色建筑"行动、加快改善农村人居环境等相关重点领域重点行动不断推进。在营造良好环境方面，《意见》提出大力支持技术创新能力建设，强化人才支撑，扩大市场消费需求。《意见》还提出了明确的发展目标，自 2016 年起，全省节能环保产业产值年均增长 15% 以上。到 2020 年，总产值达到 1000 亿元。

[1] http://www.gov.cn/zhengce/content/2015-04/04/content_9575.htm.
[2] http://gkml.hubei.gov.cn/auto5472/auto5473/201503/t20150305_624038.html.
[3] http://www.yn.gov.cn/yn_zwlanmu/qy/wj/yzf/201510/t20151027_22628.html.

（二）新一代信息技术相关政策文件

2015 年 8 月 25 日，国务院办公厅印发了《三网融合推广方案的通知》（国办发〔2015〕65 号）。[1]《通知》强调，在总结试点经验的基础上，加快在全国全面推进三网融合，推动信息网络基础设施互联互通和资源共享，有利于促进消费升级、产业转型和民生改善。方案目标明确，要将广电、电信业务双向进入扩大到全国范围，宽带通信网、下一代广播电视网和下一代互联网建设加快推进，自主创新技术研发和产业化取得突破性进展，掌握一批核心技术，产品和业务的创新能力明显增强，网络信息资源、文化内容产品得到充分开发利用，适度竞争的网络产业格局基本形成。各部门在贯彻落实方案上进一步加强协调配合，形成合力，共同推进各项工作。

2015 年 2 月 9 日，财政部、国家税务局、国家发展改革委、工业和信息化部联合发布了《关于进一步鼓励集成电路产业发展企业所得税政策的通知》（财税〔2015〕6 号）。[2]为进一步推动科技创新和产业结构升级，促进信息技术产业发展，发布此次集成电路产业发展企业所得税的调整政策。《通知》重点强调符合条件的相关企业，在 2017 年（含 2017 年）前实现获利的，自获利年度起，第一年至第二年免征企业所得税，第三年至第五年按照 25% 的法定税率减半征收企业所得税，并享受至期满为止；2017 年前未实现获利的，自 2017 年起计算优惠期，享受至期满为止。《通知》公布了符合条件的集成电路封装、测试企业必须满足的条件以及集成电路关键专用材料生产企业或集成电路专用设备生产企业必须满足的条件。同时，《通知》公布了相关办理流程、明确责任部门，以及违规行为的处理措施。《通知》对于集成电路产业进一步发展起到了强有力的推动作用，有利于激发企业生产动力和创新创造的活力，加快推动产业转型升级。

2015 年 12 月 29 日，工业和信息化部与国家标准化管理委员会共同印发《信息技术服务标准化工作五年行动计划（2016—2020）》（工信厅联信软〔2015〕164 号，以下简称《行动计划》）。[3] 该《行动计划》着眼于构建综合配套的信息技术服务标准体系和应用推广体系，促进信息技术服务业发展。提出进一步加大信息技术服务标准（ITSS）应用示范，选择重点行业用户、信息技术服务业聚集发展城市或区域，开展咨询设计、集成实施、运行维护、信息技术治理、数据（信息）保护

---

[1]　http://www.gov.cn/zhengce/content/2015-09/04/content_10135.htm.
[2]　http://www.bjcz.gov.cn/zwxx/tztg/t20150612_543945.htm.
[3]　http://www.miit.gov.cn/n1146295/n1652858/n1652930/n3757016/c4579525/content.html.

等领域标准应用示范。推动用户单位采用标准，组织开展标准实施效果评估，充分发挥标准的战略引领作用，更好地促进产业转型升级，支撑做强信息技术服务业。到 2020 年，形成需求引领、企业主体、政产学研用共同推进的标准研制、应用推广、持续改进的机制和模式。

2015 年 8 月 17 日，浙江省人民政府办公厅印发了《关于加快推进无线宽带网络建设的实施意见》（浙政办发〔2015〕90 号）。[1]《意见》要求协调发展 4G 网络、公共服务场所 Wi-Fi 建设、卫星通信系统建设、工业无线网络建设，辅以无线宽带网络的支撑能力建设，做好统筹规划、科学评估、加强认知、提高审批效率等工作营造良好环境。《意见》明确，到 2020 年，"无线浙江"建设目标基本实现，全省无线宽带网络基础设施基本达到国内一流、国际先进水平，有效满足公众随时随地网络接入需求和智能制造、电子商务、电子政务、社交娱乐等应用需要，对于推动浙江省无线宽带网络的发展起到了强有力的助推作用。

2015 年 11 月 18 日，安徽省人民政府印发了《三网融合推广实施方案的通知》（皖政办秘〔2015〕199 号）。[2]《通知》提出了网络建设、业务发展和产业发展三大重点目标任务，紧密围绕贯彻落实《国务院办公厅关于印发三网融合推广方案的通知》要求，大力推动广电、电信业务双向进入，加快构建全面承载三网融合业务的宽带网络基础设施，强化三网融合安全监管，同步推动三网融合相关产业发展。力争到 2017 年底，全省城区实现光纤到楼入户，95% 以上行政村实现光纤到村；县级以上城区广电网络双向改造全部完成；4G 网络覆盖全省城乡。全省开展双向进入业务的设区市力争达到一半以上，交互式网络电视（IPTV）业务力争超过 400 万户。通过三网融合带动信息消费等相关产业规模力争达到 3000 亿元。

（三）生物产业相关政策文件

2015 年 1 月 29 日，河北省发展改革委、科技厅、工信厅、财政厅、人力资源社会保障厅、环保厅、商务厅、卫计委、食品药品监管局等部门联合印发了《促进生物医药产业加快发展的实施方案》（冀发改高技〔2015〕116 号）。[3]《方案》提出要壮大化学药、生物技术药物、医疗器械和药品流通等领域的发展，重点建

---

[1] http://zfxxgk.zj.gov.cn/xxgk/jcms_files/jcms1/web57/site/art/2015/8/25/art_9503_78761.html.
[2] http://xxgk.ah.gov.cn/UserData/DocHtml/731/2015/11/27/156823504670.html.
[3] http://www.hbdrc.gov.cn/web/web/gjsc_gzdt/4028818b4c45e1ec014cbaba29da626f.htm.

设化学药调整升级工程、生物技术药物提升工程、医疗器械翻番工程、医药物流拓延工程以及石家庄国家生物产业基地及集聚发展试点建设工程。《方案》的全面实施将确保生物医药产业健康、有序发展。

2015年4月7日，厦门市人民政府印发了《加快生物与新医药产业发展若干措施的通知》（厦府〔2015〕87号）。[1]《通知》明确提出，对在厦门市进行工商注册、税务登记和厦门海关注册登记，并从事生物医药、生物制造、生物农业以及生物能源、生物环保、生物及医疗服务等领域的研发、生产、流通及服务外包的生物与新医药企业和机构，提出相关资金、用地、减免费用等方面支持，简化相关审批流程，持续推动厦门市生物与新医药产业的高端化、规模化、集聚化发展。

2015年2月16日，北京市人民政府办公厅发布了《关于加快推进中关村生物医药医疗器械及相关产业发展的若干意见》（京政办发〔2015〕9号）。[2]《意见》对于充分发挥中关村国家自主创新示范区科技创新体制改革试验田和战略性新兴产业策源地的作用有重要意义。《意见》明确提出，要重点发展生物制药、新型药物制剂、中医药现代化、高端医疗器械、高端医疗器械、新型临床诊断、检验检测技术及精密仪器、高端保健食品及化妆品、互联网医疗服务等领域。到2020年，实现生物医药、医疗器械及相关产业体系功能完备、结构合理，产业总收入突破1万亿元。

2015年3月11日，四川省人民政府办公厅印发了《关于加快医药产业创新发展的实施意见》（川办发〔2015〕20号）。[3]《意见》通过实施自主创新驱动计划、优化升级主导计划、道地优势提升计划、新兴产业领跑计划、市场流通拓展计划、人才强基支撑计划、开放合作招引计划等七大重点计划，以财税政策支持为保障，以科研、成果转化及人才促进政策为支撑，以公共采购、价格及市场推广鼓励政策、投融资及信贷支持政策为依托，加快四川医药产业转型升级。力争到2020年医药工业销售收入达到2500亿元，包含生产、流通和服务业全口径医药产业规模迈上5000亿元台阶，将四川打造成为中国重要的医药产业创新高地、现代中药产业基地和健康服务业基地。

2015年5月7日，湖北省经济和信息化委员会印发了《关于加快全省医药

[1] http://www.haicang.gov.cn/xx/jbxxgk/rdzt/2012nzt/qyyhzcjd/zchb/sjwj1/201505/t20150529_276988.htm.
[2] http://zhengwu.beijing.gov.cn/gzdt/gggs/t1383462.htm.
[3] http://www.sc.gov.cn/10462/10883/11066/2015/3/16/10329719.shtml.

产业发展的若干意见》。[1]《意见》要求重点发展生物医药产业、化学原料药新型制剂产业、医疗器械和生物医用材料产业，加快推进中药产业现代化。《意见》还提出要实施自主创新发展战略、实施龙头企业培育工程、加快推进医药产业基地（园区）建设、推进信息化与医药产业深度融合、加快医药流通现代化建设、大力推进品牌建设、加快公共服务平台建设、加强招商引资和对外交流合作、全面推行清洁安全生产、加强高层创新创业人才队伍建设。通过这些措施的同步推进，意在进一步壮大产业规模，提高产业竞争力。

（四）高端装备产业相关政策文件

2015 年 5 月 8 日，国务院印发了《中国制造 2025》（国发〔2015〕28 号）。[2]《中国制造 2025》，是我国实施制造强国战略第一个十年的行动纲领。《中国制造 2025》确立实施高端装备创新工程，提出要组织实施大型飞机、航空发动机及燃气轮机、民用航天、智能绿色列车、节能与新能源汽车、海洋工程装备及高技术船舶、智能电网成套装备、高档数控机床、核电装备、高端诊疗设备等一批创新和产业化专项、重大工程。开发一批标志性、带动性强的重点产品和重大装备，提升自主设计水平和系统集成能力，突破共性关键技术与工程化、产业化瓶颈，组织开展应用试点和示范，提高创新发展能力和国际竞争力，抢占竞争制高点。《中国制造 2025》为我国未来十年制造业发展指明了前进方向，对于我国制造业实现由大变强具有重要的现实意义。

2014 年 12 月 29 日，工业和信息化部发布了《海洋工程装备（平台类）行业规范条件》（工业和信息化部公告 2014 年第 87 号）。[3]《规范条件》的目的在于鼓励企业做优做强，提高海洋工程装备设计制造能力、生产效率和产品质量，加强技术和管理创新，提升环境保护、安全生产和职业健康管理水平，提高资源利用率和降低能源消耗，从而实现海洋工程装备产业转型升级。

2015 年 8 月 14 日，湖北省人民政府办公厅印发了《湖北省航空产业发展规划（2015—2020 年）》（鄂政办发〔2015〕57 号）。[4]《规划》提出到 2020 年，要将湖北打造成华中乃至全国服务最高效便捷、业务发展最全面、产业配套最完备的航空运输中心、通用航空运营中心、通用航空服务中心、航空运动产业中心和

---

[1] http://www.hbeitc.gov.cn/xwdt/tzgg/wjtz/63680.htm.

[2] http://www.miit.gov.cn/n973401/n1234620/n1234622/c4409653/content.html.

[3] http://www.miit.gov.cn/n11293472/n11293832/n12845605/n13916898/16361150.html.

[4] http://gkml.hubei.gov.cn/auto5472/auto5473/201509/t20150902_713346.html.

通用航空基础配套中心。实现航空产业产值达到 1000 亿元。其中，航空工业总产值达到 200 亿元，航空运营业、航空服务业及航空关联产业总产值达到 800 亿元。

2015 年 6 月 24 日，福建省发展改革委印发了《福建省卫星应用产业发展实施意见》（闽发改数字〔2015〕391 号）。[1]《意见》提出建设卫星应用产业基地、建立卫星应用工程研究中心、建设卫星应用基础平台、大力开展卫星应用、实施卫星应用重点工程、推进卫星应用信息资源开发、促进地面终端设备制造业发展等任务，促使卫星应用产业成为该省适应经济发展新常态、培育新的经济增长点、加快产业转型升级的重要支撑。

2015 年 7 月 3 日，青岛市人民政府发布了《转发市经济信息化委关于加快轨道交通装备产业发展意见的通知》（青政办字〔2015〕56 号）。[2]《通知》明确了青岛市轨道交通装备产业发展目标，提出到 2020 年，全市轨道交通装备产业链总产值超过 1000 亿元；到 2030 年，总产值超过 2000 亿元，成为国际知名的轨道交通装备研发、制造和服务基地。《通知》提出以整车制造、关键核心零配件、智能装备通信系统、工程及养路机械为发展重点。打造产业园区，培育骨干企业，完善产业配套，深化技术创新，建设示范线路，推动本市轨道交通装备产业快速发展。

2015 年 6 月 28 日，宁波市人民政府印发了《关于加快发展智能装备产业的实施意见》（甬政发〔2015〕68 号）。[3]《意见》提出依托并发挥自身比较优势，坚持系统研发、制造集成、推广应用"三位一体"发展，创新突破一批关键核心技术和共性技术，制造集成一批重点行业和块状经济适用智能装备及产品，扶持发展一批智能装备制造和服务骨干企业，培育打造一批关键领域制造与服务融合发展的全产业链，全面提升智能装备产业核心竞争力。

2015 年 12 月 3 日，广东省经信委印发了《广东省机器人产业发展专项行动计划（2015—2017 年）》（粤经信创新〔2015〕453 号）。[4]《行动计划》提出以满足本省制造业转型升级对工业机器人的市场需求为主攻方向，重点突破机器人关键核心技术并形成知识产权，培育一批机器人自主品牌和知名系统集成服务商，实现机器人研发制造和示范应用双突破、产业规模和发展水平双提升。到 2017

[1] http://www.fjdpc.gov.cn/show.aspx?ctlgid=738877&id=101077.
[2] http://www.qingdao.gov.cn/n172/n68422/n68424/n31280468/n31280472/150717163123331253.html.
[3] http://gtog.ningbo.gov.cn/art/2015/7/20/art_23022_1200926.html.
[4] http://www.huaxia.com/gdtb/fwdt/zcfg/2015/12/4654054.html.

年底，机器人全行业发展规模达到 600 亿元，年均增长 25%，带动智能装备产值达到 3000 亿元左右。

（五）新能源产业相关政策文件

2015 年 6 月 1 日，国家能源局、工业和信息化部、国家认监委联合发布了《关于促进先进光伏技术产品应用和产业升级的意见》（国能新能〔2015〕194 号）。[1]《意见》指出，要发挥市场对技术进步的引导作用，严格执行光伏产品市场准入标准，实施"领跑者"计划，发挥财政资金和政府采购支持光伏发电技术进步的作用，加强光伏产品检测认证，加强工程产品质量管理，加强技术监测和监督，完善光伏发电运行信息监测体系，多措并举，加快推动先进光伏技术产品应用和产业升级。

2015 年 5 月 15 日，国家能源局发布了《关于进一步完善风电年度开发方案管理工作的通知》（国能新能〔2015〕163 号）。[2]《通知》要求，要根据《国务院关于发布政府核准的投资项目目录（2014 年本）的通知》（国发〔2014〕53 号）的有关规定，进一步简化审批程序，提高行政效能，促进风电产业健康发展。

2015 年 8 月 27 日，巢湖市政府印发了《巢湖市新能源产业发展实施意见》（巢政〔2015〕71 号）。[3]《意见》指出，要因地制宜，紧抓本地资源优势，加快推进新能源资源开发和利用；加大招商力度，利用承接产业转移的地理优势，持续推动巢湖市新能源项目开发建设；增强科研实力，强化巢湖市新能源企业科技自主创新能力，扩大和培育巢湖市新能源产业战略支撑点，形成巢湖市新能源产业"点、线、片"协同发展。

2015 年 6 月 24 日，四川凉山州人民政府印发了《关于支持新能源产业加快发展的实施意见》（凉府发〔2015〕14 号）。[4]《意见》指出，由于本地区风能、太阳能、生物质能等新能源资源富集，因此将新能源产业确立为全州三大战略性新兴产业之一。《意见》要求，充分认识全州新能源资源优势，坚持市场化配置新能源资源。理顺新能源项目核准备案程序，提升审批服务水平。延伸和完善产业链，推动经济转型升级。

2015 年 8 月 7 日，义乌市人民政府印发了《关于促进光伏产业发展的实施

---

[1]　http://zfxxgk.nea.gov.cn/auto87/201506/t20150608_1935.htm.

[2]　http://www.nandudu.com/article/15957.

[3]　http://zwgk.chaohu.gov.cn/disclosure/Info_open_content.aspx?id=38824&classid=209.

[4]　http://ml.lsz.gov.cn/muli/_2803679/2804623/index.html.

意见》（义政发〔2015〕43号）。[1]《意见》提出，有序开发利用工业园区、产业集聚区、公共建筑、新农村等闲置屋顶，示范建设分布式光伏发电、光伏发电站项目；在新建政府投资公益性建筑和大型公共建筑中全面推广绿色建筑行动，积极推进光伏建筑一体化发展，努力扩大光伏发电应用规模，促进光伏产业健康发展。

2015年4月17日，苏州市人民政府发布了《关于促进苏州光伏产业持续健康发展的若干意见》（苏府〔2015〕64号）。[2]《意见》发展目标明确，到2016年末，全市光伏产业年产值突破500亿元，光伏发电装机容量力争超过300MW。《意见》要求要重点发展高效低成本光伏电池核心生产设备，大力支持产学研合作研发高效率晶硅还原、高端切割、全自动丝网印刷、平板式镀膜、离子注入、等离子化学气相沉积、真空溅射、硒化、激光划线等工艺和装备，提升硅晶光伏电池生产的核心竞争力，加快非硅晶光伏电池产业化步伐；加大高效光伏逆变器、全自动光感跟踪系统、集中监控系统、智能双向电表、高效储能系统、低压端并网接入系统等配套产品的研发力度，提高相关产品自主研发和本土化生产能力。

（六）新材料产业相关政策文件

2015年11月20日，工业和信息化部、国家发展改革委和科技部联合印发了《关于加快石墨烯产业创新发展的若干意见》（工信部联原〔2015〕435号）。[3]针对石墨烯良好的应用前景，《意见》提出要加快发展石墨烯产业，提升创新能力，加快转型升级，激活潜在消费，带动相关下游产业技术进步。《意见》明确要强化上下游协同创新，着力提升石墨烯材料及其应用产品的综合性能，推进石墨烯首批次产业化应用，加快培育和壮大石墨烯产业。

2015年12月12日，湖南省人民政府发布了《关于加快新材料产业发展的意见》（湘政发〔2015〕48号）。[4]《意见》提出，要重点发展先进复合材料、储能材料、硬质材料、金属新材料、化工新材料、特种无机非金属材料等六大领域，加快培育和发展前沿新材料，加快研发先进熔炼、凝固成型、气相沉积、型材加工、增材制造、高效合成等新材料制备关键技术和装备，基本形成新材料产业由大到强、由低端到高端、由分散到集聚、具有较强竞争优势的产业发展格局。

2015年7月28日，长沙市人民政府印发了《长沙市新材料产业发展三年

---

[1] http://jxw.yw.gov.cn/zcfg/zxzc/201508/t20150817_771496.html.
[2] http://www.zfxxgk.suzhou.gov.cn/sxqzf/szsrmzf/201505/t20150505_561174.html.
[3] http://www.miit.gov.cn/n1146290/n4388791/c4471468/content.html.
[4] http://www.hunan.gov.cn/2015xxgk/fz/zfwj/szfwj/201512/t20151214_1967089.html.

（2015—2018）行动计划》（长政办函〔2015〕98号）。[1]《行动计划》提出将重点发展六大产业链，建设三大产业集聚区，建设四大平台，总产值登上3000亿元台阶。努力形成创新能力突出、产业特色鲜明、空间布局合理的材料产业发展体系。

（七）新能源汽车产业相关政策文件

2015年4月22日，财政部、科技部、工业和信息化部、国家发展改革委联合印发了《关于2016—2020年新能源汽车推广应用财政支持政策的通知》（财建〔2015〕134号）。[2]《通知》指出，将在2016—2020年继续实施新能源汽车推广应用补助政策，补助对象是消费者，中央财政补助的产品是纳入《新能源汽车推广应用工程推荐车型目录》的纯电动汽车、插电式混合动力汽车和燃料电池汽车。补助标准主要依据节能减排效果，并综合考虑生产成本、规模效应、技术进步等因素逐步退坡。

2015年3月27日，安徽省人民政府办公厅印发了《关于加快新能源汽车产业发展和推广应用的实施意见》（皖政办〔2015〕16号）。[3]《意见》旨在将发展新能源汽车作为本省加快转变经济发展方式的重要着力点和推进汽车产业转型升级的突破口，充分依托现有产业基础，发挥企业主体作用，以纯电动汽车和插电式（含增程式）混合动力汽车为主，鼓励发展燃料电池汽车，坚持产业发展和推广应用相结合、市场主导和政府扶持相结合、整车引领和加强配套相结合，加快新能源汽车推广应用和产业化。

2015年12月30日，河北省工业和信息化厅印发了《河北省新能源汽车产业"十三五"发展规划（2016—2020年）》（冀工信装〔2015〕468号）。[4]《规划》分别以2017年和2020年两个阶段有针对性地达到预定目标。在整车、关键零部件、低速电动车、相关服务产业等重点领域加快发展，加强协同创新、培育壮大龙头、引导产业集聚、推进示范应用、建设充电设施、建立回收体系、加强技术标准，全面推动汽车产业转型升级。

2015年1月8日，深圳市人民政府办公厅印发了《深圳市新能源汽车发展工作方案》（深府办函〔2015〕6号）。[5]《方案》提出，坚持深圳质量理念，按照推广应用与产业发展并举、机制创新与政策配套并举、公共交通与社会应用并举

[1] http://www.cshtz.gov.cn/art/2015/8/26/art_215_80646.html.
[2] http://www.most.gov.cn/tztg/201505/t20150507_119246.htm.
[3] http://xxgk.ah.gov.cn/UserData/DocHtml/731/2015/4/7/164417804359.html.
[4] http://www.ii.cn/html/news/tz/2015-12/34961.html.
[5] http://auto.huanqiu.com/roll/2015-03/5955932.html.

的基本要求，发挥企业主体作用，加大政策扶持力度，营造良好发展环境，深入推进示范推广，促进核心技术突破、带动行业标准制定、探索成熟商业模式、推动产业快速发展。

2015年10月23日，沈阳市人民政府发布了《沈阳市新能源汽车推广应用实施方案（2015—2020年）》（沈政发〔2015〕45号）。[1]《方案》指出，以公共服务领域使用新能源汽车为突破口，以城市公交、出租、城市物流配送领域为重点，同时在汽车租赁、邮政、环卫、通勤及私家车等领域推广。推广应用的车型包括插电式混合动力汽车、纯电动汽车和燃料电池汽车，其中以插电式混合动力车型为主。新增和更新的公交、出租、物流、环卫车辆中新能源汽车比例不低于30%；新增和更新的公务车及租赁用于公务使用的车辆，除特殊需要外，全部采用新能源汽车。鼓励淘汰报废的黄标车辆更新为新能源汽车。到2020年，完成1万辆新能源汽车的推广目标，同时进行配套电网建设和改造，建设充电站120座、充电桩7200个。

二、重点政策分析

（一）《三网融合推广方案》，全面推进三网融合

2015年8月25日，国务院办公厅印发了《三网融合推广方案的通知》（国办发〔2015〕65号）。该《方案》的出台，将在试点基础上在全国范围内全面推广三网融合，推动信息网络基础设施互联互通和资源共享，对于促进消费升级、产业转型和改善民生具有重要意义。目前，从国际形势上看，新一代信息技术和产业变革相互叠加，三网融合发展态势迅猛，产业融合发展加快推进，倒逼我国加快三网融合推动产业转型升级的步伐。从国内来看，三网融合已经较早地在我国进行了试点，随着多年试点示范工作的开展，我国已经积累了不少成功的经验和典型的案例，但是由于此前出台的三网融合相关政策缺乏实施细则，各地执行标准不一，造成了部门间合力合作的不协调。在这样的国际国内背景下，制定《三网融合推广方案》，进一步加快惠及企业和普通消费者的信息网络基础设施建设，为推动大众创业、万众创新，健全政策体系，实现三网资源的有机整合等都具有现实意义。

该《方案》明确了六大工作目标。在业务推广方面，重点将广电、电信业务

---

[1] http://www.shenyang.gov.cn/zwgk/system/2015/11/09/010132849.shtml.

双向进入扩大到全国范围；在网络承载和技术创新能力建设方面，重点建设宽带通信网、下一代广播电视网和下一代互联网；在融合业务方面，充分挖掘网络信息资源、文化内容产品；在体制机制建设方面，要基本形成职责清晰、协调顺畅、决策科学、管理高效的新型监管体系；在保障能力方面，在中央网络安全和信息化领导小组的领导下，网络信息安全和文化安全管理体系更加健全，技术管理能力显著提升，国家安全意识进一步增强；在促进信息消费方面，丰富信息消费内容、产品和服务，活跃信息消费市场，拓展信息消费渠道。

《方案》以四项主要任务来保障三网融合的推进实施。一是在全国范围推动广电、电信业务双向进入。相关业务要分期分批扩大至全国。按照"成熟一个、许可一个"的原则，开展双向进入许可申报和审批工作。加快推动 IPTV 集成播控平台与 IPTV 传输系统对接。《方案》要求电信、广电行业主管部门要按照公开透明、公平公正的原则，加强对广电、电信企业的监督管理，规范企业经营行为，维护良好行业秩序。二是加快宽带网络建设改造和统筹规划。进一步加快下一代广播电视网及电信宽带网络建设，继续做好电信传输网和广播电视传输网建设升级改造的统筹规划，充分利用现有信息基础设施，创新共建共享合作模式，促进资源节约，推动实现网络资源的高效利用。三是强化网络信息安全和文化安全监管。按照属地化管理和谁主管谁负责、谁经营谁负责、谁审批谁监管、谁办网谁管网的原则，健全网络信息安全和文化安全保障工作协调机制。四是切实推动相关产业发展。进一步探索把握新型业务的发展方向。促进三网融合关键信息技术产品研发制造。积极营造健康有序的市场环境，按照"急用先行、基础先立"的原则，尽快形成由国家标准、行业标准和企业标准组成的三网融合标准体系。

（二）《关于加快石墨烯产业创新发展的若干意见》，全力推动石墨烯产业快速发展

2015 年 11 月 20 日，工业和信息化部、国家发展改革委和科技部联合印发了《关于加快石墨烯产业创新发展的若干意见》（工信部联原〔2015〕435 号）。该文件是新时期推动我国石墨烯产业快速发展的纲领性文件。

《意见》首先对我国石墨烯产业的发展取得的成绩和面临的问题进行了分析。认为我国石墨烯材料及应用经过长期发展和自主系统研发，在生产技术、工艺装备和产品质量方面取得了重大突破，在储能器件、改性材料、智能穿戴等产品上的应用效果逐步显现，多个具有石墨烯特色的产业创新示范区已露雏形，产业化步伐明显加快。我国石墨烯材料正处于从实验室走向产业化的关键时期。但发展过程中也存在不少问题，主要表现在技术转化能力弱、工装控制精度低、质量性能波动大、生产成本比较高、标准化建设滞后、商业应用领域窄等方面。

《意见》提出将采取多种形式加快培育石墨烯产业发展新动能。一是推进产业发展关键技术创新。为了打破以往产业发展共性技术推动力度不足的问题，《意见》提出围绕石墨烯材料批量制备以及基于石墨烯的各类功能材料制备关键技术，引导骨干企业携手有关高校、科研院所，协同开发材料规模化制备技术，促进关键工艺及核心装备同步发展，提升产业化水平。在维护知识产权方面，《意见》要求定期发布专利态势，建立运营平台以及产业上下游联动的发展服务平台，加大协同开发力度。二是推进首批次产业化应用示范。重点瞄准高端装备制造、新能源及新能源汽车、新一代显示器件、智能休闲健身等领域，构建石墨烯制品示范应用推广链。鉴于石墨烯产业在军民融合发展的重要助推作用，《意见》提出要建设军民结合为特色的新型工业化产业示范基地，带动提升石墨烯产业军民融合水平。三是推进产业绿色、循环、低碳发展。按照《意见》要求，石墨烯产业发展应当迈向规模化、柔性化、智能化、绿色化。在材料制备领域提高生产集中度，支持中小企业发挥自身"专精特新"优势，加快企业创新步伐。四是推进拓展应用领域。《意见》着重从国家重点建设工程、工业领域以及民生服务方面，推广石墨烯产品的应用，为经济社会发展提供有力支撑。

针对目前石墨烯产业发展现状，《意见》提出了产业发展的两阶段目标。一是到 2018 年，要基本建立关键环节良性互动的产业体系，基本完善产品标准和技术规范，开发出百余项实用技术和样品，推动一批产业示范项目，实现石墨烯材料稳定生产，在部分工业产品和民生消费品上的产业化应用。二是到 2020 年，形成完善的石墨烯产业体系，实现石墨烯材料标准化、系列化和低成本化，建立若干具有石墨烯特色的创新平台，掌握一批核心应用技术，在多领域实现规模化应用。形成若干家具有核心竞争力的石墨烯企业，建成以石墨烯为特色的新型工业化产业示范基地。两阶段目标的确立将进一步激发企业的活力和创造力，加快提升石墨烯产业的综合竞争力。

第二节　2015年战略性新兴产业发展的主要情况

一、战略性新兴产业增长势头良好

2015年为"十二五"发展规划的收官之年。在这一年，各级政府立足本地区实际，认真贯彻落实党中央、国务院关于积极培育和发展战略性新兴产业的决策部署，先后出台一系列政策措施大力扶持七大战略性新兴产业发展。战略性新兴产业在新能源、生物技术、新一代信息技术及高端装备等领域已经进入了国际领先发展的方队。据中国汽车工业协会数据统计，2015年新能源汽车产量达340471辆，销量331092辆，同比分别增长3.3倍和3.4倍。[1]《国务院关于加快发展节能环保产业的意见》强调，到2015年，我国节能环保产业总产值预计将达到4.5万亿元，成为国民经济新的支柱产业。工业和信息化部发布的数据显示，2015年1—12月，规模以上电子信息制造业增加值同比增长10.5%，高于工业平均水平（6.1%）4.4个百分点，电子信息制造业的销售产值同比增长8.7%。[2]2015年1—12月，我国医药制造业增加值累积增速为9.9%。[3]2015年前三季度，我国光伏制造业总产值超过2000亿元，光伏企业盈利情况明显好转，前十家组件企业平均毛利率超过15%，多数企业扭亏为盈。据初步测算，2015年底，我国光伏发电装机容量超过4000万千瓦已无悬念，并有望超过德国成为全球光伏发电第一大国。[4]

二、研发技术实力不断跃升

在高端装备、新材料、新一代信息技术等领域，我国不断取得新的技术突破，部分领域打破了国外公司对国内市场的垄断。在新一代信息技术领域，中国电子信息产业集团有限公司成功自主研发出第四代网络交换芯片"智桥"SDN智能高密度万兆交换芯片以及关键技术在国内领先的"飞腾"FT-1500A系列CPU处理器，在对国外中高端芯片制造的替代方面，我国又向前迈进了一步。在新材料领域，国际复合、重庆大学、重庆理工大学联合研制出了压缩天然气（CNG）高压

---

[1]　http://mt.sohu.com/20160114/n434537559.shtml.
[2]　http://www.miit.gov.cn/newweb/n1146312/n1146904/n1648373/c4620598/content.html.
[3]　http://data.stats.gov.cn/tablequery.htm?code=AA020B.
[4]　http://www.chinabidding.com.cn/zbw/dlpd/info_show.jsp?record_id=74375.

气瓶玻璃纤维纱及高性能长玻璃纤维这两种新材料,填补了国内空白,打破了外国企业在国内市场的垄断地位。在高端装备领域,中国中铁装备集团自主研制的标志着我国岩石掘进机(TBM)技术已跻身于世界第一方阵的直径8.03米全断面岩石掘进机(TBM)在郑州下线,我国山岭隧道施工的现代化水平得到大幅提升;高铁已成为我国高端装备制造良好形象的名片,中国南车株洲所研制的永磁同步牵引系统成功完成首次轨道运行,并顺利通过中国铁路总公司评审,我国成为世界上少数几个掌握高铁永磁牵引系统技术的国家之一。[1]

三、产业国际化水平不断提升

在战略性新兴产业的细分行业中,轨道交通、核电等高端装备已成为我国产业"走出去"的优质名片。在2015年初的国务院常务会议上就提出要加快铁路、核电等中国装备"走出去"。据媒体报道,2015年10月,中国获得印尼雅加达至万隆高速铁路项目。这是中国高铁全方位整体"走出去"的第一单项目,也是首个由政府主导搭台、两国企业对企业(B2B)进行合作建设的第一个项目,标志着中国铁路特别是高速铁路"走出去"取得历史性突破。[2]在核电"走出去"方面国际化步伐也是越来越快,据有关媒体报道,自2014年以来,中国核电主管部门与核电企业先后与法国、阿根廷、意大利、西班牙、加拿大、捷克、哈萨克斯坦等国签署了合作文件。具体来看,2015年8月下旬,全球第二个"华龙一号"核电项目——巴基斯坦卡拉奇核电项目2号机组开建。这意味着"华龙一号"正式走出国门,这也是国内首个百万级核电出口项目。2015年9月18日,中广核与肯尼亚核电局签署备忘录,双方在"华龙一号"技术及其改进技术的基础上,将在肯尼亚核电开发和能力建设方面开展全面合作。2015年10月21日,法国电力公司宣布,将与中广核共同建设英国欣克利角核电站等。[3]此外,新一代信息技术、新能源汽车、节能环保、生物医药、新材料等领域或产业也在推进国际产能合作、提升合作层次方面不断完善和优化。

四、产业政策体系不断健全

2015年以来,国务院、相关部委以及地方各级政府陆续出台了一系列产业

[1] http://www.aiweibang.com/yuedu/26839970.html.
[2] http://news.sohu.com/20151017/n423459158.shtml.
[3] http://finance.sina.com.cn/world/20151022/073623541013.shtml.

政策，较为重要的一是国务院印发的《关于大力推进大众创业万众创新若干政策措施的意见》，激发创业活力，发展创新型创业，为战略性新兴产业发展营造良好的政策环境和市场氛围。二是《中国制造2025》。文件确立了新一代信息技术产业、高档数控机床和机器人、航空航天装备、海洋工程装备及高技术船舶、先进轨道交通装备、节能与新能源汽车、电力装备、农机装备、新材料、生物医药及高性能医疗器械等十大重点发展领域，战略性新兴产业尽数囊括其中，在《中国制造2025》实施过程中，战略性新兴产业也必将得到快速发展。三是《国务院关于积极推进"互联网+"行动的指导意见》，以互联网加创业创新、互联网加协同制造，为战略性新兴产业发展提供互联互通的新一代信息技术平台，推动战略性新兴产业不断做大做强。

第三节 面临的问题与挑战

一、部分领域关键技术和核心部件缺失

虽然战略性新兴产业在众多领域都取得了重要突破，但同发达国家以及我国对于战略性新兴产业产品的迫切需求相比仍然存在较大差距。我国部分关键材料，核心部件保障能力仍然较弱，基础性核心材料以及关键零部件仍然成为制约战略性新兴产业快速发展的瓶颈。如新材料领域中，8代、8.5代液晶面板生产线目前已经顺利投产，然而偏光片、超薄玻璃基板、液晶材料等关键材料自给率均不超过10%，此外，海洋勘探和采油平台所利用的高强特厚钢板以及集成电路核心基础材料等主要为国外行业巨头所垄断。在核心部件领域，以工业机器人为例，国内缺乏领先的自主创新核心零部件技术及产品，国内70%以上的市场为瑞士ABB、日本发那科公司、日本安川电机、德国库卡机器人等国外行业巨头所垄断。[1]

二、部分行业国际市场拓展受阻

随着我国对外开放水平的进一步扩大，开放能力进一步提高，一些产品可以较为顺利地打入国际市场，而战略性新兴产业中的细分行业在国际市场上却表现不一。一方面，受国际经济形势影响，各国贸易保护主义频频抬头，各种非关税壁垒对我国战略性新兴产业产品造成冲击，比较典型的如光伏产业，在国际上市

---

[1] http://www.aiweibang.com/yuedu/26839970.html.

场上频频遭受"双反"调查，影响产品国际交付流程的运转，严重影响了企业的正常生产经营活动。另一方面，外国媒体对于战略性新兴产业产品的"有色"接触，片面夸大了中国产品的质量问题，误导消费者对于国内产品产生抵触情绪，如在中成药研发过程中，外国媒体以中药重金属含量超标等缘由大肆炒作，使我国生物医药产业产品形象受损，成为产品国际化的又一障碍。

三、产业融资难题亟待破解

战略性新兴产业的企业大都呈现出轻资产、风险大的特点，融资难、融资贵等问题在当前外部环境不景气的条件下越发成为产业发展的"拦路虎"。一是由于金融创新能力无法满足战略性新兴产业的投融资需求，我国金融体系侧重于发展传统产业端，对于战略性新兴产业方面的金融产品创新较为滞后，商业银行、证券市场、产业基金以及其他各类融资机构权衡风险收益后对于新兴产业的金融投入尚显不足。二是新型金融服务平台服务规模与新兴产业发展规模不相匹配，近年来日益兴起的众筹、互联网金融等发展模式为战略性新兴产业发展带来新的投融资渠道，但是由于这些金融平台自身规模和能够承受风险程度的限制，往往与战略性新兴产业巨大的资金缺口不相匹配，无法起到助推产业发展的作用。

四、人才不济制约产业健康发展

人才是产业发展的重要支撑力量，战略性新兴产业的快速发展有赖于人才发挥积极作用。就目前国内情况来看，与战略性新兴产业发展要求相适应的人才资源仍然较为匮乏，高端人才和创新型人才缺口巨大。多方面因素共同作用下造成了人才不济的紧张情形：一是国内教育体系有待进一步完善，尤其需要通过多层次的教育体系来培养复合型人才。二是促进人才自由流动的体制机制尚待进一步健全，城市间户籍、社保、医疗等方面的壁垒制约了人才的自由流动，从而进一步导致了人力资源配置效率的低下。三是鼓励人才成长的奖励和激励机制尚需进一步完备。部分科研人员的研究成果或提出的综合解决方案进行产业化验证或方案实施绩效具有一定的时滞性，短期内难以进行评估，客观上造成对人才发挥创新创造能力的抑制，从而给予产业负面反馈，导致产业发展滞缓。

展望篇

第十六章　2016年产业结构调整展望

第一节　2016年企业兼并重组展望及政策建议

一、企业兼并重组的主要趋势

（一）国有企业兼并重组进一步加速

　　未来，国有企业的重组、整合将成为并购的重要力量。2015年，从南北车合并到中电投和国家核电合并，代表了2015年国企整合的强强联合的一个全新思路，国企拉开了整合的序幕。国资委提出，加大集团层面的兼并重组，推动强强联合；推动专业化重组，以行业龙头企业为依托，进一步强化同质化业务整合和细分行业整合。而且，《中共中央国务院关于深化国有企业改革的指导意见》提出，鼓励非国有资本参与国有企业改革，鼓励国有企业通过投资入股、联合投资、重组等多种方式，与非国有企业进行股权融合、战略合作、资源整合。所以，未来一年，在国企改革与供给侧改革的双轮驱动下，央企、国企的并购重组将加速，尤其是钢铁、煤炭等产能过剩行业的众多国企央企，还将面临大规模的合并重组。国企发展模式将从增量发展变为存量组合。

（二）"僵尸企业"重组和退出将初见成效

　　我国确定将供给侧结构性改革作为经济工作重点，其5大任务为去产能、去库存、去杠杆、降成本、补短板，而中央政府将去产能作为2016年的首要任务。去产能的关键在于"僵尸企业"的处置。我国存在大量的"僵尸企业"，对于"僵尸企业"采取多兼并重组、少破产清算，通过重组促进企业再生。国资委决定，用3年左右时间基本完成处置"僵尸企业"的主体任务。所以，未来一年，去产能式并购将不断加速，"僵尸企业"重组将取得一定成效。

（三）"一带一路"战略促进海外并购和国际产能合作

"一带一路"战略为我国企业"走出去"创造出了难得的历史机遇。"一带一路"沿线国家和地区大多数为新兴经济体和发展中国家，经济总量约 21 万亿美元。我国与这些国家合作的前景广阔。"一带一路"战略不仅有利于我国经济的发展，也为沿线国家创造了新的机遇。通过"一带一路"建设，未来将构建一条横贯东西、连接南北的欧亚海陆立体交通大通道。沿线许多国家经济发展水平较低，处于工业化初期，经济发展空间巨大。我国经济布局"一轴两翼"，即"主轴"是我国周边的重点国家，"西翼"是以非洲、中东和中东欧重点国家，"东翼"是拉美重点国家，拓宽我国发展与合作空间。

二、政策建议

（一）进一步落实企业兼并重组相关政策

企业兼并重组在税收、土地、融资等方面已经出台了具有针对性的政策措施，可以降低兼并重组运作成本，提高企业兼并重组的积极性。下一步应加大沟通协调力度，将税收、金融、土地等专项扶持政策落到实处，切实加大对企业的引导支持力度。加大对相关政策的宣传力度，及时对政策进行深度解读。依托各级政府部门的企业兼并重组公共信息服务平台等渠道，向企业宣传兼并重组相关政策，收集整理兼并重组典型案例和先进经验，向企业推广。

（二）放宽市场准入门槛

向民营资本开放法律法规未禁止的行业和领域，并放宽在股权比例等方面的限制，引导和鼓励民营资本通过企业兼并重组进入基础设施、公共事业、金融服务和竞争性行业等领域。利用资本市场推动产业结构调整和资源整合，支持上市公司通过增发、配股、公司债券等形式进行再融资，采取吸收合并、换股、定向增发、整体上市等方式进行资产优化重组，促进优质资源向优势企业集中。

（三）建立健全兼并重组统计监测制度

从国家层面建立统计的统计指标和统计方法，以便地方执行。可以先简后繁，逐步完善注重畅通信息渠道，深入调查研究，掌握企业兼并重组工作开展情况，加强政策解读，及时帮助协调解决问题和困难。建立兼并重组统计监测制，加强对企业兼并重组的统计，建立健全统计调查体系，完善企业兼并重组统计指标体系。进一步健全和完善企业兼并重组公共服务平台，加强各类专业服务机构与企业的联系和交流，不断拓宽信息交流渠道，丰富服务内容，完善服务体系。积极为企业牵线搭桥，帮助寻求符合企业重组意向的战略合作伙伴。

（四）加大企业海外并购的风险防控

加强对企业海外并购防控方面的指导，在并购目标方面，企业进行海外并购不能只贪图便宜，可能会背上沉重负担，因为在目前的环境下一些企业抛售的可能是不良资产。在选择并购目标时，要对目标进行充分评估，评估潜在的风险。企业要有步骤地稳步妥地推进海外并购进程。加强对中介机构的培育，充分发挥会计事务所、律师事务所等专业中介机构的作用，为企业提供信息帮助。

第二节　2016年产业技术升级展望及政策建议

一、产业技术升级的主要趋势

（一）国家制造业创新体系将初步建立

伴随着《中国制造2025》的加快落实，以创新中心为载体、以公共服务平台和工程数据中心为重要支撑的国家制造业创新体系将初步形成。一是国家制造业创新中心建设将加快。在国家有关部门政策推动下，企业、科研院所、高校将组成创新共同体，已经在重点领域启动创新中心试点，开展关键共性技术研究和产业化应用示范，2016年有望建成2—3家国家制造业创新中心。二是制造业创新公共服务平台将不断完善。随着工业强基工程的加快实施，国家计划发布2016年版工业"四基"发展目录，并依托国家新型工业化产业示范基地，布局一批产业技术基础平台和服务支撑中心。三是制造业重点领域工程数据中心建设将启动。在国家促进大数据发展的大环境下，有关部门将启动工程数据中心建设工作，并不断推动创新知识和工程数据的开放共享力度。

（二）重大技术装备应用范围将得到更大拓展

随着政策支持体系的不断完善和智能制造的稳步推进，我国重大技术装备应用市场将得到积极扩展。一是首台（套）重大技术装备保险保费补偿政策已经落地，有关部门还将继续推动扩大政策覆盖面，推动组建若干重大装备租赁公司，这些都将对企业采用重大技术装备产生激励和促进作用，有力推动重大技术装备的产业化应用。二是智能制造是推动两化深度融合发展的主攻方向，有关部门正在组织实施智能制造工程，支持高档数控机床与工业机器人、增材制造、智能传感与控制、智能检测与装配、智能物流与仓储五大关键装备创新应用，并通过试点示范加大支持力度，这将对智能装备的推广应用起到积极促进作用。

（三）产业技术水平有望迈上新台阶

我国经济发展进入新常态，产业技术升级政策也在向更加重视绿色发展、更加市场化方向转型，这将推动产业整体技术水平得到较大提升。一是在示范项目带动下，工业基础领域将取得一定技术突破。有关部门将组织实施工业强基工程，发布工业"四基"发展目录（2016年），聚焦重点领域实施突破行动和应用计划，组织示范项目，集中解决30—50项标志性产品和技术，进一步推动工业"四基"领域创新发展。二是在科技重大专项的带动下，高端装备领域有望取得技术突破。有关部门将组织实施航空发动机及燃气轮机、新能源汽车等重大专项，并改革科技计划管理制度，支持专业机构承担重大专项和重点研发计划管理任务，有利于推动重大专项取得更大进展。三是在技术改造新一轮政策激励下，传统产业技术升级力度将加大。支持企业技术改造的政策体系逐步完善，固定资产加速折旧扩围政策不断落实，有关部门启动设立"先进制造产业投资基金"，组织实施产业振兴和技术改造专项，探索以奖代补、贷款贴息、股权投资等多种方式支持企业技术改造，将对企业加大技术改造投资起到很好的促进作用。有关部门将启动一批智能化改造项目，在有色、稀土、纺织、家电、食品等行业分类推广智能矿山、智能工厂和数字化车间，这有利于推动传统产业向智能化方向转型。四是在绿色发展政策引导下，企业技术更新升级步伐将加快。为推动钢铁、水泥、平板玻璃等行业去产能，有关部门将制定更加严格的环保、能耗、技术等标准，这有利于倒逼企业实现产品和技术升级。在清洁生产、节能降耗、污染治理、循环利用等重要环节，有关部门将组织实施一批重大改造项目和示范工程，这将引导企业向绿色化方向发展。

二、政策措施建议

（一）进一步深化科技体制改革

一是持续完善政产学研用协同创新机制。引导政产学研用按照市场规律和创新规律加强合作，充分发挥行业骨干企业的主导作用和高等院校、科研院所的基础作用，建立一批产业创新联盟，开展政产学研用协同创新。坚持科技经费投入与产学研合作挂钩，科技政策与产业政策、经济政策等相结合的原则引导产学研合作方向。二是形成有利于科技创新资源整合利用的体制机制。深化中央财政科技计划（专项、基金等）管理改革，提高国家科技资源市场化配置水平，使企业真正成为创新决策、研发投入、科研组织和成果应用的主体。落实好重大科研基础设施扩大开放有关政策基础上，制定国防科技创新资源开放共享办法，推进重点实验室、军工重大实验设施等向社会开放服务。整合共享区域内技术创新公共服务平台的创新创业信息资源和共性技术服务，加快推进创新创业公共服务市场化进程，最大限度地提高创新资源使用效率。三是完善有利于科技成果转化的制度环境。鼓励企业和社会资本建立一批中试基地，建立完善科技成果信息发布和共享平台，健全以技术交易为核心的技术转移和产业化服务体系，加强对技术市场的指导、协调和监督，完善激励机制，加快推进科技成果转化。四是营造有利于鼓励创新、宽容创新失败和保护创新成果的制度环境。加快制定更能激发科技人员创新的科研奖励办法和职称评定机制，支持科研人员利用创新成果创业。改革国有企业政绩考核制度、审计制度中不利于宽容创新失败的有关规定，在全社会营造宽容创新失败的良好氛围。加大知识产权保护力度，推动落实知识产权等生产要素参与分配，保护中小企业和科研人员的创新热情。完善知识产权交易制度，推进知识产权交易规范化发展，为企业创新发展营造更为公平的市场环境。

（二）突破制约行业发展的关键共性技术

加大工业强基工程实施力度，探索建立工业强基专项基金，引导更多社会资金参与工业强基建设项目，支持建立先进基础零部件、先进基础工艺研究机构和开展示范应用，突破工业"四基"领域的产业化瓶颈。继续依托国家科技重大专项，探索有利于骨干企业、科技型中小企业等参与的实施机制，支持关键核心技术研发。研究制定产学研协同创新联盟税收优惠政策，推动在新一代信息技术、智能制造、高端装备、新材料、生物医药等重点领域形成一批政产学研用产业创新联盟，攻克行业关键核心和共性技术。

（三）构建普惠性技术创新支持政策体系

一是完善鼓励企业增加研发投入的税收政策。及时跟踪研发费用加计扣除

2015 年新政落实情况，发现并解决好扩大适用范围、费用核算管理、政策追溯、审核程序等方面存在的困难和问题。落实好现有的研发仪器、设备固定资产加速折旧政策，并进一步简化手续。二是健全企业技术改造政策支持体系。将固定资产加速折旧政策扩大到所有行业企业新购进的技术改造设备，引导企业加大技术改造投资力度。研究制定重点产业技术改造投资指南和重点项目导向计划，研究设立技术改造引导基金，加大政策支持力度，推动传统产业技术升级。落实好首台（套）进口税收优惠和保险补偿等政策，研究设立智能化改造设备企业所得税前加计扣除政策，鼓励企业智能化改造升级。三是加大创新型企业政策支持力度。综合考虑行业特点、企业规模等因素，进一步改进高新技术企业认定管理办法，将更多创新型工业企业纳入高新技术企业范围。四是建立有利于技术创新的金融支持体系。打通和拓宽直接融资渠道，支持专业化风险投资、天使投资、创业投资、股权投资机构发展，强化多层次资本市场对创新的支持，在互联网金融领域避免或谨慎出台禁止性或限制性政策以给予其弹性试错空间。创新间接融资服务方式，鼓励银行与创业投资和股权投资机构探索投贷联动模式，鼓励互联网与银行、证券、保险、基金的融合创新，更好满足实体经济不同层次企业技术创新的融资需求。推进技术和知识产权交易平台建设，建立从实验研究、中试到生产的全过程科技创新融资模式。

第三节　2016 年化解产能过剩矛盾展望及政策建议

一、化解产能过剩矛盾的主要趋势

（一）去产能作为 2016 年一项结构性改革重点任务将推动过剩产能加速退出

2015 年 12 月 18—21 日召开的中央经济工作会议提出，2016 年重点是要推进结构性改革，主要是抓好五大任务，"去产能"排在五大任务的首位。而"去产能"的核心是要积极稳妥化解产能过剩。为化解产能过剩，中央提出要遵循企业主体、政府推动、市场引导和依法处置的原则，"因地制宜，分类有序处置"[1]。主要手段一是为实施市场化破产程序创造条件，加快破产清算案件审理；二是研

---

[1] 2015年中央经济工作会议公报。

究制定落实财税支持、不良资产处置、支持失业人员再就业及专项奖补等政策，建立全面配套的政策体系；三是支持企业通过兼并重组化解过剩产能，即多兼并重组、少破产清算，要求资本市场配合企业兼并重组；四是对重组或破产企业要做好职工安置工作；五是继续控制增量，避免出现新的产能过剩。中央将"去产能"作为2016年经济工作的首要任务，而推动特困企业重组或退出市场将成为"去产能"的主要途径，为此，国务院召开多次常务会议进行了相关部署。如2015年11月4日，国务院总理李克强主持召开国务院常务会议，提出要加快推进"僵尸企业"重组整合或退出市场；12月23日，李克强总理主持召开国务院常务会议，提出要设立工业企业结构调整专项资金，重点是解决煤炭、钢铁等行业的特困企业或者是"僵尸企业"在淘汰落后产能或通过兼并重组去产能过程中职工下岗失业问题。中共中央、国务院一系列工作部署表明了中央"去产能"、加快结构调整的决心，拿出专项资金，明确产能退出的路径和方式表明国务院已经为去产能可能面临的最大阻碍做好了准备，这些举措和工作部署无疑将对过剩产能加速退出产生重要作用，随着一系列相关政策措施的出台和落实，2016年钢铁、水泥、煤炭等行业产能严重过剩的问题有望缓解。

（二）国有企业改革系列政策的落实将促进过剩产能化解

2015年，中共中央、国务院一项重要工作部署是推进国有企业改革。近年来，受体经济下行影响，历史包袱沉重、机制死板、活力欠缺的国有企业经济效益大幅下滑，特别是进入2015年，国有企业利润呈现负增长，很多企业亏损，部分企业亏损严重，不得不依靠所在地政府输血维持。为扭转这一局面，2015年8月，中共中央、国务院印发了《关于深化国有企业改革的指导意见》（中发〔2015〕22号），通过深化改革，引入社会资本和民营经济，激发国有企业活力。该《指导意见》提出要"清理退出一批、重组整合一批、创新发展一批"国有企业，并要建立优胜劣汰的市场化退出机制，切实保障退出企业依法实现关闭或破产，而国有企业的关闭、破产或重组整合将加快淘汰落后产能，并推动一部分产能退出。为配套国企改革，国务院有关部门2016年将出台包括推动国有企业兼并重组、处置国有企业"僵尸企业"在内的一系列政策，这些政策的落实将推动国有企业去产能，从而促进过剩产能矛盾的加速化解。

（三）国家推进国际产能合作有助于加快化解过剩产能矛盾

向国外转移产能是欧美等发达国家解决产能过剩问题的主要途径。由于我国部分行业国内市场趋于饱和、在国内化解过剩产能受到较大限制，逐步向国外转移产能成为我国化解过剩产能矛盾的重要途径。2015 年，国务院印发了《关于推进国际产能和装备制造合作的指导意见》（国发〔2015〕30 号），选择包括钢铁、有色、建材、船舶等产能严重过剩行业在内的重点行业作为国际产能合作的重点，分类实施。对于钢铁行业，《指导意见》提出，"以成套设备出口、投资、收购、承包工程等方式，在资源条件好、配套能力强、市场潜力大的重点国家建设炼铁、炼钢、钢材等钢铁生产基地"；对建材行业，《指导意见》提出，"在有市场需求、生产能力不足的发展中国家，以投资方式为主，结合设计、工程建设、设备供应等多种方式，建设水泥、平板玻璃、建筑卫生陶瓷、新型建材、新型房屋等生产线"，这将推动钢铁、水泥、平板玻璃等行业企业加快"走出去"，向外转移产能，对内"去产能"，从而促进钢铁、水泥、平板玻璃等行业过剩产能矛盾的化解。

二、政策措施建议

（一）加快"去产能"，推动低效产能加速退出

"去产能"是 2016 年中央经济工作的重点任务之一，加快"去产能"，妥善处理好"去产能"过程中可能遇到的职工安置、企业债务、土地问题等，有助于加速化解本轮产能过剩矛盾。一是妥善解决企业和产能退出的人员安置及企业转型等问题和矛盾，设立专项资金，用于解决"去产能"企业职工分流安置过程中涉及经济补偿金、再就业培训、转岗改制分流等费用，解决企业和职工后顾之忧，避免行业发生系统性风险。二是研究建立推动缺乏市场竞争力的产能退出机制，完善资产处置、银行债务重组、社会稳定等相关政策，充分发挥金融机构、金融资产管理公司和信托公司的作用，促进低效产能退出市场。三是支持产能退出企业盘活存量土地，协调地方政府支持土地变性，引导企业进行土地整理和再开发，带动企业战略转型。

（二）切实落实好国有企业改革、国际产能合作等有助于化解产能过剩矛盾的政策措施

加快推进国有企业改革、国际产能合作等是国家深化改革开放的重要举措，国企重组整合有助于缩减低效产能，国际产能合作有助于扩展国际市场空间、向

海外转移产能，因此这些举措对于化解产能过剩矛盾具有重要作用，2016年化解过剩产能矛盾关键要落实好这些政策举措。推动国有企业改革方面，重点是探索引导实施以压缩产能为目标的国有企业兼并重组或破产重整，在兼并重组或破产重整过程中，重点处理好因压缩产能带来的企业职工安置、债务、污染后治理、土地再开发利用等问题，避免因企业职工失业而造成社会动荡。国际产能合作方面，重点要通过编制"国别投资指引"、政府政策咨询等方式，加强对企业"走出去"，在海外并购、设厂等方面的指导，相关政府部门应指导企业妥善解决在海外并购设厂等方面遇到的争端，加快培育善于处理海外并购争端及进行国际谈判的顶尖人才。

第四节　2016年淘汰落后产能展望及政策建议

一、淘汰落后产能的主要趋势

（一）"去产能"将推动落后产能加速退出

为"去产能"，中央提出要建立推动缺乏市场竞争力的产能退出机制，支持企业通过兼并重组压缩产能，推动长期亏损而又扭亏无望的企业破产重整或破产退出以达到缩减产能的目的。为落实中央工作任务，国家发展改革委、工业和信息化部、财政部、国资委等部门纷纷研制推动产业重组去产能的政策措施，重点要推进扭亏无望的国有企业重组或退出，重点要解决企业和产能退出过程中人员安置及债务等问题。而对于兼并重组或破产重整的企业来讲，首先要压减、淘汰的产能就是低效、落后的产能，这部分产能长期无法给企业带来效益，却占据了企业一定的人力、物力和财力资源，过去企业难以淘汰落后设备的主要原因包括职工安置困难；相关设备作为抵押物抵给银行，银行在企业不能偿清债务的情况下不允许企业淘汰相应设备；部分设备被法院查封不能淘汰等。这些问题有望通过"去产能"的一系列政策得到妥善解决，企业淘汰落后产能相应也将更加容易。

（二）淘汰落后产能工作将成为地方一项常态化工作

"去产能"成为2016年中央工作的重点。对于地方来讲，按照现行标准，很多发达地区落后产能已经淘汰完毕，发达地区与欠发达地区产能在先进程度上的差距明显，且一些地区存在落后产能的行业并未列入淘汰落后重点行业范畴，因此以由中央按照"一刀切"标准组织开展淘汰落后产能工作的模式已不适于未来淘汰落后产能的形势和要求。随着市场化推进落后产能机制的逐步建立及地方淘汰落后工作方式手段日益成熟,淘汰落后产能工作已不需要中央统一组织,各地完全可以根据本地发展需要来制定淘汰落后产能的工作计划并加以落实。特别在经济下行压力大,企业生产经营出现困难的情况下,企业和地方政府部门都需要淘汰落后产能腾出新的发展空间,因而具有淘汰落后产能工作的积极性,因此,淘汰落后产能工作将逐步转化为地方的常态化工作,在以往经验的基础上,根据经济发展需要自觉开展淘汰落后产能工作。

二、政策措施建议

(一)支持地方自主淘汰落后产能

我国各省(区、市)之间、省内各市县之间的经济发展存在较大差距,广东、浙江、上海、江苏、山东等地的经济发展水平已接近发达国家,而青海、甘肃、贵州、西藏、宁夏、云南等地部分城市发展经济发展水平甚至不如非洲一些欠发达地区,部分人口还处于贫困线以下,导致广东、浙江、江苏等发达省份的落后产能放在这些欠发达地区就成为先进产能,欠发达地区按照发达地区标准淘汰落后产能很可能会对当地经济发展产生不良影响。因此,在"十二五"淘汰落后产能工作目标圆满完成的情况下,"十三五"淘汰落后产能工作应给予地方更多的淘汰落后产能自主权,支持地方结合产业和经济发展的实际情况确定淘汰落后的重点产业,制定相应的淘汰落后产能标准和工作计划,制定与地方经济发展相适应的政策,采取与地方实际情况相匹配的手段推动落后产能退出,避免"一刀切"。中央应加强对地方淘汰落后产能工作的指导。

(二)进一步优化促进落后产能退出的环境

重点营造发挥市场机制作用促进低效落后产能退出的环境。一是严格贯彻执行节能,大气、水、土壤等污染防治法律法规有关标准,将之作为产能相关指标的底线,不能达到标准的产能依据法律坚决淘汰,同时要严格节能减排及环保等方面的执法,企业有违规排放等问题,坚决查处,倒逼企业淘汰落后产能。二是发挥市场优胜劣汰竞争机制作用,着力打造公平竞争的市场环境,加快清理地方阻碍公平竞争的不合理政策、法规,消除地方为保护本地产业设置行业壁垒,鼓励公平竞争,避免"劣币驱逐良币"。三是采取有效措施解决企业淘汰落后产能过剩中可能遇到的职工安置、债务及法律等问题，采取以奖代补的方式支持企业淘汰落后产能的同时稳定就业，建立政府、金融、法律等相关部门参与的淘汰落后重点难点问题协同处理机制，政府、金融、法律、企业等协商解决淘汰落后产能可能涉及的债务、法律等问题。

第五节　2016年产业转移趋势展望及政策建议

一、产业转移的主要趋势

（一）区域合作与对外开放将加快推动国内外产业转移

2015年，"一带一路"、长江经济带建设和京津冀一体化三大发展战略稳步实施，成为政府拓展区域发展新空间的重要抓手，并已显现出一定的成效，预计在2016年，重大空间发展战略将加快推进，并加快国内外产业转移的步伐。在吸引外资方面，1—10月，在来自日本、美国和中国台湾地区投资分别下降25.1%、13.6%和19.3%的同时，来自"一带一路"沿线国家的投资增长14%；在长江经济带区域新设立外商投资企业9859家，同比增长7.8%，占全国新设企业总数的47%。在对外投资方面，1—9月，中国企业共对"一带一路"沿线的48个国家进行了直接投资，合计120.3亿美元，同比增长66.2%。2016年，针对京津冀协同发展，工业和信息化部制定了京津冀产业转移指导目录，河北、天津等地纷纷抓紧落实、精准承接产业转移，预计将在今明两年呈现实质性进展。三大战略的实施不仅推动产业转移承接地的园区升级，优化当地的产业结构，更有助于促进中西部与东部开发区的联动发展，通过区域协同扩展更大发展空间。

（二）基础设施互联互通成为产业转移的先导要素

2016年，围绕机制、基础的建设工作成为推动三大发展战略的重要内容。"一带一路"要尽快实现海陆空立体交通网络的互联互通，推进国际港口建设，建设沟通境内外、连接东中西的运输通道。以国际产能合作为核心，以产业集聚区建设为载体，加快推进六大国际经济合作走廊建设。京津冀协同发展一方面要完善产业转移承接载体建设，强化合作园区的功能定位；另一方面，打通交通、通信网络，真正实现三地一体化。长江经济带建设要加快推进长江航道系统治理，继续实施长江南京以下12.5米深水航道二期、湘江二级航道二期等工程，加强主要港口集疏运体系建设，加快重庆、武汉航运中心建设；统筹铁路、公路、航空、管道等运输方式建设，开展重庆至宜昌货运铁路等重大项目前期研究工作，加快构建综合立体交通走廊。基础设施的先行完善是产业转移和合作的重要前提，也成为今后两年工作的重要抓手。

（三）合作共建园区成为地区之间产业转移的重要方式

一直以来，产业转移都属于市场行为，由于缺乏政府的合理引导而导致企业在转移过程中并没有形成资源整合的优势，进而导致资源的浪费和低效利用。近年来，从中央到地方政府都已经意识到产业转移过程中存在的问题，建立了产业转移示范园区，并开展了一系列产业转移对接活动。2015年，工业和信息化部联合有关部委将继续深入开展"产业转移系列对接活动"，产业转移与区域合作将进入新阶段。东部地区产业将更加结合中西部地区产业环境和配套发展，呈现链条式、整体式和集群式转移，产业转移也将实现从生产要素约束型向产业布局的优化进行过渡和升级。与此同时，产业合作和转移模式逐步创新，京津冀产业合作、苏州与宿迁共建苏宿工业园区等合作共建园区的模式将成为各地之间开展产业转移和区域合作的重要方式[1]。

二、政策措施建议

（一）强化生态环境保护硬约束

在推进产业向东西部转移和区域性产业协作工作中，要发挥不同地区的资源禀赋和区位优势，有序推进西部煤炭和现代煤化工、西南水电、北方风电、沿海造船等基地建设。京津冀、长三角、珠三角地区，除热电联产外禁止新建燃煤发电等高耗能高污染项目。要实施差别化区域产业政策，切实保护环境，节约集约用地用水。在长江经济带开发利用过程中，要重视全流域水环境和江河湖综合治理，科学有序开发岸线资源，强化生态系统保护与修复，建立长江流域生态环境保护协调机制。

（二）加快区域性新一代信息技术应用

当前，新一轮科技革命和产业变革风起云涌，3D打印、智能制造、众包服务、远程运维等新的制造方式以互联网和信息技术为平台，对工业制造方式带来颠覆

---

[1] 我国产业转移现状和特点分析，国家产业转移信息服务平台。

性影响，这些新型制造方式在很大程度上突破了地域和资源的限制。一方面，东部地区要进一步推动互联网、物联网、云计算、大数据等新一代信息技术在生产性服务业的应用，培育形成新兴产业；另一方面，在区域性产业发展中要进一步加强网间互联互通，完善重点城市网络骨干节点，通过扩大信息技术服务，提高在产业转移过程中的资源配置效率。

（三）支持企业走出去，扩大国际产能合作

我国制造业领域已形成完整的产业体系，具备与国际合作的强大基础。一是加强统筹协调。根据国家的总体规划，制定国际产能合作规划，调整和优化出口产品结构，逐步减少"两高一资"产品的出口，促进重点行业"走出去"。二是依托"一带一路"战略，积极推进与周边国家基础设施的互通互联，探索经贸合作区、工业园区、经济特区等合作园区建设等模式，加强产业等方面的合作和对接。三是创新合作方式。积极开展"工程承包＋融资""工程承包＋融资＋运营"等合作，有条件的项目可以采用BOT、PPP等方式。依据各国实际情况，采取技术合作、技术援助等方式开展国际产能合作。四是建立双边或多边交流机制，建立出口预警机制，减少贸易摩擦，降低出口风险。

第六节　2016年服务型制造发展展望及政策建议

一、服务型制造的主要趋势

（一）跨国公司加速从生产型向服务型转型

近二十年，国际上一些大型传统制造企业纷纷向服务型企业渗透和转型，通过制造服务的融合创新、流程再造等，实现差异化竞争，创造新的增长点和利润来源。面对日益严峻的行业竞争，领先的跨国企业率先开始了从以产品为中心向服务导向的转型。通用电气年度报告数据显示，近几年服务业收入已经占公司总收入的2/3以上；以生产计算机而闻名的IBM现在已转型成为信息技术服务业的领先企业，目前服务要素占IBM收入的比重已经从1994年的26%提高到2009年的60%。随之产生的一个现象是发达国家服务型制造的水平明显高于正处在工业化进程中的国家。德勤公司2012年《基于全球服务业和零件管理调研》报告表明，美国制造与服务融合型的企业占制造企业总数的58%，芬兰仅次于美国为

52%，马来西亚是 45%、荷兰是 40%、比利时是 37%。

（二）业务形态和商务模式日趋成熟

随着制造业逐步成熟，企业的竞争优势已经不仅仅停留在产品本身，研发设计、物流配送、产品营销、电子商务、金融服务、战略咨询等专业化生产服务和中介服务所占的比例越来越高。根据剑桥大学对全球上市公司财务分析库中排名前 50 位的制造业企业所做的一项调查，产品设计和开发、系统和解决方案、维护支持、零售和分销等四类是所调查的企业提供的最主要的服务类型，提供这几类服务的公司比例均高于 10%。

（三）要素投入服务化比重不断提高

从 20 世纪 70 年代到 90 年代，OECD 中 9 个发达成员国（日本、荷兰、加拿大、美国、法国、丹麦、澳大利亚、英国、德国）的服务投入比重呈大幅增长趋势，到 20 世纪 90 年代中期普遍超过 1/4，英国更是超过了 1/3，这表明制造业对服务投入的依赖越来越明显。[1] 之所以要素投入服务化趋势越来越显著，有两方面原因。一方面，为打破市场产品同质化的趋势，制造业企业在生产过程中投入越来越大比重的服务；另一方面，减少实物要素的投入，增加服务要素的投入，有利于减少对自然资源的依赖，减轻资源过度消耗的压力，是具有生态效益、可促进社会可持续发展的变革。因此，加大服务要素的投入，不仅能够提升产品价值，更可以达到经济效益和生态效益的双丰收。

（四）产出的服务化水平显著增加

由于传统制造业产品同质化越来越明显，为提升市场份额、提高顾客价值，制造业企业在提供解决方案等服务方面开始倾注心血，以其作为差异化竞争的战略选择。德勤公司 2010 年发布的《基于全球服务和零件管理调研研究报告》显示，服务为制造企业贡献了 26% 的销售收入，在航空和国防领域这一数字更是高达 47%，而服务化程度最高的 10 家企业的服务销售占比均超过了 50%。这意味着，服务已经成为制造业企业收入和利润的重要来源，并在发挥着越来越大的作用。当然，简单的提供服务还不能被称作产出的服务化，需要进一步从服务的数量、服务的广度、对服务的重视程度等方面来界定，[2] 要求企业提供更多的服务、

---

[1] 刘继国，赵一婷：《制造业中间投入服务化趋势分析》，2008年。
[2] 刘继国，赵一婷：《制造业中间投入服务化趋势分析》，2008年。

更多的顾客接受服务、企业彻底重视服务。

二、政策措施建议

（一）促进制造业与服务业的有机融合

制造业是服务和服务化的基石，发展服务型制造必须以制造业为支撑。服务型制造和生产性服务业的发展都离不开制造业载体，并且是制造业发展到一定阶段之后的产物；制造业是服务型制造的需求来源；制造业是服务业的重要的知识和技能来源。工业发展本身是知识和技能积累的重要环节，同时还是新知识需求的提出者和检验者。因此，在促进制造业由大变强的过程中，要充分利用新一代信息网络技术，整合要素资源，扩宽发展思路，创新发展模式，进一步推动制造业与服务业的有机融合。

（二）完善相关政策体系

相关部门应加快编制发展服务型制造三年行动计划以及发展服务型制造的指导意见，从发展方向、推进路径、政策扶持、基础保障等方面着手。要注意从制造业与服务业产业融合的视角开展政策引导工作，应注意不同政府部门间的沟通协调工作；注意尊重企业内生需求，强调引导和激励，弱化干预。如前所述，尽管德国拥有世界一流的装备和技术，但软件与互联网技术是德国工业的相对弱项。为了保持其竞争优势，扬长补短，继续占领全球制造业的制高点，德国在实现第三次工业革命中先声夺人，值得借鉴。

（三）加强认知推广增进社会认识

政产学研各界应通过多种渠道和途径加深社会对于服务型制造的认知，可以采取召开专家研讨会、行业服务性制造会议、优秀企业实践挖掘与推广等途径，通过学术论文与专著、报刊文章、专题报告、会议纪要、电视短片等形式加大对服务型制造概念、理念、实践和绩效的宣传推广，旨在厘清与生产性服务业的关系，对服务型制造形成清晰边界和明确内涵。

（四）推进服务型制造基础性工作

要着力开展人才培养、基础研发、通用标准制定、知识产权保护、服务价值测量等基础性工作，为企业开展服务型制造转型保驾护航。各方行动着力点可以聚焦在提升企业集聚环境、提升企业知识和技术优势、提升企业信息化水平等三个方面。发展服务型制造需要凝聚坚实的基础或优良的条件。第一，集聚需求。制造业服务化是在专业化分工基础上的资源整合，集聚为分工和整合提供了便利。制造业服务化的具体路径需要企业在群落生活（互动）中自我探索，允许失败。第二，知识和技术需求，制造业服务化实质上是通过一定的手段来获取知识和技术溢价。第三，信息技术间的密切合作。因此，制造业服务化意味着制造业要由劳动力密集型向知识密集型、信息密集型转向。

第十七章　重点产业结构调整展望

第一节　2016 年钢铁产业结构调整展望及政策建议

当前，我国经济增速放缓，进入中高速增长的新常态。由于经济增长放缓，对钢铁需求拉动作用减弱，钢铁产业进入了逆转期。钢材价格下跌，企业盈利下降，国际贸易摩擦增多，今后几年钢铁需求增速将继续放缓。2016 年，钢产量结束持续上升趋势，围绕在一定区间波动，总体上呈下降趋势。未来钢铁产业结构调整政策的主要目标仍将是控制增量、盘活存量，淘汰落后、绿色发展，提升产品质量、积极扩大市场需求。

一、趋势展望

（一）供给侧结构性改革不断推进，去产能提速

2016 年，我国经济仍下行压力仍比较严峻，国家主席习近平强调 2016 年将加强供给侧结构性改革，去产能、去库存被中央经济工作会议确定为新一年工作的首要任务。国家非常重视钢铁等产能过剩行业的产能化解问题。就钢铁产业而言，化解产能过剩是其转型、脱困的关键。国务院确定了从 2016 年开始，用五年的时间，再压减粗钢产能 1 亿至 1.5 亿吨。河北省也提出 2016 年压减炼铁产能 1000 万吨、炼钢产能 800 万吨。适时将能效"领跑者"指标纳入强制性终端用能产品能效标准和行业能耗限额标准指标体系，将"领跑者"企业的能耗水平确定为高耗能及产能严重过剩行业准入指标。能效标准中的能效限定值和能耗限额标准中的能耗限定值应至少淘汰 20% 的落后产品和落后产能。

（二）产业不断升级

从行业盈利情况看，我国钢铁产业近年来持续处于微利状态，企业大面积亏损，钢铁产品在国际市场屡受"双反"的打击，与我国钢铁产业以低端钢材产品为主的产品结构不无关系。我国高附加值的产品如高端的汽车板、高牌号硅钢等产品仍需进口。为加快推进钢铁产业结构转型升级，我国将高端装备制造提升为战略性新兴产业，并将大力发展智能制造上升为国家战略。2016年，随着《中国制造2025》等的实施，钢铁产业下游行业主体需求层级将从低端逐渐向中高级转变，钢铁产业市场需求结构升级，高附加值产品的投资力度将加大。

（三）产业"绿色"发展积极推进

党的十八届五中全会提出"创新、协调、绿色、开放、共享"五大发展理念，为钢铁企业未来的发展指明了方向。要实现产业可持续发展目标，要最大限度地减少资源投入，最大限度地实现生产过程资源循环利用，提高资源利用率；最大限度地减少废弃物排放和实现废弃物回收利用，成为低投入、高产出和低排放。当前，能源和资源约束问题日趋尖锐、环保问题受到全社会普遍高度关注，我国钢铁产业必须改变发展方式，不断改良生产工艺，采用绿色化技术工艺，实现钢铁工业绿色化生产制造。

（四）需求空间仍有拓展潜力

"一带一路"、长江经济带、京津冀协同发展等战略及顶层设计为过剩行业的发展带来新的市场空间。如去库存将带来房地产市场的升温。再如"一带一路"战略，沿线大多是新兴经济体和发展中国家，基础设施较为落后，城镇化程度较低，基建需求最为明显，"一带一路"沿线区域对铁路、港口、机场等基础设施产生巨量要求，将进行大量的基础建设投资，对于钢铁的需求量巨大，而中东地区和东南亚地区的钢铁产能相对不足，与我国不可同日而语，有助于我国钢材的出口。

（五）拥抱互联网，行业整合力度加大

我国实施"互联网+"战略，钢铁产业积极利用互联网思维，利用互联网技术促进产业转型。"互联网+钢铁"的模式将改变整个钢铁的经济业态，甚至可能包括整个流程制造业。从单一的企业经济体竞争转变为平台经济体竞争，把钢铁企业、供应商、用户、金融机构、技术服务机构、设计机构、贸易机构、物流配送机构等，全部放到一个大平台，以解决信息不对称的问题，减少中间贸易环

节、提升效率、降低成本、依托大数据技术，能够更高效地直接服务客户。

二、政策措施建议

（一）化解过剩产能，形成倒逼机制

要更加注重运用市场机制、经济手段、法治办法来化解产能过剩，严格执行环境保护、节约能源、产品质量、安全生产等相关的法律法规。加强对分流人员的安置和对完成化解过剩产能任务的企业实行奖励；完善相关税收政策；盘活钢铁产能退出的土地资源。加大政策的引导，推动落后产能主动退出。通过兼并重组、优化布局、国际产能合作等方式，完善相关政策支撑，清除障碍。

（二）加大国有企业改革力度，建立现代企业管理制度

积极发展混合所有制，坚持公平、公正的原则，吸引私人资本、集体资本和社会资本的进入，推进混合所有制的改革。大力推进企业股权多元化改革，加快建立规范的公司治理结构和组织架构，深化企业内部改革。积极落实《中共中央国务院关于深化国有企业改革的指导意见》，通过加大中央转移支付等手段支持因钢设市的地区，在三年时间内落实好"加快剥离企业办社会职能和解决历史遗留问题"。结合国有企业改革，以提高国有资产配置效率为目标，在加快一批"僵尸企业"退出的同时，推动企业兼并重组。

（三）推动企业兼并重组，优化产业结构

推进钢铁企业兼并重组，是解决我国钢铁产业集中度过低的主要举措，可以优化钢铁产业组织结构。为此，要鼓励钢铁企业实现破局性重组，培育具有较强国际竞争力和具有较强实力的大型钢铁企业集团为目标：一要鼓励优势企业开展并购重组，充分发挥骨干龙头企业在兼并重组中的主导作用，引导龙头企业在全国范围内开展跨地区、跨所有制的兼并重组；二要继续落实相关政策，健全和完善有利于钢铁企业兼并重组的体制机制，消除影响企业兼并重组的障碍，优化企业兼并重组的政策环境；三是鼓励保险资金等长期资金创新产品和投资方式，参与企业并购重组，拓展并购资金来源。完善并购资金退出渠道，加快发展相关产权的二级交易市场，提高资金使用效率。

（四）推进产业升级

在智能制造方面，推进两化深度融合，运用互联网、大数据、信息技术实现

智能制造高端服务；运用"互联网+"来突破用户个性需求多样化与钢铁生产规模经济相矛盾的瓶颈，促进用户个性化需求与钢铁生产规模经济的协调发展。在自主创新方面，要重点解决钢铁发展面临的先进制造工艺技术、材料技术、生产装备技术、前沿工艺技术及行业技术标准等共性技术方面的问题。在品质品牌方面，企业要有质量和品牌意识，能够为客户提供优质、稳定、满足用户个性化需要的产品，并通过产品设计与前期介入，为用户提供专家式的深入服务和一体化的全面解决方案，挖掘产品最大价值。在绿色发展方面，要重视利用环保倒逼企业化解过剩产能，加大环保资金、设施、技术等方面的投入，继续研发、应用和升级环保节能新技术，进一步促进绿色制造水平的不断提高。

第二节　2016 年有色金属产业结构调整展望及政策建议

当前，全球经济仍处于国际金融危机后深度调整期，美国凭借强势美元政策推动本国经济走出衰退阴影，但同期欧洲诸国产业复兴无期，以及新兴市场经济增速换挡，导致以美元计价的有色金属产品价格出现大幅向下修正。新常态下我国经济下行压力依然较大，鉴于新《环保法》的实施以及资源、环境、人工等要素成本的提高迫使有色金属工业需尽快从规模扩张向创新驱动转变。与此同时，供给制改革、"一带一路"、《中国制造 2025》、京津冀协同发展、长江经济带等国家战略的实施，也为行业发展提供了新的增长动力。预计 2016 年我国有色金属行业在中央财政刺激政策以及央行量化宽松政策作用下将缓慢推动生产、消费、投资将进一步缓慢增长，有色金属市场缓慢回暖，行业将走出低迷期，企业财务状况、盈利水平将有所好转。

一、趋势展望

（一）实施有色金属工业供给侧结构性改革

2016 年作为改革年，习近平在 2015 年中央经济工作会议中部署 2016 年重点工作内容时指出，强化供给侧结构性改革，积极稳妥化解产能过剩，提出和落实财税支持、不良资产处置、失业人员再就业和生活保障以及专项奖补等政策，要尽可能多兼并重组、少破产清算，做好职工安置工作。要严格控制增量，防止新的产能过剩。同时结合《国务院关于煤炭行业化解过剩产能实现脱困发展的意见》《国务院关于钢铁行业化解过剩产能实现脱困发展的意见》等同类政策措施，预计2016年我国有色金属工业供给侧改革方面工作重点如下：一是加大淘汰落后和过剩产能力度。严格执行环保、能耗、质量、安全、技术等法律法规和产业政策，达不到标准要求的钢铁产能要依法依规退出，加快处置"僵尸企业"，实现市场出清。二是着力推进有色金属国有企业实质性改革，实施强强联合，培育具有国际核心竞争力的跨国集团，增强我国企业在世界有色金属工业中的话语权。三是加快推进有色金属企业兼并重组，鼓励有条件的企业实施跨行业、跨地区、跨所有制减量化兼并重组。四是推动行业转型升级优化，提升生产企业智能制造水平，升级产品质量标准，建立产学研协同创新机制，推动企业关键技术与高端产品研发等。

（二）行业管理机制更趋完善

2016年作为"十三五"规划的起始年，产业规划的编写将相应提速，《有色金属产品质量基础能力提升规划（2016—2020）》《有色金属工业"十三五"发展规划》《黄金行业"十三五"发展规划》《铝工业发展指导意见》等相关中长期规划将相继发布。其次，继续完善行业规范条件。2013—2015年，我国先后发布铝、铅、锌、铜等金属行业规范条件，2016年，锡、钨金属将根据《锡行业规范条件》《钨行业规范条件》实施总量控制管理，届时将根据企业生产规模、质量、工艺和装备、资源综合利用及能耗、环境等领域开展综合性审查，同时发布《稀有金属管理条例》。

（三）稀有金属区域分布更趋合理

2015年，北方稀土、厦门钨业、中铝公司等三家企业集团组建工作已通过验收，预计到2016年6月，中国五矿、广东稀土、南方稀土等3家组建工作结束，稀土行业市场秩序实现本质性好转，至此形成包头、赣州、凉山、龙岩等六大稀土资源开采、冶炼分离基地，产能分别占全国的90%和60%以上。同时，工业和信息化部办公厅发布的《关于整顿以"资源综合利用"为名加工稀土矿产品违法违规行为的通知》内容显示，对南方省（区）稀土资源综合利用企业进行全面核查整顿依然是2016年的重点任务之一。

（四）有色金属工业企业"走出去"步伐加快

2016 年 1 月，国务院发布《国务院关于促进加工贸易创新发展的若干意见》（国发〔2016〕4 号）并提出，加快推动贸易境外合作布局，鼓励引导有色、建材、化工等产业依托境外经贸合作区、工业园区、经济特区等合作园区开展境外合作，实现链条式转移、集群式发展。深化与"一带一路"沿线国家产业合作，支持传统优势产业到劳动力和能源资源丰富的国家建立生产基地。预计后期，我国的相关政策措施以及工作重点将围绕企业"走出去"的具体配套措施开展工作。根据工业和信息化部副部长辛国斌在 1 月 19 日的讲话，2016 年我国将集中在研究落实重大境外投资项目支持的政策措施，完善与银行等金融机构间的合作机制。完善境外投资服务体系，建立完善"走出去"部际联席会议制度，建立专业的境外投资服务平台和服务机构，及时将企业"走出去"重点项目纳入双边、多边自贸协定，高层对话机制以及政府间合作目录，加强与国外工业主管部门合作交流，保护我国企业境外投资合法权益。

（五）两化深度融合水平进一步提升

为加快有色金属工业两化深度融合水平，2016 年，将根据《原材料工业两化深度融合推进计划（2015—2018 年）》相关内容推进有色金属工业两化融合战略部署。相关工作内容包括：深入推进两化融合管理体系贯标工作、建立完善两化深度融合技术标准体系、研究推广重点行业两化融合解决方案、加快建设行业关键共性技术创新平台、稳步推进重点领域工业云服务平台建设、着力培育电子商务和物流业发展、大力推动行业大数据应用、建立健全行业监管及产品追溯系统等。基于计划可操作性，两化深度融合推进计划同时实施数字化设计工具开发应用工程、关键工艺流程数控化工程、智能工厂示范工程、数字矿山示范工程、关键岗位机器人替代工程、供应链协同管理促进工程等五大工程。与此同时，根据 2015 年 8 月工信部发布的《关于做好 2015 年稀土行业两化融合示范项目申报工作的通知》要求，将在 2016 年 12 月底完成申报工作。

二、政策措施建议

（一）加快推进有色金属工业供给侧改革

坚持贯彻 2015 年中央经济工作会议精神，加快推进有色金属工业供给侧改革路线图，有效淘汰落后产能、化解过剩产能，遏制新增产能，建立"僵尸企业"

退出机制。一是严格控制控制新增产能，切实淘汰落后产能，有序退出过剩产能，探索保留产能与退出产能适度挂钩。在建项目应按一定比例与淘汰落后产能和化解过剩产能挂钩。二是加快推动有色金属产业向资源富集区转移。通过采取强有力措施，切实制止一些地方和企业不顾国家发展规划、产业发展政策，盲目大规模投资建设冶炼生产能力；引导冶炼生产能力向资源、能源相对丰富的中西部转移；提升长江三角洲、珠江三角洲、环渤海地区铜铝加工产业水平，打造高精铜铝产业基地，有色金属行业布局将逐步得到优化升级。三是优化财税政策，通过设立结构调整专项奖补资金引导地方综合运用兼并重组、债务重组和破产清算等方式，加快处置"僵尸企业"。四是运用市场化手段妥善处置企业债务和银行不良资产，鼓励保险资金等长期资金创新产品和投资方式，参与企业并购重组，拓展并购资金来源。

（二）加强有色金属行业创新

强化有色金属行业企业在技术创新中的主体地位，引导和鼓励企业加大研发投入和技术改造力度，支持引导企业利用新一代信息技术，以产业公共服务平台、智能工厂示范、虚拟技术平台研发等为重点，推动有色企业生产自动化、管理信息化、流程智能化、制造个性化，打造数字型、智慧型和服务型产业。加大新技术、新产品财税政策支持力度，提高科技成果奖励标准，进一步完善科研创新激励机制。支持传统产业改造升级和大力发展精深加工产品，大力支持新技术、消纳过剩产能带动性强的新材料、新产品技术攻关，扩大铝材、铜材等有色金属在交通运输、航空航天、建筑、战略性新兴产业等领域的应用。加强有色金属生产加工企业与下游企业需求对接，引导企业按照"先期研发介入、后续跟踪改进"的模式，重点推进汽车、电子、航空航天、高速铁路、核电、汽车、船舶与海洋工程等领域重大技术装备所需高端产品和金属新材料的研发和推广应用。

（三）加强对有色金属行业的运行监测分析

统筹建立全国有色金属行业在线监测系统，加强对有色金属行业特别是电解铝行业运行监测分析，及时反映行业出现的新情况、新问题。积极探索淘汰落后产能长效补偿机制，在推动地方淘汰落后产能的同时培育新的产业增长点，化解淘汰落后产能过程中下岗工人安置问题。鼓励区域内现有电厂和电解铝厂依产业链垂直整合，结合电力体制改革，研究推动网电、自备电及局域网之间的电价公平，扭转部分技术水平高、资源条件好的电解铝企业长期因电价不公平造成的亏损局面；建立铝材上下游产业联盟，扩大铝材在建筑、电力、交通、航空等领域的应用。在"十二五"淘汰落后产能任务的基础上，适时适当提高电解铝、铜冶炼、铅冶炼、锌冶炼的淘汰标准，并鼓励地方根据自身产业特点进一步提高淘汰标准，加快推进淘汰落后产能工作。加快推进资源性产品价格形成机制改革，形成有利于资源节约和环境保护的资源价格体系，促进建立以市场竞争性为主、政策为辅的有色金属行业化解产能过剩矛盾的长效机制。近期应以电解铝行业为重点，做好淘汰产能任务分解落实和检查考核工作，研究利用差别电价、水价格等经济手段，提高要素成本，促使其在市场竞争中退出。

（四）积极推进国际交流与合作

优化有色金属产品进出口结构，鼓励进口有色金属资源和产品，严格限制高能耗、高排放、资源性产品及初级深加工产品出口。加大"走出去"支持力度。积极推动制定境外矿产资源勘查开发支持政策，鼓励有条件的企业积极开展国际合作，参与国际市场竞争，尽快建成一批境外资源基地，提高国内资源保障水平，并在有条件的地区建设工业园区，促进国内过剩冶炼产能产业转移。

第三节　2016年建材产业结构调整展望及政策建议

2016年对于建材产业来讲是利好的一年，诸多改革措施红利的释放及"一带一路"、京津冀一体化等战略实施带来对基础设施建设投资的加大，都将为建材产业带来巨大的发展空间。同时，这也将刺激建材产业投资加快，产能过剩问题可能进一步加剧，因此也要注意对建材产业的运行监测，并采取有效措施保证建材产业健康发展。

一、趋势展望

（一）经济新背景下建材产业供给侧改革提上日程

2015年12月，习近平在2015年中央经济工作会议中部署2016年重点工作内容时提出供给侧结构性改革，积极稳妥化解产能过剩，尽可能多兼并重组、少破产清算，做好职工安置工作。要严格控制增量，防止新的产能过剩。可以预计，2016年，我国建材产业的政策重心将向供给侧改革方面偏移。一是加速化解过剩产能，遏制水泥、平板玻璃行业产能盲目扩张。通过严格执行能耗限额、污染物排放等强制性标准，形成倒逼机制，推动不达标产能依法依规退出。二是着力弥补科技创新动力不足的"短板"。加快推动重点行业骨干龙头企业与研究机构、高等院校构建完善产学研用相结合的协同创新平台。创建一批以绿色建材为特色的技术中心、工程中心或重点实验室。推动企业发展玻璃纤维及其复合材料、电子信息用屏显玻璃基板、防火玻璃、汽车和高铁等用风挡玻璃基板、精细陶瓷等新材料。三是加快行业转型升级，加快推广水泥生产分布式控制系统（DCS）、窑头和筒体温度检测控制系统、窑尾加料控制技术、三大热工（熔窑、锡槽、退火窑）设备自动控制系统、在线缺陷检测与智能化自动切割分片系统、玻纤池窑计算机控制技术等智能技术。

（二）水泥、平板玻璃等行业产能严重过剩问题有望得到缓解

2016 年，对化解水泥、平板玻璃等行业过剩产能有众多利好，抓住这一机遇，建材产业有望加快解决产能严重过剩问题。一方面，市场需求的增加将消化过剩产能。如前文所述，"一带一路"、京津冀一体化、东北老工业基地振兴、长江经济带等战略进入实施阶段，相关基础建设对建材产品需求增大；同时，根据 2016 年《政府工作报告》，国家将着力化解房地产过剩产能，这也将增大对建材产品的需求，并且，这种需求将持续较长时间，因而对消化建材产业过剩产能将起到持续性作用。

（三）绿色建材技术与产品推广应用将提速

2015 年，工业和信息化部、国家环保部等相关部门先后发布《促进绿色建材生产和应用行动方案》《绿色建材评价标识管理办法实施细则》《绿色建材评价技术导则（试行）》《预拌混凝土绿色生产评价标识管理办法（试行）》等相关政策文件。文件内容显示，2016 年根据将重点围绕建材产业绿色制造、绿色建材评价标识、水泥与制品性能提升等开展相关工作。一是由工业和信息化部、住房和城乡建设部牵头，形成绿色建材生产和应用跨部门协调机制。统筹绿色建材生产、使用、标准、评价各个环节，强化多部门联动，保障相关行动计划的有效开展。二是继续完善行业规范与准入标准，延续 2015 年政策措施，公告符合规范条件的企业和生产线名单。强化环保、能耗、质量和安全标准约束，构建强制性标准和自愿采用性标准相结合的标准体系。三是完善绿色建材推广应用的配套措

施。加大财税、价格等相关政策措施对水泥窑协同处置、节能玻璃门窗、节水洁具、陶瓷薄砖、新型墙材等绿色建材生产和消费扶持力度。四是强化重点产品的推广力度，大力发展高效节能保温材料、特种水泥、高端玻璃、新型陶瓷、生物质建材、轻质高强墙材、电子信息用屏显玻璃基板、防火玻璃、汽车和高铁等用风挡玻璃基板等产品。随着各项政策的落实，2016 年我国绿色建材推广及应用势必加速。

（四）建材企业兼并重组提速

随着我国淘汰落后产能行动的深入开展，后续淘汰落后产能基本淘汰完毕，根据目前现有政策措施仅剩下推动企业减量式兼并重组化解过剩产能，以及实施"僵尸企业"市场退出等相关政策可以有效化解过剩产能。同时，根据 2015 年中央经济工作会议基调，国有企业改革以及化解过剩产能成为重中之重。2016 年 2 月，中国人民银行、国家发展改革委、工业和信息化部、财政部等八部委联合发布《关于金融支持工业稳增长调结构增效益的若干意见》，加强货币信贷政策对供给侧改革提供强有力的支撑，强化对企业兼并重组、不良资产处置的力度和效率，积极稳妥推进工业化解过剩产能和库存。预计 2016 年，国有企业中水泥、玻璃等建材行业同行业间兼并重组步伐提将大幅提速。

二、政策措施建议

基于建材产业目前存在的主要问题，2016 年加快建材产业结构调整需要：

第一，优化建材产业供给侧改革实施路径。坚持贯彻 2015 年中央经济工作会议精神，制定建材行业化解过剩产能指导意见，积极探索地方领导问责制。建立化解过剩产能综合评价指标与建立完善事中事后管理制度，对化解过剩产能不力或无效遏制新增产能的地方领导实施问责制，强化地方政府对化解过剩产能的重视程度。加快推动企业建立主要污染物在线监控系统以及企业能源管理中心，在此基础上统筹建立全国性淘汰落后产能综合监测预警平台，以及全国联网的企业能效管理中心，从而实现全国淘汰落后产能的有效监控。强化对化解过剩产能企业的资金扶持力度。探索建立企业结构调整专项奖补资金，引导地方综合运用兼并重组、债务重组、破产清算等方式，加快处置"僵尸企业"。同时建立差别化金融信贷制度，将淘汰落后产能、化解过剩产能、环保和综合能耗指标等列入信用评价指标。对化解过剩产能、实施兼并重组以及有前景、有效益的企业信贷额度和信用给予适当侧重，而对落后产能、违规企业停止贷款。有效监督各地切实落实好产能置换政策，做好产能置换方案，严控水泥、平板玻璃等产能严重过剩行业新增产能，逐步实现水泥、平板玻璃行业淘汰落后产能工作的常态化，加快形成环保节能标准和发展先进绿色清洁建材产品倒逼落后产能退出的长效机制，利用价格杠杆推动建材产业节能减排和资源循环利用。

第二，继续推广应用绿色建材产品，鼓励绿色建材消费。根据欧美发达国家经验，当工业化发展到一定程度，工业节能减排对生态环境贡献的边际值就会下降，推动建筑节能减排就会成为保护生产环境的关键。我国目前已经到了工业化由中期到后期的过渡阶段，发展绿色建筑已刻不容缓。为适应绿色建筑的发展要求，必须供给和消费并举，不仅要支持、鼓励发展绿色建材，更要推广应用绿色建材产品，引导绿色消费。重点要加大对绿色发展理念的宣传力度，发起使用绿色建材产品的倡议，同时完善绿色建材产品的评价标准和标识管理制度，搭建绿色建材产品公共信息服务平台，通过平台发布绿色标识产品信息，引导市场潮流。

第三，加大对建材产业企业技术创新的支持力度，营造市场牵引、需求带动的创新机制。创新是这个时代的主题，也是传统行业居多的建材产业转型发展的主要动力和支撑，建材产业降本增效，提升发展质量关键在于创新。根据建材产业技术特点和发展现状，支持建材产业技术创新关键要坚持企业的主体地位，支持建材企业加大技术创新的投入力度，引导建材企业利用信息化技术对传统生产模式改造升级，特别要抓住智能制造的发展机遇，支持建材产业筹建智能制造产业联盟，打造促进建材产业智能化的技术和服务平台。营造宽松的创新氛围，鼓励企业开发石墨、玻璃纤维等复合材料，以及无机非金属材料和非金属矿物加工材料等先进材料，提高先进建材和绿色建材的供给能力。

第四，深化建材企业两化融合程度。积极贯彻落实《原材料工业两化深度融合推进计划（2015—2018年）》，一是加快建立健全建材企业两化融合水平测评指标体系和等级评定办法，组建建材产业两化融合标准化工作委员会，完善相关技术标准体系。二是强化建材产业公共服务平台建设。依托建材骨干企业、研究机构与行业协会，积极搭建重点行业关键共性技术协同创新平台、工业云服务平台、工业大数据平台等公共服务平台，为企业两化融合提供强有力的支撑。三是研究推广重点行业切实可行的两化融合解决方案，积极探索建立两化融合专项资金以及金融扶持政策，对技术优化升级、购买关键机器设备及软件、建设大数据中心的企业给予适当的扶持。

第四节　2016年汽车产业结构调整展望及政策建议

随着资源环境约束趋紧、互联网和信息技术的深度渗透，汽车产业绿色化和智能化趋势加速呈现，以低碳环保为特征的新能源汽车成为未来方向，车联网、智能汽车、无人驾驶汽车等新生事物逐渐从概念走向现实，汽车产业已经处于大变革大转型的激烈浪潮中。我们必须适应和引领产业发展态势，不断创新管理方式，完善政策标准体系，激发产业活力和创造力，加快推动汽车产业由大变强。

一、趋势展望

国家高度重视汽车产业的健康发展，尤其是推动节能与新能源汽车的发展，出台了一系列规范汽车行业，促进节能与新能源汽车推广应用的政策，将有力地推动我国汽车产业结构升级，往智能化、网联化、绿色化发展。

（一）行业管理制度进一步健全

一是新能源汽车行业准入进一步规范。《新建纯电动乘用车企业管理规定》从2015年7月10日起施行。该规定对新建纯电动乘用车的投资主体资格、投资规模、企业整车研发、试制等技术能力、产品准入标准、生产一致性和公告管理等作出了明确的规定，并对纯电动乘用车按单独类别管理。管理规定的实施将进一步理顺新能源汽车发展的投资、技术、质量、产品公告管理等关系，有利于新能源汽车行业的健康发展。二是汽车行业企业退出制度进入实质性实施阶段。11月，工业和信息化部发布《〈特别公示车辆生产企业（第1批）公告〉执行情况通报》，对2013年《特别公示车辆生产企业（第1批）公告》涉及的14家经过整改仍然达不到符合准入条件的企业暂停《车辆生产企业及产品公告》，开启了汽车整车生产企业退出的先河，有利于汽车行业的健康发展。三是缺陷汽车产品召回制度进一步完善。《缺陷汽车产品召回管理条例实施办法》于2016年1月1日开始实施，标志着2012年底颁布的《缺陷汽车产品召回管理条例》进入实质性实施阶段。"实施办法"明确了整车生产企业是召回责任主体，进一步清晰了召回的程序、汽车产品生产及销售信息管理、违反规定应承担的法律责任等。办法的实施有利于扭转跨国汽车整车企业采取歧视性召回政策，加强缺陷汽车产品召回力度，提高在国内销售的汽车产品质量和售后服务水平，规范汽车售后市场。

（二）节能与新能源汽车加快发展

一是节能汽车将进入快速发展期。一方面，国家提高了乘用车燃油消耗量指标，强制提高乘用车节能减排标准。《乘用车燃料消耗量限值》（GB 19578—2014）和《乘用车燃料消耗量评价方法及指标》（GB 27999—2014）明确 2016 年 1 月 1 日起对新认证车执行新标准，2018 年 1 月 1 日起对在生产车实行新标准。新的标准要求我国乘用车平均燃料消耗量水平在 2020 年下降至 5L/100km 左右，对应二氧化碳排放约为 120 g/km。另一方面，国家政策上加大了对节能汽车的支持力度。对 1.6 升及以下排量乘用车车辆购置税减半征收的政策将持续到 2016 年 12 月 31 日，按 5% 的税率征收车辆购置税。同时，加大了对黄标车和老旧汽车的限制使用和淘汰力度。二是新能源汽车有望实现突破性发展。一方面，国家从战略高度部署加快节能与新能源汽车发展战略，《中国制造 2025》将节能与新能源汽车作为 10 大重点领域突破发展，大力支持电动汽车、燃料电池汽车发展。有利于新能源汽车推广应用的一系列政策相继出台实施，如加大新能源汽车在城市公交、出租汽车和城市物流配送等领域推广应用力度，并规定城市公交车成品油价格补助中的涨价补助数额与新能源公交车推广数量挂钩；在税收政策上，对使用新能源车船免征车船税，节约能源车船减半征收车船税；要求地方清理对新能源汽车限购和限行的政策。另一方面，加快对充电基础设施的建设。《关于加快电动汽车充电基础设施建设的指导意见》和《电动汽车充电基础设施发展指南（2015—2020 年）》明确提出到 2020 年基本建成适度超前、车桩相随、智能高效的充电基础设施体系，建立较完善的标准规范和市场监管体系，形成统一开放、竞争有序的充电服务市场。

（三）"互联网 +"汽车加速落地

随着新一代信息技术的广泛应用和深度渗透，互联网与汽车制造业跨界融合趋势加速，推动传统汽车网智能化、网联化、绿色化发展。一方面，"互联网 +"行动和《中国制造 2025》提出要加快发展智能汽车，推动汽车企业与互联网企业设立跨界交叉的创新平台，加快智能辅助驾驶、复杂环境感知、车载智能设备等技术产品的研发与应用。同时，互联网企业加快进入汽车行业，加速推出落地产品。2015 年 3 月，智车优行发布第一辆互联网电动概念车"奇点汽车"；乐视超级汽车发布了乐视生态全景图，宣布乐视车联将与三大汽车主机厂全面合作。百度已开始着手研究智能汽车，并与汽车制造商开展合作。上汽集团和阿里巴巴在 2016 云栖大会上宣布，由双方联合开发的首款真正实现量产的互联网汽车"荣威城市 SUV"将在 2016 年 4 月举行的北京车展上完成全球首秀。

二、政策措施建议

面对汽车行业绿色化、智能化发展趋势，针对我国缺乏关键核心技术的发展实际，政府必须加快职能转变步伐，创新管理方式，在推动汽车产业发展中有所作为。

（一）加强汽车行业创新能力建设

长期以来，创新能力不足是制约我国自主品牌汽车发展的顽疾，造成了传统汽车领域无论是品牌、质量还是技术均与合资企业存在明显的差距，成为制约汽车行业结构转型升级的关键，必须抓住国家实施"中国制造 2025"战略和新能源汽车发展的机遇期，着力提升汽车产业整体创新能力，扭转发展困局。一是建立汽车产业国家创新中心。在国家制造业创新中心建设中充分考虑汽车产业对国民经济的先导作用和对制造业整体创新能力提升的作用，支持汽车行业建立国家制造业创新中心。整合现有科研院所、高校、骨干主机厂和关键零部件制造企业，充分发挥产学研用协同创新的作用，攻克传统汽车领域和新能源汽车领域关键技术和核心零部件，加快技术成果转化。二是营造有利于技术创新的良好环境。充分落实好高新技术企业所得税优惠、研发费用加计扣除、固定资产加速折旧等政策，加大政府采购对自主品牌汽车的支持力度，完善鼓励汽车制造企业加大研发投入，提高创新能力。

（二）促进节能与新能源汽车产业发展

节能与新能源汽车是汽车产业发展的方向，也是我们当前结构调整的重点。应继续营造有利于节能与新能源汽车产业发展的政策环境，破解制约产业发展的瓶颈。一是继续推进税收制度改革，促进节能与新能源汽车的消费。建议在 2016 年后，继续延长对 1.6L 以下乘用车购置税减半征收的期限；将消费税的征收环节由生产环节调整为消费环节，由价内税改为价外税，并与购置税合并。二是着力突破动力电池技术短板，加强车辆控制与能效管理技术的开发，解决因动力电池电量不够和电池 2 年左右退行严重无法运行等带来的纯电动汽车续航里程偏短等问题。三是加快新能源汽车充电基础设施建设。加快落实《关于加快电动汽车充电基础设施建设的指导意见》和《电动汽车充电基础设施发展指南（2015—2020年）》，建设适度超前、车桩相随、智能高效的充电基础设施体系；制定和落实充电设施建设奖励、用地政策优惠、用电价格优惠，建立较完善的标准规范和市场监管体系，形成统一开放、竞争有序的充电服务市场。四是坚持标准先行，按照更安全、更环保、更科学的原则，及时修订电动汽车标准，不断完善标准体系，积极参与甚至引领国际标准制修订。

（三）支持汽车产业"走出去"

全面贯彻落实国家"一带一路"战略，支持汽车企业"走出去"，推动优势产能国际合作。一是加强汽车行业整体规划和战略引导，支持和鼓励有实力的国内汽车企业，尤其是商用车领域积极开拓境外市场，提升中国汽车品牌形象、知名度和美誉度。二是加大税收、金融、贸易等政策支持力度，支持企业并购境外具有关键零部件核心技术或先进技术研发能力的企业，利用全球资源，提高自主品牌企业技术能力。

第五节　2016年船舶产业结构调整展望及政策建议

从世界经济发展趋势来看，短期内全球经济疲软、航运市场供需失衡的问题不会快速解决，船舶产业低迷的形势还将持续。在这样的背景下，国内外市场竞争的加剧将会逐步淘汰部分落后企业，而骨干船企通过加快转型升级，会逐渐独立鳌头。同时，随着《中国制造2025》、"互联网+"行动计划等国家战略的实施，预计2016年，我国船舶产业结构调整将有明显进展。

一、趋势展望

（一）船舶工业主要指标保持稳定

根据船舶工业协会披露的信息，预计2016年我国新接订单总量将基本保持稳定态势，造船完工量将维持在4100万载重吨左右，新船成交量相较2015年水平会有所下滑，全球在7000万载重吨左右；同时，随着竞争的加剧，新船价格将会呈现回落趋势。在需求结构方面，多数船型需求保持稳定，其中油船需求占比会有所下滑，散货船市场仍将低位运行，集装箱船需求或将减少，特种船市场将不会出现大的波动。总体来看，行业主要经济指标将保持稳定。

（二）企业兼并重组进一步推进

2016年，船舶产业仍然要应对市场低迷、产能过剩、竞争加剧等一系列挑战。为了化解过剩产能，央行曾于2015年年中明确提出，要积极推进混合所有制改革，鼓励骨干船舶制造企业实施兼并重组[1]。在当前形势下，船舶行业兼并重组将依靠政府"有形之手"与市场"无形之手"两方面力量，随着骨干船舶制造企业加快实施兼并重组，船舶产业集中度将进一步提高。

（三）船舶行业智能化步伐加快

当前，新一轮科技革命和产业变革正在兴起，对造船行业造成了广泛而深刻的影响，"互联网+"、大数据等的应用使得智能制造成为船舶工业发展的必然趋势。我国船舶企业必须抓住大数据时代转型升级的重要契机，超前布局智能制造技术，加速船舶制造与服务行业技术水平的提升。随着2015年国内船舶企业与相关研究院所开启智能化研究，在航运信息化方面取得了阶段性进展，预计2016年我国船舶行业将在船舶智能化与航运智能化方面迈出更加重要的步伐。

二、政策措施建议

（一）提升科研创新能力

创新研发投入模式，重点支持和加强关键共性技术的研发投入，以创新驱动支持船舶产业的转型升级。一是进一步完善创新研发机制，充分发挥现有工程技术研究中心、工程实验室等创新平台的作用，实施一批重大创新工程，提升原始创新能力。二是进一步加强关键环节、共性技术和前沿技术研究，推动相关领域技术攻关。积极开展节能、减排、低碳、环保等环境友好型的绿色船舶的研发，引领和带动市场需求。

（二）贯彻落实金融支持政策

船舶行业具有资金密集的特征，融资支持的模式对船舶工业获取订单具有至关重要的作用。一是加强银行等金融机构对船舶企业，特别是骨干造船企业的支持。在信贷投放上要按照差异化原则，扶优扶强，加大对建造实力强、品牌知名

---

[1] 新浪财经：《央行：鼓励骨干船舶制造企业实施兼并重组》。

度高、市场占有率高的船企的授信、融资力度。二是创新和完善融资支持模式。构建适合国内市场环境的包括融资租赁、船舶投资基金、债券融资等多层次的融资体系。三是进一步推动相关政策落地。加快落实《关于金融支持船舶工业加快结构调整促进转型升级的指导意见》等政策。

（三）提高船舶配套产业能力

紧紧围绕建设世界造船强国的目标，充分利用国际国内两种资源、两个市场，以推动船舶配套产业链和价值链双升级为主线，做强优势产品，改善薄弱环节，打造具有国际竞争优势的专业化船舶配套企业和系统集成供应商，全面提升我国船用设备核心发展能力，做大做强我国船舶配套产业。

（四）充分发挥行业组织作用

继续发挥船舶行业协会等社会组织机构的对外交流和行业服务作用。加强行业自律，维护行业权益。一是发挥信息对船舶行业发展的作用，积极探索实践经济运行信息服务模式，使信息、统计、加工分析成为行业发展及服务企业的纽带。二是逐步建立船舶行业监测预警机制，及时公布行业运行数据，提升船舶行业应对各种风险的能力，引导船舶行业健康稳定发展。三是加强与国际组织合作交流，推动船舶国际标准的研究，提升船舶行业综合竞争力和话语权。[1]

第六节　2016年电子信息产业结构调整展望及政策建议

一、趋势展望

（一）"互联网+"战略成为产业发展加速器

以移动互联网、大数据、云计算等为代表的新一代信息技术发展迅速，并加速向经济社会各个领域渗透。2015年7月，国务院印发《关于积极推进"互联网+"行动的指导意见》，政策红利将在2016年进一步释放，互联网与制造业融合将深入推进，新产品、新业态、新模式加速产生，为电子信息产业结构优化升级提供了动能。

---

[1]　中国船舶工业行业协会。

（二）产品智能化成为产业创新发展的新亮点

电子信息产品的智能化成为重要的发展方向，信息技术企业与电器、汽车、医疗卫生等行业的融合，打通了硬件产品开发上的关键节点和应用的瓶颈。在全球范围内，智能穿戴设备、智能家居、智能汽车、智能机器人等硬件产品及应用开发将呈现快速增长；国内的百度、阿里、腾讯等国内互联网巨头的进入也为基于智能硬件应用平台的搭建和商业模式创新提供了必要支撑。随着智能技术不断推进、计算方法飞速严谨和处理能力的大幅提升，智能化的新产品、新服务将不断涌现，全球企业都将智能化作为占领科技高峰的关键，我国拥有全球最庞大的电子信息产品市场，更将推动产品的不断智能化创新。

（三）云计算、大数据、物联网快速发展驱动产业格局调整

随着云计算、大数据及物联网技术和商业模式的进一步成熟，新兴领域相继进入应用落地和普及阶段。2013 年全球云计算市场为 474 亿美元，到 2017 年将达到 1070 亿美元，阿里巴巴、华为、腾讯、百度等龙头 IT 企业纷纷大力发展云计算技术、探索进入海外云计算市场。EnfoDesk 易观智库发布的《中国大数据整体市场趋势预测报告 2014—2017》数据显示，近两年大数据应用市场的增长速度将接近 30%，预计 2016 年国内大数据市场规模总量将突破 100 亿元人民币，主要包括互联网用户数据市场、线上金融市场，以及 IT 企业的大数据应用及大数据平台业务市场等，大数据领域成为更加客观的竞争市场。根据 Gartner 预测，2020 年全球物联网市场规模将突破 2630 亿美元，随着工业互联网成为发展热门，科技巨头都相继开展了对物联网的布局。云计算、大数据及物联网的快速发展将催生更多的新业态、新技术，带来未来产业格局的变革。

二、政策措施建议

（一）把握制造强国和"互联网 +"等战略带来的机遇

加快推进信息化建设，加强互联网和智能制造技术对农业、工业和服务业的渗透，增强信息技术在企业生产、经营、管理等方面的决策支撑作用。加强国内企业在金融、汽车制造、电力、铁路等领域的互联网化。进一步加强电子信息产业支撑能力，为实现制造业的数字化、智能化、网络化夯实基础。大力提升本土芯片设计、制造等能力，加强本土化显示技术水平和产品质量，不断完善布局物联网，加快发展传感器产业，通过把握电子信息制造业核心环节，实现对其他行

业领域的跨界融合与渗透，抢占新的产业发展制高点。

（二）全面布局产业融合发展

一是依托龙头企业，加快产业链上下游的延伸与渗透，整合形成完整产业体系，加快转变企业经营模式，由单一产品业务向"硬件＋软件＋内容"的融合发展模式转变。二是深入推进两化融合，提升智能终端和信息服务技术向工业制造领域应用和渗透。三是加快互联网技术、信息服务技术与高端装备的融合发展，提前布局智能机器人，在智能机器人操作系统、传感器等关键领域实现突破。

（三）培育壮大龙头企业国际竞争力

随着我国电子信息产业迅速做大做强并在全球居于重要地位，我国已经培育出一大批在国内外具有一流实力的电子信息龙头企业。要实现我国电子信息产业的持续发展和转型提升，就必须发挥龙头企业作用，以之为引领、为核心，打造企业集团，形成业务间相互配套、功能互补、联系紧密的发展格局。支持发展潜力大、前景好的高科技企业登陆创业板上市融资，引导扶持具有优势的电子信息企业兼并重组，消除兼并重组的制度障碍，充分发挥资源整合的市场机制，延长和提升产业链。支持企业"走出去"，为企业提供税收、金融、保险、中介服务等政策扶持，提高国内企业管理水平，增强我国电子信息产业的国际竞争力。

第七节　2016年战略性新兴产业发展展望与政策建议

一、发展趋势

在2015年12月的中央经济工作会议上，党和国家领导人准确研判世界发展形势，指出认识新常态、适应新常态、引领新常态，是当前和今后一个时期我国经济发展的大逻辑，这是我们综合分析世界经济长周期和我国发展阶段性特征及其相互作用作出的重大判断。[1]在新的国际国内错综复杂的环境背景下，中央提出要着力加强供给侧结构性改革，从去产能、去库存、去杠杆、降成本和补短板五大重点任务出发，引导经济向创新驱动转型，平稳发展。2016年是我国推动供给侧改革元年，战略性新兴产业将大有可为。

---

[1]　http://www.miit.gov.cn/n1146290/n1146392/c4550330/content.html.

（一）复杂的国际经济形势倒逼战略性新兴产业不断向前

从国际形势方面看，2016年将延续2015年复杂的国际经济局面，具体表现为发达经济体货币政策分化，新兴市场与发展中经济体进入中速增长周期，国际贸易进入低速增长通道，多重因素继续引致原油价格处于低位，全球债务持续上升。综上，各国纷纷寻找本国经济摆脱预势的突破口，而战略性新兴产业的发展因其前瞻、先导、创新等特性将成为各国摆脱经济困境的有效途径和手段。美国发布了《美国创新新战略》，日本公布了"新增长战略"，德国力推"工业4.0"，韩国推出"制造业创新3.0"，等等，均将新一代信息技术、高端装备制造、新能源、新材料、生物产业等等作为驱动本国经济发展的重要支撑。我国也适时推出了《中国制造2025》，在推动国内产业优化结构调整的同时，更将积极参与国际舞台的角逐。

（二）以技术与模式协同融合提升综合竞争力

战略性新兴产业跨界跨领域的特点以及技术间交错衍生的特性引致技术不断交叉融合，产业间也互相融合渗透而催生出纷繁复杂的业态和模式，这已然成为战略性新兴产业在当今时代助推经济不断向前发展的重要趋势。技术与模式的协同融合发展既作用于新兴产业，也对于传统产业激发创新动能具有重要意义。战略性新兴产业与其他产业之间的互补性也在不断增强，综合竞争实力也随之有了显著的提升。

（三）高端化发展倾向带动产业转型升级

战略性新兴产业因其科技含量高、投资强度大、产出收益高、产品附加值高、土地资源利用较少，对经济的带动作用较强，这些特征决定了无论是发达国家和地区还是处于发展中阶段的我国，都需要正视战略性新兴产业的高端化路径。这种高端化既体现在产业结构、产品功能方面，也从侧面反映了一国的技术实力。在技术创新能力和资源整合能力不断提高的情况下，战略性新兴产业的高端化发展也必将带动产业整体的转型升级。

（四）资本市场的完善为战略性新兴产业发展扩充了融资空间

直接融资与间接融资体系的不断完善，为战略性新兴产业发展拓宽了融资渠道。尽管目前我国资本市场上存在着主板、中小板、创业板、全国股转系统等多层次板块体系，但是对于战略性新兴产业发展的支持力度尚小。针对此种情况，建立战略性新兴产业板的设想浮出水面。2015年12月23日的国务院常务会议上，正式确定建立上海证券交易所战略新兴板，支持创新创业企业融资。通过制度改革与产品创新，将有效提升市场运行效率和优化资源配置的能力，通过多层次市场架构和功能丰富的交易产品，提高证券市场服务实体经济的能力，提高市场的投资价值和回报能力，提高市场的价值发现能力和化解风险能力。[1] 可以预见，战略性新兴板为战略性新兴企业提供了新的资本交易平台，随着这一平台运作机制的不断完善，必将促进战略性新兴产业资源的有效整合，为战略性新兴产业结构优化、做大做强提供坚实的保障。

二、政策措施建议

（一）完善指导战略性新兴产业发展的政策体系

战略性新兴产业的发展离不开完善的政策体系作为支撑，在"十三五"规划纲要出台之际，加强顶层设计，加快编制"十三五"国家战略性新兴产业发展规划，明确战略性新兴产业在新的历史背景下加快发展的重要意义，发展的指导思想、基本原则、预期目标、重点领域、主要任务和政策保障措施。各相关部门要按照职能抓紧制定和实施配套的专项规划或者行动计划，逐步形成系统完整结构合理的战略性新兴产业的规划体系。同时，要注重加强部门间在落实具体分工方面的协调性，确保各项政策落到实处。

（二）扶持重大工程加速产业成长

积极贯彻落实《中国制造2025》以及"十三五"规划纲要相关政策和任务，依托国家重大科技专项、重点产业调整振兴规划、传统产业技术改造等重大工程，充分利用体制机制、政策措施、支持资金、科研基础设施等多方优势，着力提升企业自主创新能力，扶持和培育一批世界一流水平的科技创新平台，助推产业加速成长，使战略性新兴产业成为增强国家综合竞争力的推进器。

（三）健全财税和金融体系

完备的财税金融政策为战略性新兴产业的发展提供厚实的资金支撑。通过国家战略性新兴产业发展专项资金的方式，引导并支持关键共性技术研究与重大产业创新发展。在标准制定方面，应加快出台鼓励使用国产装备的认定标准以及相

---

[1] http://www.hubei.gov.cn/gzhd/zwpl/zgyl/201601/t20160122_781710.shtml.

应的政府采购制度，大力推进高端装备和共性技术在重点领域和重大项目中的实施与运用。在税收政策方面，应当依据战略性新兴产业的特点，制定符合产业发展需求的税收优惠政策。在融资渠道方面，积极支持战略性新兴产业中符合条件的创新型企业上市融资，鼓励各类银行开发适合创新型企业成长的信贷产品，鼓励非银行中介机构充分发挥金融中介作用，拓宽战略性新兴产业融资渠道。

（四）加强人才培养增强发展后劲

战略性新兴产业的持续健康发展最根本的保证还是依赖于人才资源储备。应当根据战略性新兴产业发展的现实需求，不断拓展高等院校相关学科专业建设的广度和深度，组织实施战略性新兴产业人才培养计划。加强产学研用相结合，鼓励企业与高校和科研机构共同探索建立人才培养基地，大力培养创新型人才和应用型人才。积极引进国际优秀人才，支持和鼓励海外留学归国高技术人才投身战略性新兴产业发展，营造氛围宽松、容许失败的良好的创业环境。

参考文献

[1] 加里·皮萨诺、威利·史.制造繁荣：美国为什么需要制造业复兴 [M].机械工业出版社，2014 年.

[2] 林毅夫.解读中国经济（增订版）[M].北京大学出版社，2014 年.

[3] 赵大平.政府激励、高科技企业创新与产业结构调整 [M].中国经济出版社，2012.

[4] 周凯歌、卢彦.工业 4.0：转型升级路线图 [M].人民邮电出版社，2016 年.

[5] 杨健.互联网 +2.0：供给侧改革与企业转型升级路线图 [M].机械工业出版社，2016 年.

[6] 国务院发展研究中心产业经济研究部课题组.中国产业振兴与转型升级 [M].中国发展出版社，2010 年.

[7] 兰建平.问道中国经济转型升级 [M].浙江大学出版社，2015 年.

[8] 孙艳梅、郭敏、韩金晓.法律外制度、高管过度自信与企业并购行为 [J].浙江社会科学，2016（1）.

[9] 刘春剑、郭永军.国内主要钢铁企业电商发展概况 [N].中国经济导报，2015.12.22

[10] 梁文艳.钢铁业：重在提升产业集中度 出清"僵尸企业" [N].中国产经新闻，2016(01).

[11] 陈芬.2016,钢铁业发展预测 [J].中国经济信息，2016（1）.

[12] 姜英兵.双重政治联系与并购溢价——基于 2003—2012 年 A 股上市公司并购事件的实证研究 [J].宏观经济研究，2014 年第 2 期.

[13] 郭进、杨建文.美国再工业化战略对中国产业发展的影响及对策 [J].经济问题探索，2014（4）.

[14] 徐成龙.环境规制下产业结构调整及其生态效应研究——以山东省为例 [D].山东师范大学，2015.

[15] 工业和信息化部发 2015 年电子信息产业经济运行公报.工业和信息化部网站，2015.2.

[16] 胡钧荣 . 电子信息产业的发展新趋势与科学发展规律 [J]. 电子世界，2012 年 (11 期).

[17] 吴江 . 信息产业发展对经济增长贡献度分析 [D]. 重庆师范大学，2012 年 .

[18] 原毅军、谢荣辉 . 工业结构调整、技术进步与污染减排 [J]. 中国人口资源与环境，2012（12）.

[19] 工业和信息化部赛迪研究院工业结构调整形势分析课题组 .2015 年中国工业结构调整发展形势展望 [J]. 中国信息化周报，2015（1）.

[20] 工业和信息化部赛迪研究院平板显示产业形势分析课题组 .2015 年中国平板显示产业发展形势展望 [J]. 中国信息化周报，2015（2）.

[21] 刘楷 . 我国地区工业结构变化和工业增长分析——兼论经济新常态下我国地区工业发展 [J]. 经济管理，2015（6）.

[22] 曹方、何颖 . 长江经济带协同发展三大瓶颈 [J]. 瞭望，2015（4）.

[23] 朱盛镭 . 汽车产业正迈向第三次工业革命新时代 [J]. 上海汽车，2014 (11).

[24] 李军、甘少炜、李路 . 船舶能效国家标准应用指南 [M]. 中国质检出版社，2014 年 .

[25] Eirc Greene Associates 著，赵成璧、唐友宏译 . "十二五"国家重点图书·船舶与海洋出版工程·航母与潜艇系列：舰船复合材料（第 2 版）[M]. 上海交通大学出版社，2013 年 .

[26] 发改委 . "一带一路"建设取得良好开局 [EB/OL]. 新华社 .http://news.xinhuanet.com/finance/2016–02/15/c_128720380.htm, 2016 年 2 月，15.

[27] 发改委 . 加快京津冀交通一体化重大项目建设 [EB/OL]. 中证网 .http://news.xinhuanet.com/fortune/2016–01/05/c_128595686.htm, 2016.1.5.

[28] 工业和信息化部 .2015 年钢铁行业运行情况和 2016 年展望 [EB/OL]. http://www.miit.gov.cn/newweb/n1146312/n1146904/n1648356/n1648357/c4637348/content.html, 2016 年 2 月。

[29] 国家统计局 .2015 年国民经济和社会发展统计公报 [EB/OL]. http://www.stats.gov.cn/tjsj/zxfb/201602/t20160229_1323991.html, 2016 年 2 月。

[30] 和讯网 .2015 年中央经济工作会议（全文）[EB/OL]. http://news.hexun.com/2015–12–22/181347528.html,2015–12–22.

[31] 国家统计局 .2015 年全国规模以上工业企业利润总额比上年下降 2.3%[EB/OL]. http://www.stats.gov.cn/tjsj/zxfb/201601/t20160127_1310925.html, 2016.1.27.

[32] 国家统计局 .2015 年全国固定资产投资（不含农户）增长 10% [EB/OL]. http://www.stats.gov.cn/tjsj/zxfb/201601/t20160119_1306141.html, 2016.1.19.

[33] 国家统计局 .2015 年 12 月份规模以上工业增加值增长 5.9% [EB/OL]. http://www.stats.gov.cn/tjsj/zxfb/201601/t20160119_1306102.html,2016.1.19.

[34] 国家统计局 .2015 年国民经济运行稳中有进、稳中有好 [EB/OL].http://www.stats.gov.cn/tjsj/zxfb/201601/t20160119_1306083.html, 2016.1.19.

[35] 工业和信息化部 . 工信部能源局公告 2015 年第 69 号 [EB/OL].http://www.miit.gov.cn/n1146285/n1146352/n3054355/n3057292/n3057307/c4439007/content.html,2015.11.23.

[36] 中华人民共和国国务院 . 关于加快发展生产性服务业促进产业结构调整升级的指导意见 [EB/OL].http://www.gov.cn/zhengce/content/2014—08/06/content_8955.htm.

[37] 江苏省经济和信息化委员会 . 关于印发推进服务型制造发展工作意见的通知 [EB/OL].http://www.jseic.gov.cn/xwzx/gwgg/gwfb/201507/W020150731572978232935.pdf.

[38] 四川省经济和信息化委员会 . 关于组织开展四川省服务型制造示范企业申报的通知 [EB/OL].http://www.guang—an.gov.cn/logs/Articles/39142181/2015/10/28/20151028103723—194802.pdf.

[39] 广东省人民政府 . 广东省人民政府关于贯彻落实《中国制造 2025》的实施意见 [EB/OL]. http://zwgk.gd.gov.cn/006939748/201509/t20150924_621279.html.

[40] 东莞市人民政府办公室 . 关于实施创新驱动发展战略 开展智能制造和服务性制造示范工程加快推动工转型升级的意见 [EB/OL].http://zwgk.gd.gov.cn/007330010/201504/t20150418_576828.html.

[41] 中华人民共和国国务院办公厅 . 关于加强节能标准化工作的意见 [EB/OL]. http://www.gov.cn/zhengce/content/2015—04/04/content_9575.htm.

[42] 中华人民共和国国务院办公厅 . 关于印发三网融合推广方案的通知 [EB/OL]. http://www.gov.cn/zhengce/content/2015—09/04/content_10135.htm.

[43] 工业和信息化部办公厅、国家标准化管理委员会办公室 . 信息技术服务标准化工作五年行动计划（2016—2020）[EB/OL].http://www.miit.gov.cn/n1146295/n1652858/n1652930/n3757016/c4579525/content.html.

后 记

2015 年是我国"十二五"时期的收官之年，我国产业结构调整取得积极成果，产业发展的新动能进一步集聚。《2015—2016 年中国产业结构调整蓝皮书》是工信部赛迪智库产业政策研究所编著的产业结构调整蓝皮书系列的第四本，对 2015 年我国产业结构调整相关政策和进展情况进行了分析总结，对 2016 年发展趋势进行了展望。

本书由王鹏担任主编，李燕统筹组稿。全书具体撰写人员及分工如下：第一章由张建伦撰写；第二章由李燕、尹讯飞撰写；第三章和第九章由郧彦辉撰写；第四、十二章由郑长征撰写；第五、六章由程楠撰写；第七、十四章由韩娜撰写；第八、十五章由何继伟撰写；第十、十一章由周忠锋撰写；第十三章由杜雨潇撰写；第十六、十七章由上述研究人员合作撰写。在本书编写过程中，得到了工业和信息化部相关领导、行业协会以及企业专家的大力支持、指导和帮助，在此一并致以最诚挚的谢意！

2016 年是我国"十三五"的开局起步之年，主动适应和引领经济发展新常态，要求把调结构转方式放在更加重要的位置。我们坚信，随着产业结构调整的加快推进，必将增强经济发展内在活力，为实现更有质量、更加可持续的经济增长拓展更大发展空间！

赛迪智库

面向政府 服务决策

思想，还是思想
才使我们与众不同

编 辑 部：赛迪工业和信息化研究院

通讯地址：北京市海淀区万寿路27号院8号楼12层

邮政编码：100846

联 系 人：刘颖 董凯

联系电话：010-68200552 13701304215
     010-68207922 18701325686

传　　真：0086-10-68209616

网　　址：www.ccidwise.com

电子邮件：liuying@ccidthinktank.com

赛迪智库
面向政府 服务决策

研究，还是研究
才使我们见微知著

信息化研究中心	工业化研究中心	规划研究所
电子信息产业研究所	工业经济研究所	产业政策研究所
软件产业研究所	工业科技研究所	军民结合研究所
网络空间研究所	装备工业研究所	中小企业研究所
无线电管理研究所	消费品工业研究所	政策法规研究所
互联网研究所	原材料工业研究所	世界工业研究所
集成电路研究所	工业节能与环保研究所	安全产业研究所

编 辑 部：赛迪工业和信息化研究院
通讯地址：北京市海淀区万寿路27号院8号楼12层
邮政编码：100846
联 系 人：刘颖 董凯
联系电话：010-68200552 13701304215
　　　　　010-68207922 18701325686
传　　真：0086-10-68209616
网　　址：www.ccidwise.com
电子邮件：liuying@ccidthinktank.com